Original illisible

NF Z 43-120-10

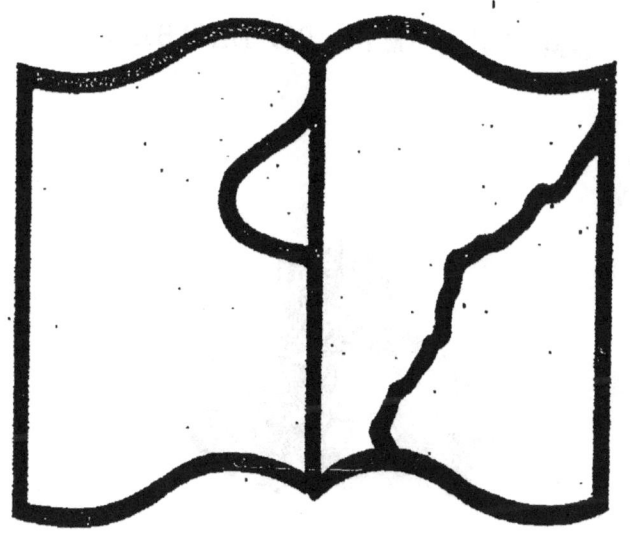

Texte détérioré — reliure défectueuse

NF Z 43-120-11

"VALABLE POUR TOUT OU PARTIE
DU DOCUMENT REPRODUIT".

ILLUSTRATIONS D'AFRIQUE

PAR

M. LE COMTE DE LAMBEL

TOURS

ALFRED MAME ET FILS

ÉDITEURS

ILLUSTRATIONS
D'AFRIQUE

PROPRIÉTÉ DES ÉDITEURS

ILLUSTRATIONS D'AFRIQUE (Frontispice.)

Annibal à Zama.

ILLUSTRATIONS
D'AFRIQUE

PAR

M. LE COMTE DE LAMBEL

TOURS

ALFRED MAME ET FILS, ÉDITEURS

M DCCC LXXVI

PRÉFACE

Le catholicisme éclairera le monde jusqu'à la fin des temps; mais les divers pays qui ont reçu sa lumière n'ont pas la promesse d'en conserver les bienfaits pendant toute la durée des siècles. S'ils s'en montrent trop indignes, ils sont exposés à les perdre, et déjà plus d'une contrée a ressenti les terribles conséquences de ce châtiment : l'histoire de l'Afrique fournit une triste preuve à l'appui de notre assertion.

Dès les premières périodes de l'ère chrétienne, les grands hommes, les martyrs et les saints ont illustré son Église; leurs œuvres ont résisté aux injures du temps, traversé les mers, et conquis l'admiration de l'univers. Cependant, un trop grand nombre d'Africains ayant manqué de correspondance aux grâces qui leur étaient prodiguées, le pays a passé du doute à l'hérésie : la dépravation des mœurs l'a conduit aux obscurités de l'intelligence, et, tombant d'abîme en abîme, il est descendu aux plus épaisses ténèbres. Il devait en être ainsi; car si la pureté de la vie est la meilleure gardienne de la pureté des croyances, il arrive ordinairement que les désordres de conduite entraînent dans les cœurs la ruine du catholicisme. L'Afrique en était là, quand les disciples de Mahomet y vinrent; ils s'emparèrent du territoire, et le flambeau de la vraie foi s'éteignit pour plus de treize cents ans.

A l'époque où nous vivons, l'église d'Afrique renaît en quelque sorte de ses cendres, et semble promettre de nouveaux triomphes à la religion. Mais, avant d'exposer nos motifs d'espérance, nous avons à jeter un rapide coup d'œil sur l'histoire de ces régions septentrionales, comprises pour la plupart, de nos jours, sous le nom de l'*Algérie*. Nous ferons connaître ses illustrations; nous étudierons les principales merveilles qui s'épanouirent aux premiers rayons des splendeurs évangéliques; nous nous édifierons ensuite en contemplant quelques-uns des prodiges opérés par le dévouement chrétien sur cette terre désolée pendant les longs siècles où la religion y paraissait ensevelie dans son tombeau; enfin nous indiquerons les fruits qu'il est permis d'attendre de sa récente résurrection.

Tel est le plan du tableau que nous voulons offrir à nos lecteurs; nous commencerons à le dérouler sous leurs yeux, après avoir payé une dette de gratitude aux savants ouvrages de plusieurs devanciers qui ont guidé notre marche et facilité nos recherches.

Tels sont entre autres :

L'*Histoire universelle de l'Église*, par M. l'abbé Rohrbacher;

Le *Dictionnaire-Encyclopédie*, de M. Dupiney de Vorepierre;

L'*Histoire de la conquête d'Alger*, par M. A. Nettement;

Les Français en Algérie, par M. L. Veuillot;

Les *Soirées algériennes,* par M. l'abbé Godard;

Le *Voyage en Algérie,* par M. Poujoulat;

La *Vie de saint Augustin,* par le même auteur. — Cette même *Vie,* par M. l'abbé Orse;

L'Algérie chrétienne, par M. Égron;

L'*Histoire de sainte Monique,* par M. l'abbé Bougaud;

L'*Histoire de l'Algérie,* par M. Roy;

L'*Histoire de la colonisation de l'Algérie,* par M. L. de Baudicour.

ILLUSTRATIONS D'AFRIQUE

CHAPITRE I

Limites de l'Algérie. — Superficie. — Cours d'eau. — Lacs. — Climat. — Montagnes. — Forêts. — Fertilité du sol. — Ressources du règne animal. — Richesses minérales. — Les Numides et les Maures dans l'antiquité. — Envahissement du pays par les Phéniciens. — Didon fonde Carthage (860 ans avant Jésus-Christ). — Puissance et gouvernement des Carthaginois. — Cyrène rivale de Carthage. — Rivalité bien plus redoutable de Rome. — Trois guerres puniques. — Amilcar et Régulus. — Annibal et Scipion l'Africain. — Scipion l'Émilien. — Ruine de Carthage (146 ans avant Jésus-Christ).

Le mot *Algérie* est le nom sous lequel on désigne le vaste territoire dont la France a commencé la conquête en 1830. Cette contrée formait alors, sous la domination du dey d'Alger[1], l'un des quatre États barbaresques qui sont situés dans la partie septen-

---

[1] Quand les Arabes envahirent le pays, l'antique cité d'Alger était occupée par une tribu de Kabylie qui s'appelait les Beni Mezghanna ; les nouveaux venus, voyant devant la ville quatre îlots reliés entre eux par des récifs et servant de nos jours à former le port, donnèrent à la ville le nom d'Al-Djezaïr Beni Mezghanna, c'est-à-dire *Îles des enfants de Mezghanna*. Quand les Arabes eurent expulsé la tribu, ils en effacèrent le souvenir et appelèrent cette ville Al-Djezaïr, nom dont nous avons fait le mot *Alger*.

trionale de l'Afrique. Ses limites sont à peu près celles de l'Afrique romaine. Cependant quelques lieux célèbres, dont nous aurons l'occasion de parler, ne sont pas compris dans les possessions françaises. L'Algérie est bornée au nord par la mer Méditerranée, à l'est par la régence de Tunis, à l'ouest par l'empire du Maroc, au midi par le désert de Sahara. Sa superficie, au moins égale aux trois quarts de celle de la France, est d'environ quarante millions d'hectares. Le territoire se divise en deux parties bien distinctes: le Tell et le Sahara.

Le Tell (*butte* ou *monticule* en langue arabe) comprend la partie très-accidentée du nord, et se partage entre le rivage (Sahel) et la montagne (Djebel). Le Sahel, situé le long de la mer, se compose de vastes plaines et de petites collines; le Djebel renferme surtout des montagnes avec quelques vallées fertiles. Les eaux de ces contrées s'écoulent vers la Méditerranée, et les terres y produisent d'abondantes moissons.

Le Sahara, ou plaine, offre surtout aux regards une série de steppes ou terres arides que la culture ne réussit pas à féconder, et se divise, comme le Tell, en deux zones parallèles. La première, formée d'un plateau de landes, produit des graminées et des plantes aromatiques; mais on n'y rencontre ni forêts ni terres arables. La seconde zone, si l'on excepte les palmiers et la végétation des oasis, présente l'aspect de la solitude et de l'aridité. Ces différentes régions sont séparées par trois chaînes de montagnes, appelées petit, moyen ou grand Atlas, et s'élevant en étages gradués parallèlement à la mer.

Les cours d'eau du Tell ont l'impétueuse rapidité des torrents. Leurs nombreuses chutes et leur direction, souvent brisée par les montagnes, les rendent impropres à la navigation. Le lit du plus grand nombre est desséché pendant une partie notable de l'année; puis, tout à coup, sous l'influence de pluies abondantes, les lits se remplissent, débordent et se répandent parfois en flots dévastateurs.

Le principal fleuve de l'Algérie est le Chélif, qui compte beaucoup d'affluents, et arrose le pays à l'occident sur une longueur de plus cinq cents kilomètres. Après le Chélif on cite la Seybouse, qui, par une exception à peu près unique dans la contrée, devient navigable à deux kilomètres au-dessus de son embouchure; la Medjerdah, le Safsaf, appelé aussi Oued-el-Harrouch, du nom du village qu'il arrose, l'Hamise, le Kébir, l'Oued-Sahel, le Sebaou, l'Isser, l'Harrach, le Mazafran, le Sig, le Tafna, le Bou-Naïm qui reçoit les eaux de l'Isly, rivière célèbre depuis la victoire remportée, en 1844, sur les troupes du Maroc par l'armée française.

Dans le Tell et dans la région septentrionale du Sahara, on rencontre bon nombre de lacs d'eau salée. Le plus important s'appelle le Schott, et sa longueur dépasse quatre-vingts kilomètres. Le Halloula, l'Oubeira et le Hout sont cités parmi les lacs d'eau douce.

A part quelques contrées où des terrains marécageux exhalent des miasmes morbides, les habitants jouissent d'un air pur : le climat est tempéré, généralement chaud, et peut se comparer à celui de l'Espagne ou de l'Italie; il varie d'ailleurs sensiblement selon la configuration du sol et son niveau au-dessus de celui de la mer. Dans les plaines sablonneuses du midi la chaleur est souvent excessive : elle est modérée sur les montagnes et sur les côtes à portée des vents frais, appelés *brises de mer*.

Dans la ville d'Alger, la température, favorable aux poitrines délicates, est en moyenne de 18°: elle ne dépasse guère 31°, et ne descend pas au-dessous de 10°. L'hiver y commence à la fin de novembre, et se prolonge jusqu'aux derniers jours de mars; mais il n'est pas, comme en France, l'époque de froids plus ou moins intenses; c'est seulement la saison des pluies abondantes souvent alternées par de belles journées[1]. Le printemps dure deux mois

---

[1] La moyenne de l'eau tombant annuellement à Alger est d'environ 72 centimètres.

(avril et mai); l'été règne en juin, juillet, août et septembre; octobre et novembre appartiennent à l'automne. La ville est généralement abritée contre le sirocco ou vent brûlant du sud et par les chaînes de l'Atlas. Cependant, chaque année, le sirocco s'y révèle par de courtes apparitions. Dans les rares occasions où ce vent dure plusieurs jours de suite, il dessèche et flétrit les feuilles et les plantes.

Quant aux montagnes élevées, elles revêtent, dès le mois de décembre, leur manteau de neige, et le conservent pendant cinq ou six mois : enfin, dans les steppes du Sahara, la température, refroidie par les vents du nord, descend souvent à zéro, et quelquefois les plaines se couvrent pendant la nuit d'une couche de neige qui fond bien vite le jour sous l'action du soleil.

Dix-huit cent mille hectares de forêts couvrent l'Algérie, et constituent l'une de ses plus importantes richesses végétales. Les principales essences sont : diverses espèces de chênes, et surtout celle qui produit le liége; plusieurs sortes d'arbres verts, entre autres le térébinthe dont on extrait la térébenthine, le châtaignier, le cèdre dont le tronc atteint parfois une circonférence de six mètres, l'orme, l'aune, l'érable, le platane, le caroubier avec ses feuilles luisantes et toujours vertes, ses fruits dont on extrait l'eau-de-vie, et son bois très-dur recherché par l'ébénisterie, le tamarinier avec ses fleurs pendantes et ses fruits utilisés par la science médicale, le lentisque, modeste arbrisseau qui rend de nombreux services. La décoction de son bois est recommandée contre la goutte et la pierre; sa résine est employée comme tonique; sa graine fournit une huile estimée, et sa racine se transforme en jolis petits meubles.

Le mûrier blanc réussit dans plusieurs parties de l'Algérie, et semble promettre un bel avenir à la production de la soie.

Le cotonnier croît dans les terrains irrigués.

Parmi les arbres fruitiers, nous citerons l'olivier, dont les excellents produits fournissent à l'exportation une valeur de plusieurs millions; l'oranger, cultivé surtout à Blidah et dans la Métidja, le citronnier, l'amandier, l'abricotier, l'azerolier, le cédratier, le grenadier, le figuier, le jujubier, le noyer, le pêcher, le pistachier.

Le palmier-dattier constitue la principale ressource des oasis, surtout dans la province de Constantine. Ses fruits, excellents lorsqu'ils sont bien mûrs, nourrissent les habitants; son bois, ses feuilles, ses fibres sont employés aux constructions, aux ouvrages de corderie et de vannerie; sa sève donne une boisson sucrée. Ses palmes, d'un vert sombre, laissent arriver assez de lumière à son pied pour qu'il soit possible d'y cultiver quelques légumes; sa riche nature est douée d'une merveilleuse et constante fécondité.

La vigne, uniquement cultivée avant la conquête pour ses raisins, qui se mangeaient frais ou secs, est employée par les colons à la fabrication du vin, et couvre maintenant plus de six mille hectares.

La fertilité proverbiale de l'Algérie lui a valu dans l'antiquité le surnom de *grenier de Rome*. Le sol, doué d'une précieuse puissance de végétation, produit le blé, l'orge, l'avoine, le sorgho, le colza, le chanvre, le lin. Tandis que l'indigène, esclave de sa routine arriérée, récolte cinq à six hectolitres de céréales par hectare, l'Européen en obtient vingt à vingt-cinq avec ses méthodes perfectionnées.

Ses abondants légumes procurent aux colons de sérieux bénéfices; ils s'expédient en France comme primeurs, et tendent à devenir une branche importante d'exportation.

Celle du tabac produit une somme annuelle de plus de quinze millions.

Les ressources du règne animal sont très-variées en Algérie. Nous n'énumèrerons ici ni les bêtes sauvages, ni les animaux domestiques, ni les oiseaux, ni les insectes dont les espèces sont plus nombreuses qu'en Europe, mais dont la nature se rapproche beaucoup de celles qui sont connues dans cette partie du monde :

nous donnerons seulement une mention d'honneur au cheval du pays. Justement célèbre de temps immémorial, il est vigoureux et docile, doux et ardent, sobre et presque infatigable; l'indigène le traite comme un compagnon, et les régiments de cavalerie français le préfèrent à tous les autres.

Enfin les richesses minérales abondent en Algérie. Les gisements de fer, situés dans le bassin de Bone, égalent en qualité les minerais si renommés de la Suède. Pierre de taille, pierre à chaux, gypse, terre à briques, argile à poterie, beaux marbres aux couleurs variées, rien ne manque en Algérie de ce qui peut alimenter l'industrie et développer le côté matériel de la civilisation.

Quand on aborde un pays qu'on ne connaît pas, on étudie d'abord, comme nous venons de le faire, sa position géographique et les ressources dont la Providence l'a gratifié; puis on cherche à se rendre compte des principaux événements qui s'y sont accomplis, et surtout à connaître les hommes illustres qui l'ont habité. On voudrait retrouver la trace de leur passage, et saisir les détails intimes de leur vie, pour remonter à l'origine de leur grandeur et surprendre le secret de leur ascendant. A défaut des souvenirs personnels, qui sont le privilége des contemporains, nous allons consulter l'histoire d'Afrique, afin de répondre, au moins en partie, aux questions qu'une légitime curiosité nous décide à poser. Nous nous attacherons de préférence aux illustrations du pays, et spécialement aux âmes d'élite qui ont bien mérité de Dieu et des hommes. Cette étude nous fera mieux comprendre la puissance du dévouement, et la haute influence réservée à l'énergique accomplissement du devoir.

Dès les temps les plus reculés, on trouve dans l'Afrique septentrionale des peuples désignés sous le nom générique de Libyens. A l'est, ces Libyens s'appellent Numides; à l'ouest, ils se nomment les Maures; et au sud, les Gétules.

Les Numides, ou tribus nomades, étaient des cavaliers célèbres, à demi sauvages, qui vivaient sous la tente dans l'intérieur du pays. Basanés, maigres comme leurs chevaux, qu'ils montaient à poil et qu'ils conduisaient avec une corde de joncs, mais ardents et infatigables comme eux, ils ont toujours conservé leur genre de vie et leur manière de guerroyer. Les divers conquérants qui se sont successivement emparés du littoral africain ont pu constater chez eux les mêmes habitudes et les mêmes passions. Inconstants, légers, agiles, querelleurs, impatients de tout frein, ils obéissaient cependant à des maîtres despotiques, souvent obligés de céder aux caprices de leurs sujets pour conserver leur autorité ; et les Numides ont traversé les siècles sans rien emprunter aux progrès de la science ni aux coutumes des nations dont ils sont entourés.

Les Maures (Magreb ou pays de l'Occident) sont des peuplades sédentaires qui occupent les villes. On les reconnaît à leur vigoureuse constitution, à leur complexion sèche, à leur teint basané ; leur caractère cruel, leur passion pour le brigandage et la piraterie en ont fait longtemps la terreur de l'Afrique et le fléau de la Méditerranée. Leur religion, comme celle des Numides, consistait dans le fétichisme, idolâtrie grossière, qui les portait autrefois à adorer le feu, le soleil, la lune, la mer, les arbres, les fleuves, les génies inventés par leur superstitieuse imagination ; ils offraient à leurs idoles des sacrifices humains ! Ils ne connaissaient ni le mariage, ni la famille, avec leurs liens forts et doux. Les parents et les enfants vivaient entre eux comme des étrangers réunis par la force des circonstances, qui se combattront ou se trahiront dès que leur caprice ou leur intérêt mal entendu les y décideront.

Les premiers envahisseurs de l'Afrique semblent être les Phéniciens (1269 avant Jésus-Christ). Ces hardis navigateurs, venus de Syrie, étaient renommés dans le monde pour leur industrie, leur génie commercial et leur habileté dans l'art de construire les navires. Ils combattirent les Numides, parvinrent à les vaincre sans jamais réussir à les soumettre, et couvrirent de leurs colonies les côtes de la Méditerranée. Ils importèrent dans le pays les éléments d'une civilisation beaucoup trop vantée, puisqu'elle ne dépassait pas la mesure de lumière et de moralité départie aux païens, c'est-à-dire à des hommes qui puisaient leurs inspirations près de fausses divinités, enseignant par leurs exemples le mensonge, le vol et le libertinage.

Après les Phéniciens, six maîtres parvinrent successivement à s'emparer de l'Afrique.

Vers 860, c'est-à-dire quatre cents ans après l'arrivée des Phéniciens, commença la domination carthaginoise; elle dura sept siècles.

Carthage fut détruite par Rome, qui régna sur l'Afrique pendant près de cinq cents ans.

Les Vandales enlevèrent cette riche contrée aux Romains, et la subjuguèrent pour un siècle.

Leur puissance sur le pays fut anéantie par l'empire d'Orient.

Mais la période byzantine fut de courte durée, et celle des Arabes s'établissait à la fin du vii° siècle pour durer plus de huit cents ans (681 à 1516).

Les Arabes furent supplantés par les Turcs (1516 à 1830), jusqu'à ce que la victoire et les travaux de la France eussent apporté à l'Afrique l'espoir et le gage d'un meilleur avenir.

Nous allons revenir sur les événements et les hommes les plus saillants des diverses époques; mais cette première vue d'ensemble suffit pour nous faire pressentir la variété des épreuves auxquelles fut condamné le pays, et pour éveiller dans nos cœurs la vive sympathie qu'inspirent de longs malheurs.

Une femme, une veuve, fonda la puissance des Carthaginois : c'était Didon, sœur de Pygmalion, roi de Tyr. Zichée, son époux, venait d'être assassiné par ordre de son beau-frère, qui avait convoité ses trésors; et la princesse, voulant échapper aux fureurs d'un frère dénaturé, avait résolu de s'expatrier. Elle aborda sur les côtes d'Afrique; et, douée d'une rare énergie, elle sut créer

Carthage[1], et lui donner de l'importance. Cette cité célèbre, bâtie sur les bords de la mer, avait deux ports, l'un pour les navires marchands, l'autre pour les vaisseaux de guerre; elle renfermait de vastes chantiers, d'immenses magasins, des arsenaux et de beaux palais. De bonne heure elle s'enrichit par le commerce; elle finit par devenir une puissance; mais, si on la redoutait, on ne l'estimait pas. Son astuce, sa mauvaise foi, sa perfidie devinrent proverbiales et lui attirèrent de nombreux châtiments. Livrée d'abord exclusivement au négoce, elle sentit son ambition croître avec sa fortune; ses trésors ne lui suffirent plus: elle voulut faire des conquêtes, et recruta ses troupes non-seulement en Afrique, mais aussi dans les Gaules, en Espagne, en Suisse et même en Italie. Son pouvoir se consolida le long des côtes, et pénétra peu dans l'intérieur du territoire; d'ailleurs ses prétentions visaient à la domination des mers bien plus qu'à celle du continent. Ses armées laissaient beaucoup à désirer; car ses soldats se battaient uniquement pour gagner leur paie; ils manquaient du feu sacré, allumé et entretenu par l'amour de la patrie. Quant à ses généraux, elle stimulait leur vigilance par la menace des châtiments, et punissait comme des crimes leurs revers, quand même on ne pouvait les imputer ni à leur négligence, ni à leur impéritie.

Son gouvernement était celui d'une république oligarchique, où le pouvoir est concentré dans un petit nombre de potentats. Il avait à sa tête deux suffètes, dont les fonctions répondaient à peu près à celles des deux consuls romains; les suffètes dirigeaient les affaires publiques, de concert avec un sénat d'environ trois cents nobles personnages. Les simples citoyens étaient rarement consultés; pour qu'ils eussent un rôle à jouer, il fallait des circonstances exceptionnelles, ou un dissentiment entre les premiers magistrats et les sénateurs.

---

[1] Carthage signifie *ville nouvelle*.

D'ailleurs le peuple libre de Carthage formait l'infime minorité des habitants. Riches et débauchés, ces citoyens orgueilleux poursuivaient avec ardeur leurs entreprises maritimes, et, profitant de la facilité de leurs communications avec l'Europe et l'Asie, ils multipliaient leurs spéculations, afin d'ajouter à leur fortune. Ils laissaient le travail à de nombreux esclaves, confiaient à des mercenaires le soin de défendre leurs intérêts, leurs trésors contre l'ennemi, et se flattaient d'avoir ainsi résolu le problème d'une vie douce et facile; mais les événements se chargeaient de venir donner à leurs théories et à leurs espérances de terribles démentis. Les dissensions intestines, les haines, les assassinats, les émeutes, dans cette cité qui comptait un million de personnes au temps de sa splendeur, les soulèvements dans l'armée, les guerres fréquentes contre les étrangers mettaient en péril le présent ou menaçaient l'avenir, infligeaient à ces prétendus heureux du siècle le tourment de l'inquiétude, le sacrifice de leur repos, et détruisaient, comme de concert, les rêves qu'ils avaient le plus caressés. Alors quelques âmes privilégiées reconnaissaient que rien ne remplace ici-bas la paix et la joie de la bonne conscience; mais le grand nombre ne comprenait pas le sens moralisateur des calamités publiques et privées : au lieu de recourir aux remèdes capables d'en tarir la source, il cherchait avec une activité croissante dans la satisfaction de ses convoitises un bonheur qui lui échappait toujours davantage, à mesure qu'il courait à sa poursuite dans des voies plus immorales.

Carthage comptait deux cents ans d'existence quand elle vit s'élever, comme une rivale, une ville qui devait devenir la seconde cité commerçante de l'Afrique. Construite en 630, sur les bords de la mer, par Battus venu de Théra[1], cette cité reçut le nom de Cyrène, en souvenir d'une nymphe ou déesse des eaux que la Fable supposait s'être réfugiée en ce lieu. Battus y régna quarante ans, et

---

[1] Théra est l'une des îles Cyclades; elle s'appelle de nos jours Santorin.

lui laissa les éléments d'une grande prospérité matérielle. Cyrène, devenue la capitale de la province cyrénaïque, sut grouper sur son territoire un grand nombre de colons grecs; sa puissance grandit assez pour être redoutable, et son territoire fut assez vaste pour posséder cinq villes, comme l'indique son second nom de *Pentapole*. Elle lutta souvent contre Carthage, et fut enfin léguée aux Romains par son dernier roi, après une autonomie de six siècles (65 avant Jésus-Christ). De notre temps, ce n'est plus qu'un pauvre village avec de belles ruines.

Quant aux Carthaginois, toujours avides d'or, toujours adonnés à la débauche, ils croyaient racheter leurs fautes en offrant des victimes à leurs idoles; c'est ainsi qu'ils immolaient à Saturne des enfants nouvellement nés, et forçaient les pauvres mères à contempler sans gémir un si douloureux spectacle. Ils étendaient au loin leur domination, et méditaient sans cesse de nouvelles conquêtes. Ils s'étaient successivement emparés des îles Baléares, d'une grande partie de l'Espagne, de la Sardaigne et de la Sicile, surnommée le grenier de Rome à cause de sa fertilité. Mais leurs possessions siciliennes les mirent en contact avec les Romains, et devinrent entre les deux républiques l'occasion de trois longues guerres qui devaient aboutir à la ruine de Carthage.

La première dura vingt-deux ans (264 à 242 avant Jésus-Christ). La cause en était légère; ce fut une petite étincelle qui alluma le violent incendie. Les Mamertins, troupes de mercenaires recrutées au début de leur organisation dans la ville italienne de Mamerte, s'étaient emparés de Messine par surprise, et avaient mis la ville au pillage. Les habitants, consternés, appelèrent les Carthaginois à leur secours, pendant que les Mamertins réclamaient l'appui des Romains, et les deux peuples, réciproquement jaloux de leur puissance, saisirent avec empressement une occasion de se rencontrer sur les champs de bataille.

Carthage possédait alors un habile général dans la personne d'Amilcar; mais Rome avait Régulus à lui opposer. Cet illustre capitaine, que ses historiens se plaisent à citer comme un modèle d'honneur et de fidélité à la foi jurée, labourait la terre quand on vint l'enlever à sa charrue pour le placer à la tête de l'armée. Il sut si bien la diriger qu'il la conduisit, de victoire en victoire, jusqu'aux portes de Carthage; et comme le sénat lui envoyait l'ordre de rester dans le pays conquis avec le titre élevé de proconsul, Régulus essaya de se soustraire à cette dignité en alléguant que ses affaires réclamaient sa présence en Italie. Le fermier de son petit domaine était mort; un aide rural infidèle avait abandonné son poste, emmenant avec lui les bœufs, emportant dans sa fuite les instruments agricoles: le général voulait revenir à ses champs pour les cultiver, afin de faire vivre sa femme et ses enfants. Le sénat, touché d'une telle requête, ordonna que les terres de Régulus seraient labourées, et que sa famille serait nourrie, pendant son absence, aux frais du trésor public. A ce propos, Tite-Live pousse un cri d'admiration : « Oh ! que la vertu, dit-il, est supérieure aux richesses ! La fortune passe et s'oublie avec ceux qui l'ont possédée, tandis que la noble pauvreté de Régulus est encore en vénération. »

Rassuré sur le sort des siens, le général continua le cours de ses hauts faits; il prit Tunis aux Carthaginois, et les affaiblit assez pour les réduire à demander la paix; mais les dures conditions qu'il voulut leur imposer les déterminèrent à continuer la lutte, et à cette époque un secours inespéré fit changer en leur faveur la face des événements. Le Lacédémonien Xantippe vint avec une armée à leur secours, attaqua Régulus dans Tunis, le battit et le fit prisonnier.

Conduit à Carthage, le glorieux vaincu dut expier dans les tourments les triomphes que lui devait sa patrie. Cependant de nouveaux revers, infligés aux Carthaginois par de nouvelles troupes ennemies, décidèrent cette puissance à solliciter une seconde fois le terme des hostilités. Elle envoya des ambassadeurs en Italie, et leur associa Régulus dans l'espoir d'obtenir de sa part une chaleureuse intervention en faveur de la paix. Arrivé aux portes de Rome, Régulus refusa d'y entrer, parce qu'il se regardait comme le député des Carthaginois, et qu'un antique usage défendait d'introduire dans la salle du sénat les représentants d'un peuple ennemi. Les sénateurs se réunirent donc hors des murs de la ville et invitèrent le général à faire connaître sa manière de voir sur la grave question qu'il s'agissait de résoudre. C'est alors qu'il se mit à exposer et à développer avec vigueur les raisons qui lui semblaient militer pour la continuation de la guerre; et, comme on cherchait les moyens de le soustraire à la vengeance des vainqueurs, il déclara formellement qu'il ne voulait pas qu'on s'occupât de lui. Il a promis à ses maîtres de retourner dans leur pays si la paix ne se faisait pas; il tiendra son serment. Il n'ignore pas le sort qui l'attend; mais il préfère les tortures au crime. La douleur ne brisera que son corps; le mépris de la parole donnée flétrirait son âme !

Après ces mémorables accents, Régulus se tut et s'éloigna, les yeux fixés vers la terre, ne voulant rien voir qui pût ébranler sa résolution; ne consentant pas même à causer avec sa femme et ses enfants, de peur d'être attendri par leurs adieux. Il reprit le chemin de Carthage, et, suivant l'opinion la plus généralement accréditée, il y finit ses jours dans d'affreux supplices.

La conduite de Régulus est restée dans la mémoire des hommes comme un immortel exemple de ce que peut une âme vaillante, fidèle à la loi du serment, docile aux inspirations d'une conscience droite et enflammée de l'amour de la patrie.

Le résultat de la première guerre punique[1] fut pour Carthage la perte de la Sicile. Son général Amilcar était mort les armes à la main avant la conclusion de la paix; mais, au moment de rendre le dernier soupir, il avait fait jurer sur un autel à son fils

---

[1] Les trois guerres survenues entre les Romains et les Carthaginois s'appellent les guerres *puniques*, du mot *Pœnus*, employé par la langue latine pour désigner le peuple Carthaginois.

Annibal, à peine âgé de neuf ans, une haine implacable contre le peuple romain. L'enfant n'oublia pas son serment.

A vingt-cinq ans, il était proclamé chef suprême de l'armée carthaginoise; il allait devenir un des plus grands capitaines de l'antiquité. Instruit, savant même, d'une intelligence égale à sa bravoure, il réunissait plusieurs des qualités qui sont le privilége des caractères éminents; mais son défaut de cœur et sa cruauté rendaient son caractère très-inférieur à celui de son rival. Ce rival, chargé de commander les troupes romaines, s'appelait Scipion l'Africain. Scipion s'est attiré plus d'hommages, s'est concilié de plus chaudes sympathies de la part de ses contemporains, et a laissé dans l'histoire une trace plus lumineuse qu'Annibal, parce qu'il possédait la grandeur d'âme et qu'il pratiquait cette bonté qui protége la faiblesse et soulage le malheur.

Maître de forces importantes, Annibal se hâta de rallumer la guerre contre Rome en prenant et en saccageant Sagonte, ville espagnole, alliée des Romains. Persuadé qu'il faut les vaincre dans leur capitale même pour abattre leur puissance, il traverse les Gaules, envahit l'Italie et y marche de triomphe en triomphe. Vainqueur près du Tésin, de la Trébia, du lac de Trasimène, il pénètre jusqu'au fond de la péninsule, et bat complétement à Cannes ses ennemis, qui perdent quarante mille hommes dans cette rencontre (216 avant Jésus-Christ). S'il eût alors marché sur Rome, il est probable qu'il s'en fût rendu maître; mais, au lieu de prendre ce parti décisif, il résolut d'établir à Capoue ses quartiers d'hiver; il cantonna ses troupes dans les environs. Les délices du pays énervèrent son armée; les Romains reprirent courage, parvinrent à réunir de nouveaux bataillons, défirent deux fois devant les murs de Nole, sous la conduite de Métellus, le fier Annibal, empêchèrent sa jonction avec son frère Asdrubal, qui lui amenait de précieux renforts, tuèrent ce capitaine et mirent son armée en déroute. Annibal recevait seulement de Carthage quelques secours, mesurés avec parcimonie, parce que la ville était divisée en factions ennemies, et que le parti hostile à sa famille, comme à sa renommée, avait profité de ses revers pour diminuer son influence et grandir à ses dépens. Grâce à ses remarquables talents militaires, il sut encore se maintenir dix ans en Italie, et il ne quitta ce pays qu'à l'époque où Scipion, imitant sa tactique, résolut de transporter la guerre en Afrique.

Avant de donner l'ordre du départ, le général romain, en vue de la flotte et de la multitude qui couvrait le rivage, apparut sur la poupe de la principale galère, et là, élevant la voix, il adressa au ciel une prière et offrit un sacrifice, pour obtenir le succès d'une expédition dont l'empire du monde allait dépendre. Ses vœux furent exaucés, il vainquit dans les plaines de Zama (202), et Annibal dut prendre le chemin de l'exil pour échapper aux châtiments qui l'attendaient dans sa patrie. Il se réfugia d'abord chez Antiochus, roi de Syrie; puis il demanda l'hospitalité à Prusias, roi de Bithynie; mais, ayant appris que ce prince devait le livrer aux Romains, il manqua de courage, et voulut déserter le poste de la vie avant l'heure fixée dans les décrets de la Providence. Lui qui avait si souvent triomphé de ses ennemis ne sut pas se vaincre lui-même: dominé par la crainte des humiliations ou des supplices, il s'empoisonna pour ne pas tomber vivant entre les mains de ses ennemis. Il avait soixante-quatre ans quand il terminait, par un acte de lâcheté, une carrière glorieuse, mais où les passions avaient exercé de profonds ravages.

Scipion l'Africain mourut vers la même époque qu'Annibal. Il fut, comme son redoutable adversaire, exposé aux traits envenimés de l'ingratitude et de la jalousie. Ces deux vices, partage ordinaire des médiocrités vaniteuses, étaient d'autant plus développés dans les sociétés païennes que les peuples étaient alors dépourvus des lumières et des grâces répandues dans le monde par le christianisme. La popularité que le caractère généreux de Scipion lui avait justement acquise ne put pas le protéger contre les attaques de ses envieux, et il crut devoir, comme le grand capitaine carthaginois, se condamner à l'exil. Il fit graver sur sa tombe la célèbre inscription suivante :

INGRATE PATRIE, TU N'AURAS PAS MES OS.

Le génie d'Annibal avait retardé la chute de sa patrie ; il ne réussit pas à l'empêcher ; et la troisième guerre punique, qui devait l'amener, ne se fit pas longtemps attendre. Caton, avec sa haine implacable et son perpétuel refrain[1], contribua puissamment à rallumer le feu de la discorde. Scipion l'Émilien fut le héros appelé à porter les derniers coups à Carthage et à fixer définitivement la victoire du côté des aigles romaines. Quand ce général vint attaquer la rivale de Rome, il la trouva dépouillée de ses possessions espagnoles, et affaiblie par de terribles luttes soutenues contre les troupes mercenaires. Cependant Carthage, autrefois si redoutée, voulut encore opposer une vigoureuse résistance aux efforts des assaillants. Après un combat acharné de sept jours et de sept nuits, pendant lesquels il fallut assiéger les maisons une à une et les prendre successivement d'assaut, le vainqueur s'empara de la célèbre cité, la livra aux flammes dans un vaste incendie ; puis, à l'aspect de tant de ruines, son cœur ému versa des larmes sur la triste destinée de Carthage (146 avant Jésus-Christ).

[1] Sénateur de Rome, personnage influent, le vieux Caton répétait sans cesse dans les délibérations publiques et dans ses conversations avec les hommes d'État : *Delenda est Carthago*, « il faut détruire Carthage ».

CHAPITRE II

Guerre des Romains contre Jugurtha. — Les colonies placées sous la protection de Rome se multiplient en Afrique. — Le christianisme y pénètre et fait de rapides progrès. — Douze chrétiens de Scylla, premiers martyrs africains sous Septime Sévère. — Perpétue, Félicité et leurs compagnons. — Tertullien; ses écrits. — Saint Cyprien; sa charité, ses œuvres, détails édifiants sur ses diocésains. — Martyre de saint Cyprien (258).

La puissance romaine, maîtresse d'une partie de l'Afrique, hérita des obstacles, des difficultés et des luttes que les indigènes se plaisaient à susciter contre les Carthaginois. Parmi les nombreuses guerres qu'elle eut à soutenir, la plus connue fut celle qu'elle fit à Jugurtha, roi de Numidie. C'était un prince habile, courageux et perfide : appelé à partager le pouvoir suprême avec deux cousins, ses cohéritiers, il conçut le criminel dessein de les faire périr, afin de régner seul. Rome voulut punir ce forfait; elle déclara la guerre à l'usurpateur, envoya contre lui de vaillantes légions; mais l'or du roi gagna les généraux et en fit des traîtres. Rome ne se découragea pas; la guerre dura dix années, pendant lesquelles la Numidie fut mise à feu et à sang; à la fin Jugurtha, battu, abandonné de ses partisans, fut livré à ses ennemis par son beau-père Bocchus, roi de Mauritanie. Conduit à Rome pour ajouter à l'éclat du triomphe, il fut jeté dans un cachot, où il mourut de faim.

Les Romains partagèrent d'abord les dépouilles de Jugurtha entre Bocchus et Juba, prince indigène. Mais plus tard la Numidie et la Mauritanie formèrent une partie notable des possessions romaines, connues sous le nom de province d'Afrique. Le centre fut la nouvelle Carthage, reconstruite par les Gracques sur un emplacement différent de celui où sa devancière avait été bâtie; elle fut embellie par Auguste.

L'Afrique, sous ses puissants maîtres, fut promptement colonisée et livrée à la culture; ses champs, possédés par les Romains, fournirent à l'Italie leurs abondantes moissons. La sécurité des habitants fut protégée par une triple ligne de points fortifiés : 1° les places maritimes; 2° les villes se reliant aux ports par des routes qui sillonnaient le Tell jusqu'à vingt-cinq lieues des côtes; 3° une série de forts détachés construite pour contenir les tribus du Sahara. La nouvelle conquête reçut ainsi les éléments d'une civilisation fort incomplète; mais c'est la seule que des païens puissent connaître et propager.

Des troubles, des soulèvements plus ou moins sérieux témoignèrent çà et là de l'impatience avec laquelle certaines tribus indigènes supportaient la domination de l'Italie; les insurrections furent toujours énergiquement réprimées.

La fertilité du sol et l'espoir d'une protection efficace multiplièrent en Afrique le nombre des colonies placées sous l'autorité des Romains. Les colons y accoururent non-seulement de la mère patrie, mais aussi d'Espagne et des Gaules; ils y fondèrent des établissements durables, des municipes, des villes libres; et, quand plus tard l'empire d'Occident commençait à s'écrouler, bien des familles se décidèrent à chercher un refuge sur la côte d'Afrique, dans l'espoir d'échapper aux fléaux de l'invasion.

Le plus grand événement qui pût se réaliser dans cette contrée, pendant la période de la domination romaine, ce fut l'introduction de l'Évangile. Quels sont les premiers chrétiens qui eurent le mérite et l'insigne honneur de porter sur les plages africaines la bonne nouvelle du salut? A cette question l'histoire n'a pas de réponse précise à donner. Ce que nous savons, c'est que les noms de ces fervents disciples des apôtres, ignorés sur la terre, sont écrits au ciel dans le livre où rien ne s'efface. D'après une opinion généralement accréditée, avant la fin du 1er siècle, ils arrivaient d'Asie, d'Europe, de Rome peut-être, portés par les vaisseaux de commerce qui abordaient le littoral. Leur zèle rencontra de l'écho dans les âmes, et en peu d'années il avait fait, à la vérité, de nombreuses conquêtes, appartenant à tous les rangs de la société, depuis les esclaves jusqu'aux conditions les plus élevées. A la fin du IIe siècle, les évêchés s'étaient multipliés; les chrétiens se rencontraient partout, et les empereurs, aveuglés sur leurs vrais intérêts, s'effrayaient de la rapidité des conversions.

L'un d'eux, Septime Sévère, prescrivit une enquête à son proconsul Saturnin pour découvrir les disciples de Jésus-Christ, et ordonna de les faire mettre à mort s'ils refusaient d'offrir des sacrifices aux dieux de Rome. Par suite des recherches du magistrat, douze chrétiens de la ville de Scylla, sept hommes et cinq femmes : Spérat, Acillin, Cittin, Lætantius, Félix, Narzal, Véturius, Donate, Januaria, Générose, Vestine et Seconde, furent arrêtés et conduits à Carthage pour y subir un interrogatoire. On leur demanda s'ils refusaient d'adorer les divinités païennes; Spérat répondit au proconsul : « Nous n'avons commis aucun crime; nous n'avons injurié personne; au contraire, quand nous avons été maltraités, nous avons remercié le Seigneur. Mais nous n'adorons que le seul vrai Dieu, souverain maître de toutes choses; et, voulant nous conformer à sa loi, nous prions pour nos persécuteurs. »

Pressés de nouvelles questions, puis renvoyés en prison, mis à la torture et rappelés le lendemain par le proconsul, tous se montrèrent inébranlables; ils répondirent unanimement : « Nous sommes et nous voulons rester chrétiens. » Ils furent alors condamnés à la peine de mort, et accueillirent la sentence en disant : « Nous rendons grâces à Dieu, qui nous a fait l'honneur de nous recevoir aujourd'hui martyrs dans le ciel pour l'amour de son nom (17 juillet 208).

A partir de cette date mémorable, le christianisme prit en Afrique un nouvel essor, et nul ne saurait dire le nombre de ceux qui, dans cette contrée, sacrifièrent leur vie plutôt que de renoncer à la vérité. Trois ans plus tard, cinq catéchumènes : deux vaillantes chrétiennes, Perpétue et Félicité ; trois généreux chrétiens, Révocat, Satur, Secundule, subissaient encore à Carthage le martyre. Félicité était esclave, comme Révocat son frère. Elle était enceinte, et comme le jour du supplice approchait, elle craignait d'être ajournée, parce qu'il était défendu d'exécuter les femmes qui avaient des espérances de maternité. Ses compagnons se mirent à prier pour elle. Aussitôt les douleurs survinrent, et un gardien, l'entendant se plaindre, lui dit : « Si tu gémis aujourd'hui, que feras-tu quand tu seras exposée aux bêtes, que tu as méprisées le jour où tu as refusé de sacrifier aux dieux ? » Félicité répondit : « Maintenant c'est moi qui souffre : mais alors un autre souffrira pour moi, parce que je souffrirai pour lui. »

Perpétue, d'un rang élevé comme son mari, était une jeune femme de vingt-deux ans. Elle avait un enfant qu'elle nourrissait de son lait, un père encore païen, une mère, deux frères qui l'entouraient d'affection, une tante qu'elle aimait comme une seconde mère. Chérie de toute sa famille, elle trouvait en ce monde les meilleurs éléments de bonheur. Aussi, quand elle fut séparée de ses proches, elle en ressentit une vive affliction ; mais elle sut dominer sa douleur, et raconter les circonstances voisines de sa mort avec un calme et une sérénité que Dieu seul peut inspirer.

« ... Nous étions encore avec les persécuteurs [1], dit-elle, et,

---

[1] *Histoire universelle de l'Église catholique*, par M. l'abbé Rohrbacher, t. V.

comme mon père continuait à vouloir me faire tomber, par affection pour moi, je lui fis cette question :

« — Mon père, voyez-vous ce vase qui est à terre?

« — Oui, ma fille. »

« J'ajoutai :

« — Peut-on lui donner un autre nom que le sien?

« — Non, me répondit-il.

« — Eh bien, je ne peux pas non plus me déclarer autre que je ne suis, c'est-à-dire chrétienne. »

« Touché de ce mot, mon père se jeta sur moi; il semblait vouloir m'arracher les yeux; mais j'en fus quitte pour quelques mauvais traitements, et il s'en alla vaincu avec les inventions du démon.

« Je restai plusieurs jours sans voir mon père, et j'en rendis grâces au Seigneur; car son absence me soulagea. Dans ce laps de temps nous fûmes baptisés; au sortir de l'eau, l'Esprit me suggéra la pensée de ne demander que la patience dans les peines corporelles.

« Peu de temps après, nous fûmes arrêtés et conduits en prison; j'en fus effrayée; car jamais je n'avais vu de telles ténèbres. Quelle pénible journée! une chaleur accablante causée par la foule des détenus, les rudes procédés dont les soldats usaient envers nous, et par-dessus tout l'inquiétude que m'inspirait mon enfant!... Alors les bénis diacres Tertius et Pompone, qui nous assistaient, obtinrent pour nous, à prix d'argent, la faculté de sortir de ce cachot où nous étions entassés, et de passer quelques heures dans un lieu plus spacieux de la prison afin de nous rafraîchir... Mon enfant me fut apporté; il mourait de faim, je lui donnai à teter. Préoccupée de sa santé, j'en parlai à ma mère : je le recommandai à mon frère, et je cherchai à le fortifier. Je séchais de douleur, parce que je les voyais eux-mêmes désolés pour l'amour de moi, et je passai plusieurs jours dans de grandes angoisses. Puis, m'étant habituée à garder mon enfant dans la prison, je me trouvai bientôt fortifiée, et la prison me devint un palais, en sorte que j'aimais mieux être là qu'ailleurs...

« Mon frère me dit à cette époque : « Madame et sœur, déjà vous êtes en grande faveur près de Dieu; demandez-lui donc de vous faire connaître par une vision si vous finirez par le martyre, ou si vous serez rendue à la liberté. » Comme je savais que je m'entretenais familièrement avec le Seigneur, dont j'avais reçu tant de grâces, je répondis avec confiance à mon frère que le lendemain je lui en dirais des nouvelles... Je lui racontai ma vision; elle nous fit comprendre que nous étions appelés à souffrir, et dès lors nous commençâmes à n'avoir plus aucune espérance dans le siècle...

« Peu de jours après, le bruit de notre prochain interrogatoire vint à se répandre; mon père, accablé de tristesse, arriva de la ville, et s'efforça de me faire tomber en disant : « Ma fille, ayez pitié de mes cheveux blancs ! Ayez pitié de votre père, si vous me trouvez encore digne d'être appelé de ce nom ! Si moi-même, de mes mains, je vous ai élevée jusqu'à cet âge, si je vous ai préférée à tous vos frères, ne me rendez pas un objet d'opprobre aux yeux des hommes. Regardez vos frères, regardez votre mère et votre tante; regardez votre fils, qui ne pourra pas vivre après vous. Renoncez à votre fier projet, de peur de nous perdre tous; car aucun de nous n'osera plus parler s'il vous arrive quelque malheur. » Ainsi s'exprimait mon père dans sa tendresse, me baisant les mains, se jetant à mes pieds et m'appelant avec larmes non plus sa fille, mais sa souveraine. Et je déplorais que mon père, avec ses cheveux blancs, seul entre tous les membres de ma famille, ne se disposât pas à se réjouir de mon martyre; je cherchais à le consoler, et je lui disais : « Sur l'échafaud, il arrivera ce qu'il plaira à Dieu; nous sommes en sa puissance, sachez-le bien, et non pas en la nôtre ! » Il me quitta tout désolé.

« Le lendemain, pendant notre dîner, nous fûmes appelés pour être conduits sur la place. Nous y trouvâmes une foule immense, accourue au bruit de notre comparution. Mes compagnons furent interrogés, et confessèrent la foi. Quand vint mon tour, mon père m'apparut avec mon fils dans ses bras; il me fit descendre d'un degré, et me répéta d'une voix suppliante : « Ayez pitié de l'enfant! » Le procurateur [1] Hilarien, qui avait reçu le droit du glaive après la mort du proconsul Minucius Timinien, me disait de son côté :

« — Épargnez les cheveux blancs de votre père! Épargnez l'enfance de votre fils! Sacrifiez pour la prospérité des empereurs! »

« Je répondis :

« — Je n'en ferai rien.

« — Êtes-vous chrétienne? ajouta-t-il.

« — Oui, je le suis! »

« Comme mon père se tenait toujours près de moi, cherchant à m'ébranler, Hilarien ordonna de l'expulser, et mon père fut frappé d'un coup de bâton. Je ressentis ce coup comme si je l'avais reçu moi-même, tant je compatissais à sa malheureuse vieillesse! Alors Hilarien prononça la sentence, et nous condamna tous aux bêtes.

« Nous descendîmes avec joie dans la prison. Mon enfant étant habitué à se nourrir de mon lait et à demeurer avec moi dans cette prison, je chargeai le diacre Pompone d'aller le demander à mon père, qui le refusa. Dieu permit que l'enfant ne demandât plus à teter, et que je ne fusse pas incommodée de mon lait ; de sorte que je restai sans inquiétude et sans souffrance... »

Perpétue et Félicité, condamnées à périr déchirées par la dent des bêtes féroces, furent conduites dans l'amphithéâtre; mais quand la foule vit leur délicatesse et leur beauté, elle fut saisie d'un sentiment de pitié, et demanda pour ces jeunes martyres la mort moins cruelle du glaive. Perpétue, frappée plusieurs fois

---

[1] Le procurateur était un magistrat qui représentait l'empereur romain dans les provinces.

avant de recevoir le dernier coup, dirigea elle-même la main tremblante de son bourreau.

Satur fut égorgé dans un lieu dérobé aux spectateurs, où l'on achevait les victimes auxquelles les bêtes furieuses avaient encore laissé quelque souffle de vie. Il rencontra dans cet endroit le soldat Pudens, qui, chargé de garder les chrétiens, avait puisé dans leurs paroles, et surtout dans leurs exemples, le trésor de la foi. Satur lui fit de touchants adieux ; il lui recommanda de se souvenir de sa religion, et de se fortifier dans la vraie croyance par le spectacle dont il était témoin. Puis il emprunta l'anneau que Pudens portait au doigt, le trempa dans sa blessure, et le lui rendit teint de son sang comme un souvenir de son affection et de l'ardeur avec laquelle il continuerait à prier pour lui. Peu de temps après cette entrevue, Pudens recevait la palme du martyre.

Quant à Perpétue et à Félicité, leur courage, leur amour pour Dieu parurent si admirables et devinrent si populaires, que leurs noms furent insérés dans les prières du canon de la messe : depuis plus de seize cents ans, le saint sacrifice ne s'est pas offert une seule fois dans le monde sans que les prêtres et les fidèles aient demandé à Dieu de daigner leur donner part et société avec ces deux glorieuses saintes.

Pendant que les fidèles d'Afrique offraient à Jésus-Christ le témoignage de leur sang, dans ce même pays d'autres disciples du Sauveur mettaient à son service l'intelligence et le talent dont il les avait doués. C'est ainsi que Tertullien, originaire de Carthage, consacrait son éloquence à la défense de l'Église persécutée. Né vers l'année 160 de l'ère chrétienne, il fut élevé dans les erreurs du paganisme ; mais il fut touché par la patience héroïque des martyrs, et, quand une grâce privilégiée ouvrit ses yeux à la lumière, il la trouva si belle, qu'il voulut consacrer ses talents à la propager. Il écrivit des traités sur le baptême, la pénitence, la chasteté, les spectacles, etc. Mais son œuvre la plus importante, celle qui eut dans le monde un sérieux et salutaire retentissement, fut son *Apologétique,* c'est-à-dire son exposé du christianisme.

Dans ce traité, ce n'est pas la piété, c'est la justice qu'il réclame en faveur de la vraie doctrine; il ne veut pas qu'on la condamne avant de la connaître, parce que ceux qui cessent de l'ignorer cessent aussi de lui être hostiles; ils la respectent et ils s'y attachent. « C'est là, dit-il, le secret de la foule des conversions dont les pouvoirs publics prennent ombrage. Les chrétiens sont partout, à la ville comme à la campagne; ils se recrutent dans tous les âges et dans tous les rangs; il y a lieu de s'en réjouir au lieu de s'en alarmer : car la religion descendue du ciel apporte le bonheur aux nations comme aux individus. »

Les païens se raillaient des chrétiens et leur adressaient cette insidieuse question : « Pourquoi vous plaignez-vous, puisque vous voulez souffrir? » Tertullien leur répond : « Oui, nous aimons les souffrances, mais nous les aimons comme on aime la guerre. On ne fait pas la guerre volontiers, parce qu'on en redoute les alarmes et les dangers; mais, quand on y est forcé, on se bat de son mieux, et on se réjouit de la victoire. Pour nous, chrétiens, le combat consiste à comparaître devant les tribunaux pour y plaider la cause de la vérité au péril de notre vie. Vous avez beau nous menacer des pieux auxquels vous nous attachez, des bûchers sur lesquels vous nous brûlez, et nous les montrer comme des instruments de supplice infamants. A nos yeux, ce sont comme des robes de fêtes, des chars de triomphe et des signes éclatants de notre victoire. »

S'adressant aux proconsuls qui envoyaient tant de chrétiens à la mort, il leur dit : « Courage, magistrats, puisque le peuple vous estime davantage quand vous immolez nos néophytes, condamnez-nous, mettez-nous à la torture, déchirez-nous, écrasez-nous! le sang des chrétiens est une semence féconde; à mesure que vous nous moissonnez, nous multiplions. »

Quand il parle de la charité, il publie que les disciples de l'Évangile n'ont de haine pour personne, puisqu'il leur est ordonné d'aimer jusqu'à leurs ennemis; ils ne tirent jamais de vengeance, puisqu'ils ne peuvent pas même se venger de leurs persécuteurs. Il ajoute : « Notre société vient de Dieu; il lui est défendu de se venger par le fer, et de s'affliger des injures ou des épreuves qui révèlent aux hommes sa céleste origine. Si nous en venions à des représailles, nous ne manquerions ni de forces ni d'armées. Les Maures, les Marcomans, les Parthes, ou tout autre peuple renfermé dans ses frontières, sont moins nombreux que nous, qui formons une nation sans autre limite que l'univers. Nous ne sommes que d'hier, et déjà nous remplissons tout ce qui est à vous, vos villes et vos bourgades, vos places fortes, vos camps, vos colonies, vos tribus, vos décuries, vos assemblées, le palais, le sénat, le forum; nous ne vous laissons que vos temples ! »

Les ouvrages de Tertullien, à travers d'éminents mérites, laissent percer les défauts de son esprit et ceux de sa nation; à côté de la chaleur, de la logique, de l'énergie, de la finesse, de la grâce et de l'enthousiasme qu'on admire, on est choqué de rencontrer des traces de mauvais goût, des images mal choisies, des expressions affectées, des passages obscurs; malgré les côtés faibles de son talent, Tertullien occupe un rang très-distingué parmi les défenseurs de la foi.

Malheureusement la supériorité de son esprit est devenue pour son âme une tentation d'orgueil à laquelle il n'a pas su résister. Trop confiant en ses propres idées, trop pénétré de leur valeur, il les a défendues avec entêtement; et, refusant de se conformer aux décisions de l'Église, il est tombé dans l'erreur des montanistes, qui affectaient une grande austérité, s'imposaient des jeûnes extraordinaires, et prétendaient à une inspiration directe de l'Esprit-Saint pour l'interprétation des vérités révélées. Il était alors parvenu à la dernière période de sa vie; il sortit de cet abîme, mais ce fut pour tomber dans un autre et devenir le chef d'une secte dont les membres s'appelèrent *tertullianistes*. On ignore dans quelles dispositions il passa du temps à l'éternité; sa longue carrière, si brillante à son midi, aboutissant à des doutes ou à des ténèbres, est un solennel avertissement qui nous exhorte à nous défier des illusions de l'amour-propre et des dangers de la présomption.

Tertullien en était à ses dernières années quand Cyprien commençait sa carrière sacerdotale. Né de parents riches et d'un rang élevé, il eut pour père l'un des principaux sénateurs de Carthage. Avocat, littérateur, professeur d'éloquence, il occupait une position enviée dans cette ville pleine de luxe et de vices; la facilité de son commerce et l'enjouement de son esprit lui avaient valu des amis généralement débauchés comme lui. Cependant il eut le bonheur d'en rencontrer un qui l'aima sérieusement et qui voulut, après s'être converti, partager avec lui la joie d'appartenir à Dieu. Les prières, les exhortations de Cæcilius ne furent pas vaines. — Quand Cyprien encore catéchumène envisageait les devoirs de la vie chrétienne, il craignait de ne pas arriver à les remplir, tant ses mauvaises habitudes lui semblaient enracinées; après le baptême, la grâce lui rendit facile ce qui lui paraissait impossible avant de l'avoir reçu. Sa reconnaissance voulut ajouter à son nom celui de l'ami qui l'avait éclairé; elle lui dicta une lettre digne de l'admiration qu'elle a souvent excitée.

Cyprien, dès qu'il fut chrétien, changea complétement son genre de vie; il se mit à étudier avec ardeur l'Écriture sainte pour en suivre les préceptes et en appliquer les simples conseils. Il embrassa les pratiques de la pénitence, vendit tous ses biens, en distribua le prix aux pauvres, et honora par le travail sa pauvreté volontaire. Il lisait les auteurs ecclésiastiques, et spécialement Tertullien, dont il se faisait un aliment quotidien. Quand il demandait un ouvrage de ce grand écrivain, il avait coutume de dire : « Apportez-moi le maître ! » A son tour, il composa beaucoup de traités pour défendre la religion, toujours exposée aux violentes attaques de l'ignorance et des passions. On cite ses écrits sur le mépris du monde, sur la grâce de Dieu, sur la chasteté, ainsi que son livre sur les témoignages, destiné à faire connaître l'ensemble des vérités révélées.

Sa science et sa vertu l'élevèrent à la prêtrise, et un an plus tard, à la mort de l'évêque de Carthage, métropolitain de l'Église d'Afrique, les fidèles le désignèrent pour succéder au prélat qu'ils venaient de perdre. Cyprien essaya de se soustraire à la charge si justement honorée qu'on voulait lui imposer; il sortit de l'Église et s'enferma dans sa maison; mais grand nombre de fidèles vinrent l'y assiéger, gardant fidèlement toutes les issues, pendant que les autres attendaient avec inquiétude dans le saint temple le retour de celui qu'ils désiraient si ardemment voir à leur tête. Vaincu par tant d'instances, il ne résista plus et accepta le fardeau que la Providence lui imposait. Quelques personnes ambitieuses s'étaient opposées à son élection; non-seulement il leur pardonna de bon cœur, mais il ne cessa de les traiter comme ses meilleurs amis; dès les premiers jours de son épiscopat, sa douceur, sa fermeté, sa tendresse pour les pauvres firent concevoir des espérances que l'avenir ne tarda pas à réaliser.

A peine évêque, il eut à fortifier les fidèles contre les horreurs d'une ardente persécution, suscitée par l'empereur Décius. Au lieu d'affronter cette fois le martyre, comme il le fit plus tard avec tant de courage, il crut devoir s'y dérober par la retraite, afin de soutenir la constance de ses diocésains, qui avaient beaucoup perdu de leur ancienne ferveur, et dont la foi faiblissait depuis que le niveau de leurs mœurs avait baissé. Aussi, dans cette épreuve, à côté des vaillants se trouva-t-il bon nombre de lâches qui apostasièrent; puis, quand les bourreaux se lassèrent de frapper, les renégats contrits de leur faute, s'adressèrent, suivant l'usage, à ceux qui avaient confessé Jésus-Christ dans les tourments et qui avaient résisté aux tortures : ils leur demandèrent des *billets d'indulgences*, c'est-à-dire des lettres sollicitant les évêques, et les priant d'admettre de nouveau dans le sein de l'Église ceux qui se repentaient de leur faiblesse. La distribution de ces billets se fit en général avec circonspection; on avait d'ailleurs eu soin de stipuler que les apostats solliciteraient l'absolution de l'autorité religieuse, dès qu'il serait possible de rentrer en relations avec elle. Toutefois, quelques fidèles, s'attribuant à eux-mêmes le mérite de leur constance au lieu de le rapporter à Dieu, s'imaginèrent que leur conduite leur conférait le droit de réconcilier les fidèles avec l'Église sans l'intervention du clergé. Ils écrivirent dans ce sens à l'évêque. Mais Cyprien ne put tolérer cette exorbitante prétention, et il dut en venir à excommunier les orgueilleux qui persistaient à méconnaître les lois de l'Église.

Dès qu'il put rentrer à Carthage, il y réunit deux conciles pour rétablir la paix, la discipline, et prendre les mesures les plus sages en vue de la nouvelle et terrible guerre que Gallus allait déclarer aux chrétiens.

Sa sollicitude s'étendait à tous les besoins. Ayant appris que les barbares, après avoir pillé plusieurs villes de Numidie, avaient emmené comme captifs un grand nombre de chrétiens, saint Cyprien ordonna une quête dans son diocèse pour racheter les prisonniers, et il autorisa les évêques de la contrée à renouveler leurs demandes, toutes les fois qu'ils auraient à pourvoir à de pareils besoins.

Quelque temps après, une peste meurtrière, venue d'Éthiopie, sévit en Afrique et y fit une foule de victimes. Des familles entières tombaient sous les coups du fléau; les païens, saisis de terreur, abandonnaient leurs parents les plus proches et s'enfuyaient. Les malades encombraient les rues pour solliciter des secours qui leur étaient impitoyablement refusés, et si parfois les passants s'approchaient d'eux, c'était pour les dépouiller. A ce spectacle navrant Cyprien assemble les fidèles; il leur enseigne qu'ils ne doivent pas se borner à s'assister mutuellement; les disciples d'un Dieu mort sur la croix pour sauver tous les hommes sont appelés à une charité plus large, qui s'étende jusqu'à leurs persécuteurs. — La voix de l'évêque, écoutée avec respect, enfante des merveilles : ses exemples viennent à l'appui de ses exhortations; il se consacre jour et nuit au service des pestiférés : les prodiges de dévouement qu'il opère et qu'il obtient des fidèles touchent bien des âmes et les amènent à la religion.

La peste dura douze ans, et la persécution, qui s'était ralentie, n'attendit pas pour renouveler ses ravages que la maladie eût cessé de faire des victimes. Les verges, les bâtons, les chevalets, les tenailles enflammées, les fers, les prisons, les raffinements de la cruauté et toutes les inventions de la barbarie furent employés pour intimider les accusés, et pour ajouter à leurs souffrances quand ils restaient courageusement fidèles à la vérité. Le nombre des vaillants était considérable, et les fidèles leur prodiguaient les témoignages de leur admiration. Ils pénétraient, pour les assister, dans des cachots infects où les glorieuses victimes étaient exposées au supplice de la faim, et se portaient à leur secours en si grande foule que la sagesse de l'Église était souvent amenée à modérer leur ardeur. « Je vous en prie, écrivait saint Cyprien à son clergé, efforcez-vous de nous assurer la paix. Quel que soit le désir qu'on éprouve de visiter les saints confesseurs, qu'on le fasse avec prudence, et qu'on évite de venir les voir en trop grand nombre à la fois. Agir autrement, ce serait éveiller les soupçons, et nous exposer à nous faire interdire l'entrée des prisons. En voulant tout obtenir nous pourrions tout perdre. Arrangez-vous donc pour que les visites se succèdent avec prudence et réserve. »

Quand les martyrs étaient conduits de la prison au tribunal, les chrétiens, attentifs à se trouver sur leur passage, les accompagnaient de leurs gestes, de leurs regards, de leurs encouragements et de leurs prières. Les parents félicitaient leurs enfants de mourir pour le nom du Seigneur. « Lève les yeux en haut, disait une sainte femme à son mari, tu verras Celui pour lequel tu combats. C'est lui qui te soutiendra. » Comme le proconsul cherchait à la réduire au silence en lui demandant pourquoi elle désirait la mort de son époux : « C'est afin qu'il vive auprès de Dieu, répliquait la généreuse chrétienne, et qu'il ne meure jamais. » Et ces actes d'un héroïsme surhumain se renouvelaient souvent.

Saint Cyprien ne cessa d'encourager les forts, de prévenir les défaillances jusqu'au jour où, mené lui-même en prison, il se mit à prêcher par son exemple l'énergie chrétienne qu'il avait si souvent recommandée dans ses discours. Le proconsul lui fit les offres les plus séduisantes, en échange de son abjuration. L'évêque n'hésita pas à les repousser avec l'accent ému d'une âme qui, sachant le prix de la vérité, ne reculera devant aucun sacrifice pour lui rendre hommage. Il fut alors condamné à être décapité. On exécuta la sentence sur un vaste plateau garni d'arbres qui se couvrirent de spectateurs, tant était considérable le nombre des personnes empressées à voir couler le sang innocent. Saint Cyprien fit remettre à son bourreau vingt-cinq pièces d'or, se prosterna pour prier, chargea l'un de ses diacres de lui bander les yeux, et offrit à Dieu le sacrifice de sa vie (258).

Les chrétiens recueillirent son sang avec des linges, l'inhumèrent pendant la nuit en grande solennité. Plus tard, deux sanctuaires s'élevèrent sous son invocation, le premier sur la place de sa tombe, le second sur le lieu même où il avait rendu le dernier soupir.

CHAPITRE III

Sainte Monique ; son éducation, son mariage avec Patrice. — Ses trois enfants. — L'aîné est Augustin (354). — Salutaire influence de Monique sur sa nouvelle famille. — Augustin à Thagaste, à Madaure et à Carthage. — Tableau de cette ville ; tristes débuts qu'y fait Augustin. — Conversion et mort de Patrice. — Œuvres de sainte Monique dans son veuvage. — Augustin, enchaîné par une liaison coupable, se laisse séduire par les manichéens, étudie leur doctrine et en découvre la fausseté. — Il enseigne les belles-lettres à Thagaste, et devient successivement maître d'éloquence à Carthage, à Rome et à Milan. — Ses relations avec saint Ambroise ; les prières de sa mère ; sa conversion à trente-deux ans.

Tertullien fut grand par son éloquence, et Cyprien par sa sainteté ; Augustin les a surpassés tous deux par la supériorité de son intelligence et l'éminence de ses vertus ; mais il y eut de longues luttes à soutenir avant d'arracher cette grande âme à l'empire du mal et de l'amener au baptême ; pour la conquérir à la vérité il n'a fallu rien moins que les œuvres, les larmes, les sacrifices, les persévérantes supplications et la vie d'une sainte mère. — Cette mère s'appelait Monique : sa biographie offre trop d'intérêt pour que nous n'en reproduisions pas ici les traits les plus saillants. D'ailleurs nous recherchons les illustrations d'Afrique : pourrait-on en découvrir une qui fût plus pure et plus touchante ?

Monique naquit en 332 dans la petite ville de Thagaste (aujourd'hui Souk-Arras), sous le pontificat de saint Silvestre et le règne de Constantin. C'était à l'époque où cet empereur, victorieux de son compétiteur Maxence, venait en quelque sorte de faire asseoir avec lui sur le trône la vraie religion.

Le père et la mère de Monique étaient de nobles et pieux chrétiens jouissant d'une haute considération dans leur pays; ils unissaient à de belles alliances, à de brillants souvenirs une fortune très-médiocre que les révolutions avaient presque entièrement détruite. A défaut des fragiles trésors de la terre, ils firent à leur enfant le don meilleur d'une éducation forte, en lui inspirant le détachement de ce monde et le désir de la vie future.

Une vieille servante, autrefois nourrice de son père, était restée dans la famille, qui l'aimait et se plaisait à honorer ses dévoués services. Elle fut admise à s'occuper de Monique, qu'elle appelait volontiers *son enfant*, et concourut à la former. Attentive, zélée, mais peu tolérante et même sévère, elle prouvait sa vigilance en grondant, et son amour en corrigeant.

Toute petite, Monique montra du goût pour la piété. Voisine de l'église, elle épiait le moment où on ne la voyait pas, pour y aller seule, afin d'y prier près de l'autel. Au milieu des jeux auxquels elle se livrait avec ses compagnes, elle disparaissait tout à coup; quand on la cherchait, on la trouvait recueillie au pied d'un arbre. La nuit, elle se levait en secret pour se mettre à genoux, et réciter les oraisons que sa mère lui avait apprises. De bonne heure aussi Monique sentit l'amour des pauvres naître dans son âme. A table, elle cachait souvent une partie de son pain, et, après le repas, elle cherchait un pauvre pour le secourir. Elle assistait spécialement les voyageurs, dont elle voulait laver les pieds, et les malades, qu'elle était heureuse de soulager dans leurs souffrances. Sa mère la préparait aux fortes vertus par de petites privations, et par une grande fidélité au règlement qu'elle lui avait tracé. Ainsi, en dehors du modeste repas de la famille, on ne lui donnait pas à boire ; et, dans les étés parfois si chauds de l'Afrique, jamais on ne lui accordait une goutte d'eau pour étancher sa soif.

Afin de l'initier au gouvernement de la maison, ses parents l'avaient chargée d'aller chaque jour au cellier pour y puiser la provision du vin; cette mission de confiance devint pour la jeune fille une tentation à laquelle elle ne sut pas résister. Soit espièglerie, soit penchant naturel vers les choses défendues, une fois où Monique se trouvait au cellier, elle approcha de ses lèvres le vase qu'elle venait de remplir et se mit à goûter le vin; le lendemain elle recommença : au bout de quelque temps, l'habitude était contractée, et, au lieu de quelques gouttes, c'était une petite coupe presque pleine qui se trouvait consommée. Cependant Dieu, qui tire le bien du mal, voulut ménager à Monique l'occasion de réprimer ce défaut, et même de fortifier sa vertu. Une servante qui l'accompagnait à la cave, ayant un jour un différend avec sa jeune maîtresse, lui reprocha sa gourmandise, et se permit de l'appeler *buveuse de vin*. Blessée de ce trait, l'enfant, la rougeur au front, rentra en elle-même, reconnut l'avertissement de la Providence, pleura, se mortifia, se corrigea pour toujours, et comprit mieux qu'il fallait se tenir en garde contre les moindres périls, et se prémunir toujours contre les fautes les plus légères.

Son intelligence élevée, son esprit ouvert et gracieux, son vif désir d'apprendre, charmaient sa famille, et chacun cherchait à l'instruire. Souvent elle s'entretenait avec son aïeule, contemporaine des martyrs, qui lui racontait leur émouvante histoire; et, pendant des heures, Monique restait suspendue aux lèvres de cette femme vénérable.

Elle avait vingt et un ans, quand elle fut demandée en mariage par Patrice, de race peut-être encore plus noble que la sienne, mais qui avait plus de deux fois l'âge de celle dont il désirait obtenir la main. Il était curiale, c'est-à-dire l'un des magistrats de la cité qui devaient percevoir l'impôt à leurs risques et périls, en comblant le déficit s'il survenait des non-valeurs. C'était, on le voit, une charge onéreuse ; elle était obligatoire dès qu'on possédait vingt-six arpents de terre. Si l'on considère que ce prétendant était païen, de mauvaises mœurs, et plein d'indifférence pour les choses religieuses, on ne s'explique guère comment il parvint à se faire agréer. Cependant, comme il avait du cœur et qu'il était loyal, les parents aveuglés, n'y regardant pas d'assez près, lui donnèrent leur fille ; ils nourrissaient l'espoir qu'elle parviendrait à le convertir.

Monique dut alors quitter la paix d'un intérieur chrétien pour aller demeurer avec une belle-mère jalouse, impérieuse, et se voir entourée de servantes méchantes, qui se mirent à la calomnier, parce que sa vertu leur était importune. La mauvaise humeur du mari ajoutait aux mérites de sa compagne ; il y avait beaucoup à supporter de sa part : il trouvait ennuyeuses les prières de sa femme ; ses discrètes aumônes lui semblaient excessives, et ses démarches hors de propos. Au lieu de témoigner du dépit, Monique s'efforça d'être modeste, patiente, aimable et attentive. Elle parla surtout à Dieu de ses chagrins, de ses désirs, et se persuada que, si sa vie reflétait fidèlement ses croyances, Patrice finirait par la trouver si douce qu'il ne résisterait pas à ses attraits.

Son mari se livre aux désordres d'une vie déréglée ; elle en souffre, elle pleure quand il n'est pas là, mais elle ne lui dit jamais un mot de reproche. Elle subit même ses emportements sans se plaindre ; seulement, quand la colère est passée, elle donne quelques mots d'explication, et bientôt cette méthode lui réussit ; car, malgré la gravité de ses fautes, Patrice comprenait la valeur d'une telle femme, et ne lui refusait pas son affection.

Monique fut mère de trois enfants. A vingt-deux ans elle mit au monde Augustin (13 novembre 354). On raconte qu'une révélation lui avait appris que cet enfant opèrerait des merveilles s'il se montrait fidèle à Dieu ; mais sa tendresse maternelle et sa foi suffisent à expliquer l'ardeur persévérante qu'elle mit à solliciter la conversion de ce premier-né.

Son second fils, Navigius, timide, instruit, pieux, toujours souffrant et oubliant sa mauvaise santé pour s'occuper de son prochain, tint fidèle compagnie à sa mère, et tâcha de la consoler pendant les longs égarements de son frère. Il devint père de famille; son fils, appelé Patrice comme son aïeul, fut diacre de l'Église d'Hippone; ses deux filles furent religieuses.

Le troisième enfant fut une fille nommée Perpétue, comme l'illustre martyre de Carthage. Pieuse comme sa mère, Perpétue contracta les liens du mariage, fut veuve de bonne heure, voulut alors se retirer près d'Augustin, et y resta jusqu'à son entrée dans la vie religieuse. On la retrouve, à la fin de sa carrière, supérieure d'un monastère fondé par son frère.

Dès qu'elle savait devoir mettre un enfant au monde, Monique, redoublant de vigilance, de prières, l'offrait d'avance à Dieu. Aussitôt après sa naissance, il était présenté à l'église pour être inscrit au nombre des catéchumènes, c'est-à-dire parmi ceux qui aspiraient au sacrement de baptême et qui recevaient sur leurs lèvres le sel symbolique de la foi.

La bonne mère attachait beaucoup de prix à nourrir ses enfants de son lait. Saint Augustin dit à ce propos : « Mon Dieu, c'était vous qui me donniez cette nourriture; vous me portiez à la désirer dans la mesure où j'en avais besoin, et vous incliniez ma mère à me la donner. L'amour la disposait à m'offrir sans mesure ce qu'elle recevait sans mesure de votre bonté, et, par une admirable loi, elle était heureuse en me rendant heureux. Dans ce lait que je buvais avec tant de satisfaction, mon cœur, encore plus privilégié que mon corps, buvait amoureusement le nom de Jésus-Christ. Voilà ce que j'ai appris depuis. Car alors, ingrat, que savais-je? Sucer le lait, le savourer, pleurer quand je souffrais, et rien de plus. »

Désireuse de transmettre à ses enfants les principes qu'elle avait goûtés si jeune, et dont elle savourait chaque jour davantage la forte substance, elle formait la conscience d'Augustin, elle y mettait la délicatesse, la droiture qu'il ne devait pas perdre, même au milieu de ses désordres ; elle s'efforçait d'élever ses pensées vers le ciel, et lui inspirait le germe de ces sentiments religieux qu'il devait exprimer plus tard, quand il écrivait ces mots : « Vous nous avez faits pour vous, ô mon Dieu, et notre cœur est agité tant qu'il ne repose pas en vous. »

Monique lui parlait sans cesse de la miséricorde du Seigneur, de la crèche où Jésus-Christ est né pauvre pour nous, de la croix où il est monté tout sanglant afin de nous témoigner son amour, et, malgré l'incrédulité de son père, malgré la perspicacité de l'enfance si prompte à scruter, au point de vue religieux, les consciences de ceux qui les entourent, Augustin, docile aux leçons de sa mère, avait déjà des impressions de foi. Nous en trouvons la preuve dans le passage suivant de ses Confessions : « ... J'étais encore enfant, lorsqu'un jour je fus tout à coup saisi d'une telle douleur d'estomac qu'on me crut à la mort. Alors, ô mon Dieu, vous qui étiez déjà mon protecteur et mon gardien, vous avez vu avec quel élan je sollicitai le baptême de votre divin Fils. Je le demandai à ma mère et à l'Église, notre mère à tous. Ma mère fut bouleversée. Elle avait encore plus d'ardeur pour me faire entrer dans le ciel que pour me mettre au monde. Aussi se hâtait-elle de réclamer le sacrement, afin que je fusse purifié de mes fautes, en faisant profession de croire en vous, ô Jésus mon Sauveur. » Mais, au milieu de ces inquiétudes, le danger cessa, la crise se calma, et Patrice fit ajourner le baptême [1].

Pour témoigner à Dieu la reconnaissance qu'elle éprouva de la guérison d'Augustin, Monique redoubla de zèle, en vue de se

---

[1] A cette époque, des chrétiens, fidèles d'ailleurs à l'enseignement immuable de l'Église, touchant la nécessité absolue du baptême, se laissaient dominer par la considération que ce sacrement efface dans l'âme et remet entièrement, quant à la tache et quant à la peine, non-seulement le péché originel, mais aussi les péchés actuels, et ils croyaient utile à leurs intérêts spirituels d'en différer la réception à une époque plus ou moins éloignée. Mais dans les temps mêmes où l'Église n'avait pas encore aboli cette tolérance, on baptisait déjà beaucoup d'enfants.

montrer toujours égale, douce, patiente envers son mari, sa belle-mère, et même ses domestiques. Ces généreux efforts portèrent leurs fruits. Elle avait été calomniée par de méchantes langues; sa belle-mère le reconnut, en informa son fils, et Patrice fit fustiger les esclaves qui l'avaient si injustement desservie. Ce châtiment, au lieu d'aigrir les coupables, réussit à les ramener au devoir. Elles se turent, par crainte d'abord, ensuite par respect pour celle qu'elles avaient méconnue. Au bout de peu d'années, la salutaire influence de Monique s'étendait, non-seulement à son intérieur, mais aussi à ses parents, à ses voisins, à toutes ses relations. Elle inspirait tant de confiance que chacun venait à elle pour lui raconter ses peines ou ses griefs; elle écoutait avec intérêt, ne répétait rien de ce qui pouvait irriter, pansait délicatement les blessures qui venaient chercher le remède, parvenait à les soulager efficacement; et, quand il s'agissait d'inimitiés, elle réussissait d'ordinaire à ménager un rapprochement. Son ascendant prit une telle importance que toute la maison fut amenée, par ses paroles et ses exemples, à la foi catholique. Patrice y arriva le dernier; mais il vint un jour où, lui aussi, se reconnut heureusement vaincu par la douce persévérance de la sainte.

L'ardeur de Monique à répandre autour d'elle la vérité ne nuisait à aucun de ses devoirs maternels. Pour parler plus spécialement désormais de son fils aîné, elle exerçait sur son cœur un doux empire, qui ne fit que grandir tant qu'il put rester sous sa surveillance. Elle s'efforçait de le persuader de cette vérité qu'il devait aimer Dieu plus que sa mère, plus que son père, et obéir à lui seul quand sa loi était contredite par une puissance humaine quelconque, fût-ce même celle de l'État ou l'autorité de la famille. De bonne heure, il fut confié aux maîtres de Thagaste pour les premiers éléments des lettres. C'est en cette ville qu'il apprit l'écriture; la lecture, l'arithmétique, les rudiments du latin. Naturellement enclin à la paresse, il éprouvait du dégoût pour l'étude; il n'avait guère, à cet âge, de disposition que pour la langue de Rome, qu'il comprit facilement, et celle de Carthage, que parlait sa mère. Les châtiments ne stimulaient guère son attention; cependant elles l'humiliaient, et il demandait à Dieu de le préserver du fouet. Il dit à ce propos dans ses Confessions : « Vous ne m'exauciez pas toujours, ô mon Dieu, et, en me refusant, vous agissiez dans mes intérêts; tous, jusqu'à mes parents, se moquaient de mes férules, bagatelles pour eux, pour moi grande peine alors et grande terreur. »

Au bout de quelques années, à la place de son aversion pour le travail, on voyait poindre dans cette nature ardente le désir immodéré du succès, des louanges, la soif du jeu et des plaisirs. Chez lui le sang païen du père faisait un triste contre-poids au lait dont Monique l'avait nourri. Il ne se faisait pas scrupule de mentir, et se permettait de petits larcins au cellier ou à la table pour satisfaire sa gourmandise, ou se concilier la bonne grâce de ses amis. Cependant il restait tendre pour sa mère, et n'aurait rien voulu se permettre qui pût porter atteinte à l'honneur. Monique, attentive à ses défauts comme à ses qualités, priait le Seigneur de faire pencher Augustin du côté de la vertu, lorsqu'un malencontreux projet vint ajourner indéfiniment la réalisation de son plus cher désir. Patrice, ambitieux pour l'avenir de son fils et devinant sa haute intelligence, ne voulait rien négliger de ce qui pouvait la cultiver et lui donner tout son essor. Quand les professeurs de Thagaste lui parurent insuffisants, il décida qu'Augustin irait étudier à Madaure, ville éloignée de Thagaste d'environ six lieues, et plus riche en ressources intellectuelles. Cette première séparation coûta beaucoup au cœur de Monique : ne croyant pas pouvoir s'y opposer, elle s'efforça de suppléer à sa vigilance quotidienne par un surcroît de recommandations et de prières. C'est à Madaure que la crise des passions commença pour Augustin, âgé seulement de quatorze à quinze ans. Enthousiasmé des beautés de la littérature latine, il en savoura, pour ainsi dire, les œuvres, et s'éprit, non-seulement de leurs côtés élevés, mais aussi de leurs principes corrupteurs. Entouré d'écoliers mal élevés qui applaudissaient à ses essais littéraires et à ses causeries attachantes, il allait souvent avec eux au théâtre, et là les acteurs étalaient à tous les regards les exemples des dieux débauchés et adultères. Cette école de dépravation acheva le naufrage de sa pureté.

Cependant il revint à Thagaste, chargé de couronnes, enivré de ses succès; et son père, toujours plus fier d'un tel fils, résolut de l'envoyer à Carthage pour donner à l'esprit du jeune écolier son dernier lustre. Mais, comme il avait peu de fortune, il le retint près de lui quelque temps, afin d'amasser les ressources nécessaires à l'accomplissement de ce dispendieux dessein.

Désabusé des fausses joies de la terre, Patrice commençait à se tourner vers Dieu: il venait de se faire inscrire parmi les catéchumènes, et Monique en bénissait Dieu. Quant à Augustin, elle ignorait complétement les ravages exercés dans son cœur par le séjour de Madaure. La confiance en une si bonne mère, l'aveu de ses tentations et de ses faiblesses auraient encore pu tout sauver; il laissa s'échapper cette dernière ressource; il se persuada facilement que si Monique connaissait ses pensées actuelles, elle en concevrait un chagrin qu'il ferait mieux de lui épargner, et, tant qu'il en eut la possibilité, il eut soin de lui cacher le véritable état de son âme. — Il chassait, jouait, trichait volontiers, fréquentait des camarades assez déhontés pour se vanter de leurs désordres : il eut le tort de ne pas vouloir rompre avec eux, et résolut, au contraire, de les imiter. Une nuit, parcourant la campagne avec eux, il se mit à cueillir des poires dans un terrain situé près des vignes de son père; il les jeta ensuite aux pourceaux. Il ne les prenait donc pas pour en profiter, mais il voulait faire un mauvais tour pour se divertir, et c'était celui-là qu'il avait choisi. Plus tard, dans ses Confessions, il divulgua lui-même ce fait, et il l'a raconté avec une amertume pleine d'humilité.

Un moment vint néanmoins où Monique fut instruite ; la lumière lui fut apportée par Patrice, qui attachait bien moins d'importance qu'elle aux écarts si regrettables de la jeunesse. Alors, saisie d'inquiétude, elle cherche Augustin ; elle lui parle le langage de la raison, de la tendresse et de la foi : son émotion, ses larmes le touchent sans parvenir à modifier ses idées. Vingt-cinq ans plus tard, Augustin se rappelait avec reconnaissance les prières, les tristesses et la vigilance de sa mère ; mais il trouvait qu'elle n'avait pas fait assez pour préserver son âme. Il eût préféré qu'on sacrifiât ses études, son brillant avenir, tout enfin, plutôt que de le laisser s'engager dans la voie où il allait devenir l'esclave du péché.

La somme indispensable pour payer son voyage et son séjour à Carthage se composa des économies de Patrice et des prêts offerts par quelques amis, empressés malgré la médiocrité de leur fortune à contribuer, pour leur part, au développement d'un génie naissant. Dès que l'argent nécessaire fut trouvé, Monique conduisit son fils à Carthage ; elle y arriva pour la rentrée des écoles en 370. La belle *Histoire de sainte Monique*, par M. l'abbé Bougaud, dont nous conseillons la lecture à tous ceux qui veulent bien connaître la vie de notre sainte, est une mine précieuse dans laquelle nous aimons à puiser. Nous y trouvons sur Carthage et sur les tristes débuts d'Augustin des pages éloquentes que nos lecteurs nous sauront gré de reproduire ici.

« Carthage, reconstruite au moment le plus brillant de la civilisation romaine, était par son luxe et ses richesses, une des premières villes de l'empire. Elle ne le cédait ni à Antioche ni à Alexandrie. Plus jeune que ces deux villes, elle avait cet aspect d'une ville neuve qui plaît moins aux esprits d'élite, mais davantage à la foule. Un beau port, récemment creusé par Auguste, de larges quais, des rues longues, droites, aérées, arrosées de fontaines, pleines de peuple. Une de ces rues, la rue Céleste, était remplie de temples. Une autre, celle des Banquiers, étincelait de marbre et d'or. Plus loin, c'étaient de grandes fabriques d'étoffes précieuses, des marchés de blé, de fruits, de bestiaux, des changes de monnaies : tout le bruit d'une ville industrielle et commerçante, où vivait le vieil esprit carthaginois.

« Avec cela, elle ne négligeait pas les lettres. Peu Grecque d'instinct et de goût, toute Latine, tournée vers l'Occident plutôt que vers l'Orient, elle était, pour le mouvement intellectuel sorti de Rome, ce qu'Antioche, et surtout Alexandrie, avaient été pour celui qui était venu de l'Orient et de la Grèce, un entrepôt et un foyer. Ses écoles, qu'on reconnaissait à de longs voiles blancs qui flottaient à la porte, étaient nombreuses et célèbres; on y enseignait la grammaire, l'éloquence et la philosophie; toute la jeunesse d'Afrique y affluait; une jeunesse intelligente, mais légère, dissolue, sans frein, acclamant aujourd'hui un professeur, et le lendemain entrant en tumulte dans sa classe, et brisant tout avec fureur ou moquerie. Les jeunes gens qui donnaient le ton à tous les autres, les plus licencieux et les plus élégants, avaient pris ou reçu un sobriquet dont ils se faisaient gloire; ils se nommaient *eversores*, les renverseurs, ou les *ravageurs*.

« A ce goût des lettres, Carthage unissait celui des arts. On représentait sur ses théâtres les chefs-d'œuvre de l'art grec et les plus belles œuvres de l'art dramatique romain. Mais elle ne s'en tenait pas à ces représentations de Sophocle[1] et d'Euripide[2], de Térence[3] et de Plaute[4]. Elle y joignait les jeux du cirque, les

---

[1] Sophocle, célèbre poète tragique grec (495 avant Jésus-Christ), vécut près de quatre-vingt-dix ans. On lui attribue cent vingt-trois tragédies; sept seulement nous sont parvenues sans lacune. Plusieurs ont été imitées par des auteurs français. Parmi eux, Racine est celui qui rappelle davantage le talent de Sophocle.

[2] Euripide, contemporain et rival de Sophocle, fut plusieurs fois couronné. Nous avons dix-neuf de ses quatre-vingt-quatre tragédies.

[3] Térence, poète latin, né en Afrique (198 avant Jésus-Christ), fut esclave : son maître l'affranchit, et il devint l'ami de Scipion l'Émilien. On a six de ses comédies : quelques-unes ont été imitées par Molière et par Baron.

[4] Plaute fut aussi un poète comique latin. Parmi les vingt pièces qu'il nous a laissées, plusieurs ont inspiré celles de Molière et de Regnard.

combats d'animaux et de gladiateurs ; et telle était l'avidité du peuple pour ce genre de spectacle, les paris que faisaient les jeunes gens pendant les luttes étaient si ardents, que presque toujours ces jeux se terminaient par des injures, des coups et souvent des émeutes. On entrevoit, par ce peu de mots, ce que pouvaient et devaient être les mœurs d'une pareille ville. Sous ce rapport, Carthage rivalisait avec Rome elle-même, et c'est tout dire. »

Voilà ce qu'était cette ville, où arrivait un jeune homme de dix-sept ans, doué d'une vive imagination, consumé de passions à peine écloses, n'ayant encore entrevu qu'en rêve cette coupe enchantée dans laquelle on s'imagine, à cet âge, qu'on trouvera le bonheur, et décidé à la vider promptement et jusqu'au fond. Qu'étaient-ce que les périls de Madaure à côté des séductions de Carthage ? Et si Augustin innocent avait si vite succombé à Madaure, qu'allait-il arriver d'Augustin entrant coupable à Carthage ?

Son apparition dans les écoles fit sensation. Il possédait déjà plusieurs langues ; il avait une aptitude singulière pour la philosophie et la métaphysique, une grande ardeur pour l'étude, le goût de la poésie, de l'art, du beau dans tous les genres, et surtout une éloquence naturelle, qui jaillissait sans effort d'une âme élevée et aimante. Il étonna ses condisciples et même ses maîtres : tout le monde pressentit que, dans quelques années, il serait la gloire du barreau de Carthage.

Ce qui ajoutait un charme singulier à toute sa personne, c'est qu'au milieu de ses succès il était réservé et timide. Il n'aimait pas à se produire. Il portait sur sa physionomie, qui devenait chaque jour plus belle, cette candeur qui va si bien aux natures supérieures, et qui est à la fois le signe et la compagne du vrai talent. C'est ainsi que les hommes le voyaient ; mais il avoue, dans son humilité, qu'intérieurement il était tout autre ; qu'il rêvait la gloire, qu'il portait sur le barreau des regards pleins d'ambition, et que, sous cette apparence modeste, qui lui était naturelle, il cachait une âme enivrée de plus en plus d'elle-même. « Je tenais, dit-il, le premier rang dans les écoles de rhétorique, ce qui me remplissait d'une joie superbe, et me gonflait de vent. Vous savez pourtant, ô mon Dieu, ajoute-t-il, que j'étais plus retenu que les autres, et bien éloigné des folies de mes camarades qui s'appelaient *ravageurs*. J'éprouvais même une sorte de pudeur impudente à ne pas leur ressembler ; quoique je vécusse avec eux et que je me plusse dans leur familiarité, j'avais en horreur leurs actions, ces moqueries sanglantes, injurieuses, avec lesquelles ils insultaient à l'embarras des nouveaux venus et des étrangers, et faisaient de leur trouble l'aliment de malignes joies. Voilà avec quels hommes et dans quelle compagnie j'étudiais alors l'éloquence, excité par cette malheureuse et damnable fin de l'ambition, qui trouve son aiguillon dans la vanité. »

Mais, si grandes que fussent alors cette vanité et cette ambition, ce n'était, dans Augustin, que la moindre plaie. Son cœur était bien plus malade que son esprit. A ce premier transport des passions, qui s'était déclaré si violent et si terrible à Thagaste, avait succédé je ne sais quel vague malaise, plus terrible peut-être. Son âme, vide de Dieu, manquant d'aliments, aspirait à quelque chose qui pût la satisfaire ; mais ce quelque chose d'inconnu qui lui manquait, Augustin ne savait où le trouver. Une inquiétude indéfinissable le tourmentait. Consumé de vagues désirs, sans objets et sans limites, il était arrivé à ce moment périlleux qui précède d'ordinaire les grandes chutes, et qui trop souvent les annonce. « Mon cœur défaillait vide de vous, ô mon Dieu, dit-il avec une profondeur admirable, et pourtant ce n'était pas de cette faim-là que j'étais affamé. L'aliment intérieur et incorruptible qui manquait à mon âme ne m'inspirait aucun appétit. J'en étais dégoûté, non par rassasiement, mais par indigence. Mon âme malade, couverte d'ulcères, tombant d'inanition, se jetait misérablement hors d'elle-même, et mendiait à la créature quelque chose qui pût adoucir ses plaies... »

Quand Monique apprit les désordres de son fils, sa douleur fut si profonde, qu'on put craindre qu'elle n'y succombât. Ses larmes coulaient jour et nuit. Elle ne savait même plus les contenir en public. Il y avait des jours où, quand elle sortait de la prière et qu'elle revenait du saint sacrifice, la place qu'elle avait occupée en était toute baignée.

Vers cette époque, Dieu, qui veillait sur sa fidèle servante avec infiniment plus d'amour qu'une mère sur un enfant chéri, voulut ménager à Monique un adoucissement à son immense chagrin. C'est alors qu'il disposa Patrice, déjà catéchumène, à pratiquer complétement la foi catholique. Il résolut de se préparer au baptême en changeant de vie, répara le plus qu'il put envers sa gracieuse et patiente compagne les torts dont il s'était rendu coupable, et fut baptisé. Chacun admirait en sa personne les merveilles de la fidélité à la grâce; on s'étonnait de le voir humble, modéré, lui qui, naguère encore, se montrait orgueilleux et colère. Monique avait été l'instrument béni de cette édifiante conversion; elle rendit au Seigneur de vives actions de grâces; un de ses plus chers vœux était enfin accompli!

Patrice ne survécut pas longtemps à son entrée dans l'Église; la mort vint le frapper quand il entrait dans sa vieillesse; mais elle ne le surprit pas, parce qu'il s'était sérieusement préparé à la recevoir.

Veuve à quarante ans, Monique renonce plus complétement au monde, qu'elle n'avait jamais guère fréquenté, pour se vouer au silence, à la retraite, et se consacrer au soulagement de toutes les misères. Elle adopte des vêtements encore plus simples que ceux du passé, s'impose des jeûnes fréquents et très-rigoureux; puis, quand elle ne jeûne pas, aux fêtes de l'Église par exemple, elle use des aliments les plus ordinaires, se retranche sur la quantité, et se borne à ce qui est rigoureusement nécessaire pour soutenir ses forces.

Ses économies, les fruits de ses privations sont consacrés à nourrir les pauvres. Elle leur donne l'aumône matérielle, et surtout celle du cœur, l'affection, dont les malheureux ont tant besoin ! Elle va soigner les malades, dont, dès son enfance, les souffrances lui avaient inspiré toujours tant de compassion. Tantôt elle les sert à leur domicile; tantôt elle les visite dans les hôpitaux qui commencent à surgir, au grand étonnement des païens. Ces asiles consistaient alors dans un assemblage de petits bâtiments où chaque malade était recueilli dans une cellule séparée. Les malheureux qu'elle assistait avec tant de bonté l'appelaient leur servante, à cause des nombreux services qu'elle se plaisait à leur rendre, et aussi leur mère, à cause de l'héroïsme avec lequel elle les assistait.

Il y avait encore d'autres œuvres qui avaient part à sa sollicitude; ainsi elle s'adonnait à l'ensevelissement des morts; elle rendait spécialement ce devoir à ceux qui avaient eu le bonheur de terminer chrétiennement leur vie, et traitait avec respect ces anciens temples de l'Esprit-Saint qui revivront un jour dans la gloire : elle les lavait de ses mains, les enveloppait d'un linceul, les accompagnait à l'église, et les suivait jusqu'au cimetière où ils étaient déposés en attendant la résurrection.

Elle s'intéresse au sort des petits orphelins, confectionne leurs vêtements et s'efforce de les donner à Dieu.

Enfin elle console les veuves, les femmes mariées, toutes celles qui sont dans la tristesse, et qui portent si souvent dans le cœur des plaies cuisantes dont elles n'osent parler qu'aux âmes discrètes et pieuses.

C'est à l'église qu'elle va chercher la force et la lumière afin d'accomplir tout ce bien. Elle vient au saint autel le matin pour entendre la messe à laquelle elle communie, puis le soir à la prière avec le livre des Psaumes, son fidèle compagnon; dans la journée elle se rend aux tombeaux des martyrs pour y porter sa corbeille remplie d'offrandes, afin de faire mieux comprendre aux indigents qu'il s'exhale de leurs saintes reliques un parfum de charité ; elle goûte la nourriture qu'elle destine aux membres souffrants du Seigneur, puis elle la leur distribue, sans participer aux abus qui devaient bientôt amener le terme de cet usage ancien et respectable.

Dans toutes ses œuvres si méritoires, Monique se gardait bien d'oublier Patrice ; elle demandait pour lui l'entière délivrance, le lieu de la lumière et de la paix ; mais sa pensée dominante, son incessante préoccupation, c'était l'âme d'Augustin. Elle la réclamait à Dieu, à ses saints, offrait pour elle ses pénitences, ne voulait pas se consoler parce qu'elle la savait morte à la vie de la grâce, et faisait au Ciel cette violence qui finit, tôt ou tard, par l'emporter d'assaut.

Pendant ce temps, que faisait Augustin ? Ardent au travail autant qu'il s'était montré paresseux dans son enfance, malgré son tempérament frêle et sa délicate santé, il consacrait à l'étude un temps considérable, et son esprit profond s'enrichissait des connaissances les plus variées. Sans l'aide d'aucun interprète, il parvenait à comprendre les catégories d'Aristote, pleines d'obscurités métaphysiques. Il se pénétrait des livres de Cicéron ; il relisait spécialement le traité intitulé : *Hortensius*, ouvrage important qui expose tous les systèmes philosophiques connus en ce temps, et donnait la préférence aux traditions élevées de Socrate et de Platon. Il cherchait la lumière partout, excepté là où il l'eût trouvée : il n'ouvrait pas les saints Évangiles, parce qu'il avait le vague instinct des sacrifices qu'ils lui auraient demandés, et qu'il ne voulait pas faire.

A cette époque, il y avait une hérésie en grande faveur : c'était celle de Manès ; elle présentait aux regards le nom de Jésus-Christ sans imposer à la conduite les préceptes de sa divine doctrine, et associait à quelques vérités des erreurs qui autorisaient la dissolution des mœurs. Elle admettait deux principes éternels, le bien et le mal, ne pouvant ni se vaincre ni se concilier ; dans l'homme elle supposait deux âmes, l'une allant à la vertu et l'autre attirée par le péché. Elle proclamait la venue du Messie, le mystère de l'Incarnation, les bienfaits de la Rédemption. Le monde éprouvait alors d'immenses souffrances; le manichéisme lui en promettait le prochain soulagement; il annonçait l'amélioration des institutions humaines par l'effusion du Saint-Esprit; et, malgré l'absurdité de ses systèmes, il flattait les esprits par la perspective d'une réforme sociale très-désirée, et par l'attrait d'une religion commode qui laissait à chacun la faculté de croire ce qu'il voulait.

Au fond de ces idées philosophiques et religieuses, les manichéens cachaient une corruption profonde, qu'ils avaient grand soin de dérober aux regards des profanes ou des nouveaux adeptes. Augustin se laissa séduire par une secte qui calmait les remords de la conscience, et dispensait de la pénitence, tout en rendant certains hommages à Jésus-Christ; à dix-neuf ans, il renonçait à la foi de son enfance, pour se faire inscrire parmi les auditeurs d'une hérésie que son cœur eût repoussée s'il en avait connu les intimes replis.

Une fois enrôlé sous cette triste bannière, il la suit, de plus ou moins près, pendant neuf années, et il cherche à faire entrer ses amis dans sa nouvelle voie. Il revient à Thagaste, et travaille à gagner ses anciens camarades. Mais comment décrire la désolation de Monique, quand elle apprend l'apostasie de son fils? Ses larmes semblent intarissables, et, dans les premiers moments de la douleur, s'armant de la sévérité d'une mère vigilante, elle déclare à son fils qu'elle ne le supportera pas sous son toit. La nuit suivante, pendant qu'elle prend un peu de repos après une longue veillée de prières, un songe lui montre que plus tard son fils reviendra sûrement à la vérité; alors calmée par cette espérance, elle permet à Augustin de rentrer dans sa maison. Mais il avait été recueilli par un généreux ami de son père, qui déjà l'avait aidé à terminer ses études. Il prend le parti de rester chez Romanien, et d'habiter la maison qui lui était abandonnée.

La pieuse mère craignait toujours de n'en pas faire assez pour ramener son fils au bercail ; et, quand de saints personnages venaient à Thagaste, elle ne manquait pas d'aller leur demander conseil. Un vénérable évêque reçut, entre autres, la confidence de ses alarmes. Il lui répondit d'abord que le moment de parler à Augustin n'était pas venu, et qu'il fallait s'en tenir à la prière, parce que ce fils indocile, présomptueux, nouvellement entré dans l'hérésie, ne consentirait pas à en sortir, mais que plus tard il en reconnaîtrait la vanité ; puis il ajouta : « Allez, continuez à agir comme vous l'avez fait : il est impossible que le fils de tant de larmes périsse ! » Cette parole, prononcée avec un accent convaincu, resta comme un baume et une ferme espérance dans le cœur de la sainte.

Augustin se mit à enseigner les belles-lettres à Thagaste ; mais la mort prématurée d'un jeune ami, sorti de ce monde avant le baptême et les sacrements de l'Église, vint abréger son séjour. Ce douloureux événement l'avertit de la fragilité de la vie présente et lui suggéra de sérieuses réflexions ; il lui inspira tant de tristesse qu'il sentit le besoin de s'éloigner, de vivre en d'autres lieux ; c'est alors qu'avec les libéralités nouvelles de Romanien il résolut de retourner à Carthage pour y faire un cours d'éloquence, ce don de Dieu, que les leçons peuvent développer et fortifier. Alype, l'un de ses plus chers disciples de Thagaste, le suivit sur le théâtre plus vaste que le maître venait de choisir, et le vit promptement grouper autour de sa chaire un nombreux auditoire.

Mais un résultat meilleur de sa venue dans la capitale de l'Afrique fut sa conférence avec Fauste, évêque manichéen ; c'était l'oracle de la secte. Il était habile, persuasif et d'une vie exemplaire. Augustin avait beaucoup réfléchi à la doctrine de Manès, qui l'avait d'abord captivé : de graves objections, venues à son esprit, appelaient des solutions ; il les soumit à Fauste, qui ne put pas les résoudre, et fit simplement l'aveu de son impuissance.

« A partir de ce jour, dit Augustin, je m'abstins de tout effort pour avancer dans cette secte sans rompre avec elle. Je me résignai pour un temps, faute de mieux, attendant un meilleur choix d'une nouvelle lumière. Ainsi Fauste, par tant d'autres piéges mortels, commençait à son insu, et sans le vouloir, à me tirer de celui où j'étais tombé. O mon Dieu! si vous ne m'avez pas abandonné en cette circonstance si périlleuse, c'est que ma mère pleurait jour et nuit, et offrait en sacrifice le sang de son cœur. »

Augustin, qui commençait à se faire une saine appréciation de l'hérésie manichéenne, ne trouvait pas à Carthage la réalisation de ses rêves. Son esprit inquiet cherchait la vérité là où elle n'était pas, et sa parole éloquente n'obtenait pas des étudiants l'attention et la déférence qu'il avait le droit d'en attendre. Ils étaient toujours ce qu'il les avait connus quand il comptait dans leurs rangs, des jeunes gens dissipés, indociles et turbulents. Il se persuada qu'à Rome il réussirait mieux : il comptait rencontrer là une scène plus haute, un horizon plus vaste, et le sentiment de sa valeur personnelle lui persuadait qu'il n'y serait pas déplacé. Attiré, d'ailleurs, par les grands hommes et les magnifiques souvenirs de cette capitale incomparable, il résolut de s'y rendre et d'exécuter promptement son dessein. Monique était à Carthage; dès qu'elle connut son projet, elle essaya de le combattre; elle le conjura de ne pas s'éloigner, ou du moins de l'emmener avec lui. Il ne voulut exaucer aucun de ces deux souhaits, et restait inflexible sans cesser d'être respectueux. Pour s'arracher plus facilement à la tendresse de sa mère, il lui dit un soir qu'il allait monter sur un navire pour prolonger des adieux à un ami qui lui était bien cher et rester avec lui jusqu'au signal du départ. Monique, confiante en la parole de son fils, alla passer cette nuit dans une chapelle consacrée à saint Cyprien, et située sur le bord de la mer, tout près du vaisseau; le lendemain matin elle vint inutilement chercher son fils sur le rivage, il était parti pour l'Italie dès que le vent favorable s'était levé !

« .... O mon Dieu ! que vous demandait ma mère ? dit à ce sujet saint Augustin. Elle vous conjurait de ne pas permettre mon voyage. Et vous, nous regardant de plus haut et voulant exaucer son vrai désir, vous lui refusiez ce qu'elle vous demandait alors, pour lui accorder (en me laissant partir pour l'Italie, où je devais me convertir) ce qui était en réalité l'objet de ses prières quotidiennes. »

Rome, à cette époque, comptait plus d'un million, peut-être douze cent mille habitants dont l'immense majorité se composait d'esclaves. Elle comprenait dans son enceinte douze montagnes, de grandes richesses artistiques, de remarquables aqueducs, le forum avec sa tribune aux harangues, l'immense amphithéâtre du Colisée, le palais des Césars, le Capitole, environ cinq cents temples, le Panthéon, dix-huit cents palais, et quarante-sept mille demeures où le peuple était entassé. Ce peuple abusait de sa liberté en refusant le travail, et prétendait au droit à l'oisiveté. Pourvu qu'il eût du pain et des jeux, son ambition ordinaire était satisfaite.

A son arrivée, Augustin descendit chez un manichéen auquel il avait été recommandé. Il n'avait pas encore tout à fait rompu avec la secte, mais il n'y croyait plus guère, et quand il vit chez son hôte les orgies, les mœurs dissolues et la honteuse corruption qui déshonoraient les disciples de Manès, il résolut de n'avoir plus aucune relation avec eux. Si, détournant les yeux de ce triste spectacle, il les portait vers l'Église catholique, il la voyait ornée de vives splendeurs : car elle était alors gouvernée par le grand pape saint Damase ; c'était le temps de Jérôme, d'Ambroise, d'Épiphane de Chypre, de Valérien d'Aquilée, puis de Paula, d'Eustochium, de Fabiola, de Marcellin, âmes fortes et saintes, dont les œuvres et les vertus donnaient au monde les plus salutaires enseignements.

Dès que le maître fut installé, avec l'aide de son fidèle Alype il ouvrit son cours : la foule, attirée par le double attrait de la renommée et de la nouveauté, accourut pour l'entendre ; mais, hélas ! les étudiants de Rome ne lui donnaient pas plus de satisfaction que ceux de Carthage. Ici la bassesse des sentiments remplaçait la turbulence des jeunes Africains. Parfois il arrivait à ses jeunes auditeurs de s'entendre pour déserter ensemble les leçons du professeur et le priver d'honoraires dont il avait un pressant besoin. Ces procédés indélicats l'avaient de nouveau jeté dans l'inquiétude et le découragement, quand la ville de Milan écrivit à Symmaque, préfet de Rome, un des derniers avocats du paganisme, pour demander un professeur d'éloquence qu'elle se chargeait de rémunérer. Augustin sollicita des fonctions où sa position ne devait plus être à la merci de disciples mal élevés ; il les obtint après l'épreuve d'un brillant concours, et prit bien vite les dispositions nécessaires pour aller ouvrir son cours.

La lenteur et la rareté des moyens de correspondre n'avaient pas encore permis de faire parvenir ces bonnes nouvelles à sa mère, lorsque Monique, le croyant toujours à Rome, partit d'Afrique, fit quatre cents lieues, et dut essuyer une horrible tempête pour venir chercher Augustin dans la capitale du monde. Il était déjà parti quand elle arriva, et, malgré son excessive fatigue, elle ne voulut pas se reposer qu'elle n'eût retrouvé son fils. Elle se remit en route par des chemins difficiles, avec des moyens de transport très-médiocres ; elle traversa les Apennins, franchit un espace de deux cents lieues, et fut heureuse, au terme de son laborieux voyage, de voir Augustin en relations avec saint Ambroise, archevêque de Milan.

Les débuts de ce grand évêque n'avaient pas semblé le préparer à la redoutable dignité de l'épiscopat. Issu d'une famille illustre, avocat distingué, il avait acquis de la réputation au barreau ; à trente ans, il exerçait la charge de préfet de la ville, quand une circonstance imprévue vint changer sa carrière, et lui révéler une vocation qu'il ne soupçonnait pas. Il s'agissait d'élire un successeur à l'archevêque, et deux partis se disputaient l'élection avec un acharnement qui menaçait de dégénérer en désordres. Le préfet de la ville vint à l'église pour y maintenir la paix. Il fit dans ce but un discours éloquent; et, après l'avoir entendu, un enfant, élevant la voix, s'écria: *Ambroise évêque*. Il répéta plusieurs fois ces deux mots, qui furent bientôt ratifiés par d'immenses acclamations. Cet élan d'un cœur pur parut manifester à chacun la volonté de la Providence. Le clergé, les fidèles, non-seulement s'y soumirent mais l'accueillirent avec enthousiasme. Ambroise seul essaya de s'y soustraire; mais sa résistance fut vaincue par la persévérance de ses futurs diocésains. N'étant encore que catéchumène, il reçut le baptême, fit une retraite, fut ordonné prêtre, puis évêque (7 décembre 374), et les trésors de son âme s'épanouirent sous l'action de la grâce, comme les fruits de la terre sous l'influence d'un soleil vivifiant.

Attiré par une réputation d'éloquence qui remplissait déjà l'Italie, Augustin vint à Ambroise, et suivit assidûment ses discours au peuple, plus occupé de l'art de bien dire que des vérités annoncées par le prédicateur. Le prélat lui témoigna tout d'abord une bienveillance marquée, et l'attira par ses paternelles bontés. Quand il voyait Monique, il confirmait son espoir, et quand Augustin se présentait chez lui, Ambroise lui rappelait combien il était heureux de posséder une telle mère. Peu à peu ce fut une douce intimité qui les unit. Quelquefois Augustin entrait à pas discrets dans la chambre du pontife, le trouvait occupé à de graves lectures ou plongé dans de pieuses méditations; alors il s'asseyait en silence près de lui, le contemplait avec admiration, et sortait sans avoir osé troubler par un seul mot le recueillement du grand docteur.

Dans ce précieux commerce, les erreurs accumulées dans l'esprit d'Augustin se dissipèrent, et peu à peu la vérité vint occuper leur place. « Je commençais à remarquer, dit-il, combien je croyais de choses que je n'avais jamais vues ou qui s'étaient passées longtemps avant moi. Par exemple, tant d'événements que je connais par l'histoire, tant de lieux et de villes où je ne suis jamais allé, tant d'actions qui m'ont été racontées par des amis, des médecins, une foule de personnes, et qu'il faut admettre, sous peine de rompre toutes les relations sociales. Je suis le fils de Patrice et de Monique, j'en suis convaincu ; et cependant que puis-je en savoir, si je n'ai pas foi au témoignage ? »

Augustin se mit à étudier les livres sacrés inspirés par l'Esprit-Saint ; il y découvrit avec l'âme humaine des harmonies qui le surprirent et le charmèrent. « Ce qui achevait de me jeter dans l'admiration, dit-il, et me rendait cette parole tout à fait vénérable et digne de foi, c'est que, simple d'une part, afin d'être proportionnée à l'intelligence des plus petits, elle garde pour les autres, sous l'écorce de la lettre, des secrets sublimes. Accessible à tous par la clarté de l'expression et l'humilité du style, elle exerce et satisfait l'esprit de ceux qui ont un plus grand génie et une vue plus perçante. Si elle reçoit tous les hommes en son vaste sein et les y retient par la simplicité de son langage, cela ne l'empêche pas d'élever d'ailleurs les puissants esprits jusqu'à la plus haute lumière. »

Cette étude le rapproche de la vérité, et le décide à rester simple catéchumène dans l'Église, jusqu'à ce que quelque nouvelle lumière vienne éclairer ses pas ; mais le grand obstacle à une démarche plus sérieuse, c'est l'état de ses mœurs, c'est la passion qui lutte contre la voix de la conscience.

Avant de se rendre il eut de violentes tentations à combattre, une nouvelle chute à déplorer, et des explications à réclamer de Simplicien, vénérable prêtre qui avait dirigé la jeunesse d'Ambroise. Puis, à la suite d'une conversation avec son ancien ami Potitien sur l'héroïsme des solitaires, il s'élève dans son cœur un suprême combat entre la grâce et la nature viciée ; pendant que sa mère, agenouillée dans sa chambre, aide à la victoire par l'ardeur de ses supplications, Augustin, plus troublé que jamais, se jette avec Alype dans son jardin[1]. Tout à coup il s'éloigne de son ami, s'agenouille sous un figuier, verse d'abondantes larmes, et il entend une voix jeune, douce, qui semble sortir d'une maison voisine, lui dire et lui répéter en chantant : « Prenez et lisez ! Prenez et lisez ! » A ces mots, il cesse de pleurer, va chercher le livre des Épîtres de saint Paul, l'ouvre, et lit ces conseils : « Ne vivez plus dans les festins, dans les débauches, les plaisirs, les impuretés, les disputes et les jalousies ; mais revêtez-vous de Jésus-Christ, et ne cherchez plus à contenter votre chair, selon les désirs de votre sensualité. » A ces mots, la lumière et la paix inondent son âme : son cœur est enfin converti ! Il raconte à Alype ce qu'il éprouve ; tous deux relisent ensemble le passage qui vient d'éclairer Augustin, et le disciple, dont la vie depuis longtemps était plus pure que celle du maître, poursuivant la lecture, arrive à des paroles qu'il s'applique à lui-même : « Assistez le faible dans la foi. » Vite ils vont l'un et l'autre à Monique, pour lui apprendre que ses vœux sont enfin exaucés ; et l'on se figure aisément quelle fut la joie de son âme ! Ses larmes, triomphant après une lutte de dix-sept années, donnaient un grand docteur à l'Église. Augustin avait alors trente-deux ans.

[1] On montre encore à Milan la petite chambre où Monique priait et le jardin où la grâce a triomphé d'Augustin, il y a quatorze siècles.

CHAPITRE IV

Mort de sainte Monique. — Séjour d'Augustin à Ostie et à Rome. — Retour à Thagaste, puis à Hippone. — Ordination, premier monastère, prédications, consécration épiscopale. — Mission de saint Augustin comme docteur de l'Église. — Onze cent trente traités ; passages divers de ces œuvres ; leur immense influence sur les âmes. — Grande charité. — Vertu de pauvreté, etc. — Invasion des barbares. — Siége d'Hippone. — Mort de saint Augustin (430). — Nouvel évêché à Bone. — Monument érigé en 1842, sur les ruines d'Hippone, par l'épiscopat français.

Quand saint Augustin eut le bonheur de se reconnaître vaincu par la grâce, l'excès du travail avait compromis sa santé ; il respirait difficilement et paraissait menacé d'une maladie de poitrine. Il résolut dès lors de renoncer à son cours d'éloquence et de se retirer à la campagne, pour s'y préparer à recevoir le baptême. Verecundus, admirateur de sa parole et de son talent, regretta vivement cette détermination, qui devait l'éloigner de lui ; et pour que son ami emportât un doux souvenir des derniers mois qu'il avait encore à passer en Lombardie, il mit à sa disposition une agréable maison de campagne, située près de Milan et nommée Cassiacum. Là, dans l'intimité de sa mère et de quelques disciples, Augustin commence à goûter les joies de la paix et de la contemplation. Il compose le *traité de la*

Vie bienheureuse, les *livres de l'Ordre,* puis des soliloques dans lesquels il peint l'état de sa conscience, et il raconte l'intime satisfaction qu'il éprouve à combattre les restes de ses passions.

Il partage son temps entre la prière, l'étude et les conférences avec les esprits d'élite qui l'ont suivi dans sa retraite. De ces entretiens, où chacun apporte sa science et son amour de la vérité, le plus célèbre est celui qui examine le grand problème de la vie; en voici le résumé. Augustin pose d'abord cette question :

« Qu'est-ce que la vie?

— La seule vie qui mérite ce nom, c'est celle de l'âme.

— Son aliment consiste à connaître et à aimer la vérité.

— Le grand but de la vie, c'est le bonheur; nous y aspirons du berceau à la tombe. Mais où trouver le bonheur ?

— On est heureux quand on a tout ce qu'on désire.

— Pas toujours, dit Monique : oui, si on désire le bien; non, si on aspire au mal et qu'on l'obtienne; car on est alors très-malheureux. »

Augustin reprit avec émotion : « Ma mère, vous venez d'atteindre une des plus hautes vérités que nous enseigne la philosophie. »

Et il se mit à citer le texte suivant de Cicéron (voir *Hortensius*) : « Celui qui aime et possède des choses périssables ne peut jamais « être heureux; il doit craindre de les perdre, puisqu'elles sont « caduques et fragiles. »

« Celui qui veut être heureux, ajoute Augustin, est appelé à monter plus haut que les choses périssables; il faut qu'il cherche ce qui demeure toujours, ce que les revers de la fortune ne lui enlèveront jamais. Dieu seul est éternel; en lui seul est la félicité ! »

Cependant le carême approchait; et, pendant la sainte quarantaine, ceux qui devaient être baptisés à Pâques suivaient des instructions faites exprès pour eux. Augustin, qui aurait pu se dispenser d'y assister, voulut se conformer à la règle, et dans la nuit de Pâques (du 24 au 25 avril 387), vêtu d'une longue tunique blanche tissée par sa mère, il recevait à Milan le saint baptême dans une chapelle qu'on visite encore avec attendrissement. Cette petite église était, de son temps, dédiée à saint Jean-Baptiste; elle est maintenant placée sous le vocable du grand docteur africain.

Après le baptême, il prit le cierge allumé, symbole de son amour pour Dieu, s'avança vers l'autel, et reçut, pour la première fois, le souverain Créateur du monde.

Après cette imposante cérémonie, dans laquelle Adéodat et Alype étaient aussi devenus chrétiens, Monique, Augustin, et les disciples qui s'étaient placés sous sa direction n'eurent plus qu'une pensée : c'était de revoir la patrie et de retourner en Afrique pour y exercer le zèle des âmes. Quand on eut réglé les affaires qui suivent ordinairement un long séjour, on se dirigea vers Ostie, où l'on espérait s'embarquer promptement. Mais, au lieu de trouver le vaisseau prêt à naviguer, on rencontra la maladie, qui donna le signal d'un autre départ.

Un soir, Monique et Augustin, appuyés contre une fenêtre faisant face au jardin, et dont la vue plongeait sur la mer, se livraient à une douce causerie [1]. Ils parlaient du vide du monde, et du bonheur de servir Dieu. La conversation se prolongea beaucoup, et Monique la termina par ces mots: « Mon fils, pour ce qui me concerne, rien ne me charme plus en cette vie. Que dois-je y faire, et pourquoi y suis-je, maintenant que j'ai obtenu la réalisation de mon espérance? Une seule chose m'y retenait, c'était le désir de vous voir catholique avant de mourir. Mon Dieu m'a exaucée au delà de mes vœux. Ma tâche est accomplie, que fais-je donc encore ici-bas ? »

[1] Une chapelle marque la place où se trouvait la maison occupée à Ostie par la famille d'Augustin, ainsi que la fenêtre qui entendit le séraphique entretien de la mère et du fils.

Saint Augustin dit à ce propos dans ses *Confessions* : «... Je ne me rappelle pas ce que je répondis à ma mère ; mais cinq jours après, ou guère plus, les fièvres la saisirent. Pendant sa maladie, tombant en défaillance, il lui arriva de perdre un peu connaissance. Nous courûmes près de son lit ; elle ne tarda pas à reprendre ses sens, et nous voyant alors, mon frère et moi, debout à ses côtés, elle nous demanda où elle était, avec l'air de chercher quelque chose. Puis, s'apercevant de notre chagrin, elle ajouta : « Vous enterrerez ici votre mère. » Je m'efforçai de retenir mes larmes, et je gardai le silence ; mais mon frère exprima la pensée qu'il est plus pénible de mourir sur la terre étrangère que dans son pays. A ces mots, elle lui lança un regard de reproche, et dit en se tournant de mon côté : « Voyez comme il parle ! » Puis, s'adressant à tous deux : « Enterrez mon corps en quelque endroit « que ce soit ; ne vous en mettez nullement en peine. Tout ce que « je vous demande, c'est que, partout où vous serez, vous vous « souveniez de moi à l'autel du Seigneur. »

« Une autre fois, on lui demanda si elle ne regrettait pas de laisser ses restes mortels en une contrée si éloignée de sa patrie. C'est alors qu'elle exprima cette belle pensée : « Rien n'est éloigné « de Dieu, et je sais qu'à la fin des siècles il n'aura pas de peine « à retrouver mon corps pour le ressusciter. »

A cinquante-six ans, après neuf jours de maladie, Monique mourait, s'il est permis de dire qu'on meurt quand on prend son vol pour s'élancer vers la vraie patrie[1] ! Mais ses enfants ne pou-

---

[1] Si Monique fût morte en Afrique, ses restes eussent disparu au milieu des nombreuses invasions qui détruisirent les autels, les églises et les villes elles-mêmes ; mais l'Italie les entoura d'un religieux respect.

Son culte s'établit lentement sur quelques points isolés d'abord ; puis, vers le milieu du xve siècle, le pape Martin V le généralisa. Il fit rechercher ses précieuses reliques, qui furent apportées d'Ostie à Rome, et beaucoup de miracles accompagnèrent cette translation. Une petite chapelle fut dédiée à Monique, près de l'église des Hermites-de-Saint-Augustin ; plus tard, le cardinal d'Estouteville, archevêque de Rouen, fit construire à Rome une basilique sous le vocable du grand docteur d'Afrique ; le corps de sa mère y fut déposé dans une chapelle consacrée à sainte

vaient plus la voir ni recueillir ses paroles, et ce départ les plongea dans l'affliction. Il modifia leurs projets; Augustin voulut prolonger son séjour en Italie, afin de ne pas s'éloigner si vite d'une tombe chérie, et, pendant près d'un an, il partagea son temps entre Ostie et Rome, adonné à la prière, au silence, à l'étude des saintes lettres, à la visite des monastères, des catacombes et des églises. Dès cette époque il avait renoncé aux vêtements africains, et avait adopté le costume des cénobites d'Orient, c'est-à-dire la longue robe noire de laine ou de toile avec capuchon et ceinture de cuir.

Il revient ensuite en Afrique, se rend à Thagaste, vend ses biens, en distribue aux pauvres la plus large part; puis il s'établit dans les environs de Thagaste et y reste près de trois ans, dit Possidius son historien, vivant avec ses compagnons pour Dieu seul, dans le jeûne, l'oraison et les bonnes œuvres, méditant sans cesse les mystères de la foi chrétienne. Un jour il vint à Hippone pour gagner à la vie religieuse une âme qui lui paraissait digne de cette faveur. Il se rendit à l'église, et après la messe, en sa présence, l'évêque exprima le désir que la Providence lui envoyât un jeune prêtre capable de porter avec lui le fardeau devenu trop lourd pour sa vieillesse. A ces mots, les regards, les voix et toutes les volontés se tournèrent vers le fils de Monique, et le désignèrent pour l'ordination. Il fut conduit de force aux pieds du vénérable prélat, et reçut la prêtrise, malgré les résistances de son humilité.

Monique, et ornée de peintures à fresques qui racontent à leur manière les principales circonstances de sa vie.

En 1445, le souverain pontife Eugène IV, voulant répondre aux désirs des mères affligées, institua une confrérie sous le patronage de la sainte.

Sous cette même invocation, l'association des mères chrétiennes, priant réciproquement pour leurs enfants, naissait en 1850. Elle fut fondée à Paris, dans la chapelle de Notre-Dame-de-Sion, sous la direction du révérend père Ratisbonne, couvrit la France en peu d'années, passa les frontières, traversa les mers, et fut érigée en *archiconfrérie* dès 1856. Elle compte maintenant plus de deux cent mille associées.

C'est alors qu'il résolut de se fixer avec ses amis dans les environs d'Hippone, ville importante, bâtie en face de la mer, moitié en plaine, moitié sur un double mamelon, et baignée par deux rivières. C'est aux portes de cette cité qu'Augustin, réalisant un de ses rêves les plus chers, fonda son monastère. Il sut donner à ses associés des lois si sages et si conformes aux besoins de l'Église, qu'elles excitaient l'admiration de tous. Dans la suite des âges on verra saint Dominique, saint Gaétan, saint François de Sales, et bien d'autres fondateurs d'ordres, emprunter leurs meilleures inspirations à la règle de Saint-Augustin.

La famille spirituelle d'Hippone fut féconde en fruits de sainteté. Elle offrit de grands serviteurs à l'Église : saint Alype, évêque à Thagaste, saint Évode à Uzale, saint Sévère à Mélèse, saint Possidius à Calame, saint Profuturus à Cirthe. D'autres religieux, fondateurs de nouvelles familles spirituelles, sortirent de cette école de sainteté, et furent des hommes puissants en œuvres de salut.

Du fond de son monastère, Augustin commençait à répandre dans le monde la lumière et la charité. Il prêchait tous les dimanches dans l'église d'Hippone; « toujours prêt, dit Possidius, en public ou en particulier, à la maison ou dans l'église, à enseigner la parole du salut... » Ses ouvrages, ses sermons excitaient chez les chrétiens de vifs transports de joie et d'admiration. Ses livres, par une grâce admirable de Dieu, se succédaient, se répandaient rapidement, accueillis à l'envi par les catholiques et les hérétiques. Les uns et les autres rivalisaient d'ardeur pour les lire, et se disputaient la plume des notaires pour recueillir ses moindres paroles. Ainsi l'Église d'Afrique, depuis longtemps humiliée, relevait la tête, et l'Église universelle tressaillait d'une légitime fierté.

Bientôt ses pouvoirs spirituels reçurent un nouvel accroissement, et son humilité fut encore mise à l'épreuve : son vieil évêque, heureux d'être secondé par un si précieux collaborateur, résolut de se l'attacher à titre de coadjuteur, et sollicita du primat d'Afrique les dispenses et autorisations nécessaires pour pouvoir conférer à Augustin la consécration épiscopale. Quand le jeune prêtre connut ce dessein, il y fit une vive résistance, et, comme pour le sacrement de l'ordre, il fallut en quelque sorte employer la force, ou du moins lui rappeler les devoirs étroits de l'obéissance.

Le saint gouverna l'Église d'Hippone, et on pourrait dire les Églises africaines, pendant environ quarante ans, tant il inspirait de confiance au clergé du pays, et nul ne saurait énumérer les travaux et les fruits de son infatigable sollicitude. C'est alors que son esprit logique et pénétrant, son intelligence supérieure, son heureuse mémoire, son grand cœur et, pour tout dire en un mot, son génie, mis au service de la vérité, parvinrent à produire des merveilles, et à élever cet incomparable monument, composé de plus d'onze cent trente ouvrages, qui exposent la vérité aux fidèles, la font connaître aux ignorants, et la défendent contre les hérétiques, si nombreux et si puissants à son époque. Indépendamment des manichéens, dont nous avons déjà indiqué les principales erreurs et dont les adhérents formaient une foule immense, d'autres ennemis de la religion catholique avaient pénétré dans le champ du père de famille, pour y exercer de déplorables ravages.

C'étaient les *ariens*, qui osaient nier la divinité de Jésus-Christ;

C'étaient les *pélagiens*, qui, niant l'existence du péché originel, la nécessité de la grâce pour pratiquer la vertu, prétendaient que l'homme, par ses propres forces, peut opérer son salut;

C'étaient les *donatistes*, qui couvraient en quelque sorte le pays, et n'admettaient comme valides que le baptême et les autres sacrements conférés dans leur secte.

Les hérésiarques du temps attaquaient la doctrine à des aspects divers, avec la prétention de la purifier de tout alliage.

Ils voulaient, disaient-ils le plus souvent, séparer le bon grain de l'ivraie; mais ils n'osaient pas, comme les impies de notre époque, nier la divinité de la religion, parce que les preuves de sa céleste origine étaient trop généralement connues pour qu'ils pussent les contester avec quelques chances sérieuses de succès. S'ils cherchaient d'ailleurs à faire adopter des erreurs différentes, ils avaient une origine commune et une évidente parenté; car ils étaient tous fils de l'orgueil, et, si l'on excepte les hommes de bonne foi, les intentions droites dont Dieu seul connaît le nombre, on trouve que les masses poursuivaient le même but : elles voulaient, sous un voile religieux, cacher le désordre des mœurs et le scandale de la vie. Leurs attaques ont été repoussées, leurs vains efforts n'ont abouti qu'à des ruines, tandis que le catholicisme continue à éclairer, à instruire et à consoler le monde. Mais, pour résister à des adversaires si ardents, il fallait un défenseur toujours sur la brèche, répondant aux objections, réfutant les systèmes de l'erreur, et maintenant tous les dogmes. Cet homme, suscité de Dieu, fut Augustin. Aucun docteur de l'Église n'attira plus à la religion, et ne la fit goûter davantage. Il savait par expérience le malheur de ceux qui ne la pratiquent pas; il voulait qu'on les supportât avec une patiente charité, qu'on les attirât en leur montrant qu'on les aime; il pensait avec raison que si l'on parvient à gagner les cœurs, on réussit plus facilement à combattre l'erreur, et à faire triompher la vérité dans les intelligences.

Le livre des *Confessions*, auquel nous avons emprunté de nombreux passages, révèle une connaissance intime du cœur humain; saint Augustin y raconte les scandales et les égarements de sa jeunesse avec un accent de sincérité et de repentir qui pénètre les âmes.

Quant à ses autres œuvres, ses traités, ses sermons, ses lettres, ils présentent, dans leur ensemble, un exposé complet du catholicisme. Dieu et ses perfections infinies, l'âme et ses facultés, l'âme qu'il appelle volontiers *un œil ouvert pour regarder Dieu*, afin d'exprimer qu'étant faite pour être unie à Dieu elle trouve en lui son repos et son bonheur, Jésus-Christ, les Évangiles, l'Église et son enseignement, la création et la chute de l'homme, l'origine et la nature du mal occupent une place importante dans les livres du saint, et sont, en quelque sorte, placés au frontispice de son monument.

L'histoire des deux cités nous montre la voie dans laquelle nous devons nous affermir. La cité de Dieu, celle des chrétiens, commence par les anges fidèles, se continue par Abel, les patriarches, David, les prophètes, Jésus-Christ, ses disciples, et nous conduit au ciel. La cité de la terre, celle du démon et des païens, remonte aux anges rebelles, se compose de tous les impies, se livre à la poursuite exclusive des biens temporels, et aboutit aux souffrances qui ne finiront pas. Ici-bas, les deux cités sont soumises aux mêmes épreuves; mais les calamités, qui purifient l'une, sont pour l'autre le commencement de ses châtiments. D'ailleurs, dans la cité de Dieu, la grâce allége le fardeau et facilite la tâche. Elle est nécessaire à ceux qui veulent entrer dans cette cité bénie et s'y maintenir. Les canaux par lesquels elle passe pour pénétrer dans les âmes sont les sacrements; ses effets sont les vertus, la foi, l'espérance, la charité, le détachement, la pureté, l'obéissance aux lois divines, l'amélioration des individus et des sociétés, le bonheur des familles et la prospérité des nations. Augustin parle si bien de la grâce, c'est-à-dire de ce secours venu d'en haut, sans lequel on ne peut rien pour le ciel, et avec lequel l'homme devient capable des actes les plus héroïques; il expose les vérités qui s'y rattachent avec un tel amour de Dieu et une si grande supériorité de pensées, qu'il a été surnommé l'*Apôtre de la grâce*. En l'écoutant ou en le lisant, ses contemporains se sentaient émus : pénétrés d'admiration, ils revenaient à une doctrine dont la vérité leur apparaissait dans tout son éclat.

L'analyse de si belles œuvres, dont nous ne pouvons pas même ici indiquer tous les titres, présenterait le plus vif intérêt; mais elle dépasserait les limites de notre étude; nous devons donc nous borner à en citer quelques passages.

Quand Augustin parle de l'âme montant graduellement vers Dieu par la vertu, la méditation, et unie intimement à lui par l'amour, il renonce à décrire le calme et le bonheur dont elle jouit. « Il a existé, dit-il, des âmes supérieures, tout à fait éminentes, qui en ont révélé ce qu'elles ont jugé utile de nous apprendre, d'après l'expérience qu'elles ont faite. Mais ce que je peux affirmer sans crainte, c'est que nous aussi nous y parviendrons par la grâce de Dieu. Alors nous verrons la vanité et le néant de tout ce qui est sous le soleil. Alors les grands et merveilleux changements qui attendent notre nature corporelle se montreront à nous d'une manière si distincte que la résurrection même de la chair, dont la croyance est si difficile, nous apparaîtra plus certaine que le lever du soleil pour le lendemain du jour où nous l'avons vu disparaître à son coucher. Alors enfin nous concevrons, pour les hommes orgueilleux qui se moquent des mystères de l'éternité, la même idée que l'on se fait d'un enfant qui, voyant un peintre dessiner sur une toile les premiers traits de son ébauche, ne pourrait pas s'imaginer qu'une figure va sortir de son pinceau. O charme tout-puissant attaché à la contemplation de la vérité! dans les saintes ardeurs où est l'âme d'atteindre l'objet qu'elle contemple, la mort elle-même, qu'autrefois elle envisageait avec terreur, devient douce et désirable comme le plus grand de tous les biens. »

Avec le christianisme, la pensée de la Providence, c'est-à-dire de l'action de Dieu gouvernant le monde, avait pénétré dans les esprits; mais dans les temps difficiles et troublés où vivait saint Augustin, un bon nombre de convictions étaient ébranlées : quand on voyait les catastrophes menacer le pays, l'empire romain s'écrouler et les barbares l'envahir, on murmurait contre le Seigneur. Pourquoi nous abandonne-t-il? disait-on. Qu'avons-nous fait pour nous attirer cet excès d'infortune ? Serions-nous donc aussi maltraités s'il s'occupait de nous ? Pourquoi la Providence étend-elle ses bienfaits sur les impies, au lieu de réserver ses faveurs à ceux qui en sont dignes ? Le saint leur répond : « Si Dieu fait tous les jours lever son soleil sur les bons comme sur les méchants, s'il fait pleuvoir sur les justes et sur les injustes..., c'est qu'il veut, par sa patience, inviter les méchants à la pénitence, et, par ses châtiments, exercer les bons à la résignation... Il a voulu que les biens et les maux de ce monde fussent communs aux uns et aux autres, afin qu'on ne désirât pas trop ardemment des biens possédés même par des méchants, et qu'on n'évitât pas comme honteux des maux dont les bons même sont affligés. »

Souvent les fidèles observateurs de la loi divine obtiennent des prospérités humaines ; mais, quand ils en sont privés, ils ne doivent pas s'en plaindre. Si leur récompense est ajournée, elle n'en sera que plus belle. La vie présente est courte et fragile : après elle, il en viendra une autre qui durera toujours. C'est dans cette autre vie que toutes choses seront mises à leur place, et que chacun sera traité comme il doit l'être. Dès lors qu'importent des épreuves ou des joies éphémères ? Si la justice sévissait immédiatement contre le péché, si les avantages temporels étaient toujours accordés à la vertu, ne comprend-on pas que l'immortalité de l'âme perdrait un de ses plus solides arguments, et que le juste verrait lui échapper une source féconde de mérites ?

On a tort d'ailleurs de prétendre que les maux pèsent également sur les bons et sur les méchants. « Comme le même feu fait briller l'or et noircit la paille, comme le même fléau écrase le chaume et purge le froment, comme aussi la lie ne se mêle pas à l'huile, quoiqu'elle soit tirée de l'olive par le même pressoir, ainsi la même peine, frappant les bons et les méchants, éprouve, purifie, fait éclater la vertu des uns, tandis qu'elle condamne, perd et détruit les autres. Voilà pourquoi le même malheur qui excite les blasphèmes des méchants provoque les prières et les bénédictions des bons. Tant il importe de considérer, non pas l'épreuve, mais celui qui la supporte! Le même moteur peut agiter de la boue et des parfums; mais, tandis que la boue exhale une odeur infecte, celle des parfums est merveilleusement agréable. »

Il répond à ceux qui se scandalisent de ce que Dieu n'a pas soustrait les chrétiens aux fureurs des barbares :

« .... Ils ont, dit-on, perdu tout ce qu'ils possédaient. Quoi donc! ont-ils perdu la foi, la piété, les biens de l'homme intérieur, qui est riche devant le Seigneur? Ce sont là les richesses des chrétiens. Plusieurs ont été emmenés en captivité; a-t-on pu les conduire si loin qu'ils n'y aient pas trouvé leur Dieu? Quelques-uns même ont été massacrés; mais la mort est-elle jamais funeste quand elle a été précédée d'une bonne vie? Puisque tous doivent mourir, il faut se préoccuper, non de ce qui cause la mort, mais du lieu où l'on va en mourant... Il en est qui n'ont pas été ensevelis : est-ce là un malheur que les hommes de foi doivent redouter? Ne savent-ils pas que, quand même leurs corps seraient dévorés par les bêtes sauvages, cela ne les empêchera pas de ressusciter?... Mon Dieu est partout: lorsqu'il m'afflige, c'est pour éprouver ma vertu ou me châtier de mes péchés; et il me réserve une récompense éternelle pour les maux passagers que j'aurai supportés patiemment. »

La pensée de la résurrection revenait souvent sur ses lèvres et sous sa plume, parce qu'elle remplissait son cœur; nous la trouvons développée de la manière suivante dans un de ses discours :

« .... Une personne que vous aimez a cessé de vivre; vous n'entendez plus sa voix, elle ne se mêle plus à la joie des vivants; et vous, vous pleurez ? — Pleurez-vous aussi sur la semence lorsque vous l'avez jetée en terre? Si, ne sachant pas ce qui doit arriver quand on confie le grain à la terre, un homme allait gémir de la perte de ce grain; s'il se lamentait à la pensée de ce blé enfoui; s'il regardait les sillons qui le couvrent avec des yeux remplis de larmes, vous, plus éclairé que lui, n'auriez-vous pas compassion de son ignorance? Ne lui diriez-vous pas : Cessez de vous attrister, ce que vous avez enseveli n'est plus dans votre grenier ni dans vos mains; mais encore quelques jours, et ce champ, si aride en apparence, se couvrira d'une abondante moisson, et vous serez très-heureux de la posséder, comme nous qui, sachant ce qui doit arriver, sommes pleins de joie dans cette ferme espérance?

« Les moissons se renouvellent chaque année, tandis que celle du genre humain n'aura lieu qu'une fois, et encore à la fin des siècles; nous ne pouvons donc pas vous la montrer. Cependant nous connaissons l'histoire d'un grain principal. Le Seigneur, parlant lui-même de sa mort future, a dit: Si le grain demeure ainsi et ne meurt pas, il ne se multiplie pas. C'est l'exemple d'un seul grain, mais il est si grand que tous doivent y avoir foi. D'ailleurs, toutes les créatures, si nous voulons bien les comprendre, nous parlent de la résurrection, et ces exemples quotidiens nous révèlent ce que Dieu daignera faire de tout le genre humain. La résurrection des morts n'aura lieu qu'une fois, tandis que le sommeil et le réveil de tout ce qui respire se renouvellent chaque jour. Nous trouvons dans le sommeil l'image de la mort, et dans le réveil l'image de la résurrection. D'après ce qui se passe chaque jour, croyez à ce qui se fera une fois. Comment tombent et repoussent les branches des arbres? Où vont-elles quand elles sont tombées? D'où sortent-elles quand elles poussent? Voilà l'hiver; les arbres se dessèchent et semblent morts : le printemps vient, et tous vont se couvrir de feuilles. Est-ce la première fois que ce phénomène se produit? Non, il est arrivé aussi l'année dernière. L'année va donc et revient, et les hommes créés à l'image de Dieu, une fois morts, ne reviendraient pas!... »

Les arguments empruntés par Augustin au spectacle de la nature et aux lois qui la régissent impressionnaient son auditoire, et lui faisaient mieux comprendre les promesses d'un Dieu qui ne peut ni se tromper ni nous tromper. Après avoir entendu le saint, chacun se sentait plus affermi dans la foi, plus convaincu de son immortelle destinée et plus confiant en la divine miséricorde. Voici comment il parlait du passage de Jésus-Christ sur la terre et des enseignements laissés par ses exemples :

« .... Les hommes couraient après les richesses matérielles avec une ardeur incroyable : Jésus-Christ a voulu naître dans la pauvreté. Notre orgueil nous inspirait de l'horreur pour les moindres outrages : il a enduré patiemment les plus horribles. Nous nous révoltons contre l'injure ; il a souffert l'injustice jusqu'à la mort. La douleur nous est insupportable : il a été déchiré de verges, percé de clous et d'épines. Les hommes fuient la mort : il l'a volontairement embrassée. Rien n'était plus infâme que le supplice de la croix : c'est celui-là qu'il a choisi. Enfin, se privant de tous les biens dont l'amour nous perd, et s'exposant à tous les maux dont la crainte nous éloigne de la vertu, il a mis les uns et les autres sous ses pieds. Il n'y a donc rien dans la vie de l'Homme-Dieu qui ne nous soit une leçon, et nous y trouvons un code de morale très-complet. »

Non-seulement ses traités et ses sermons, mais ses lettres, ses entretiens, ses démarches, en un mot, toutes ses actions tendaient à la défense de la foi et au triomphe de la vérité. Sa correspondance envoyait au loin de pieux conseils, et dirigeait les âmes dans le chemin de la perfection. Il écrivait à Proba, illustre dame romaine, honorée dans les annales de l'Église à cause de sa haute vertu : « .... Tant que nous sommes en cette vie, véritable terre déserte sans chemin et sans eau, malgré les consolations passagères, la foule des voyageurs et l'abondance des biens, il ne faut pas cesser de prier.... Mais ce n'est pas la longueur du discours, c'est le mouvement du cœur qui doit faire durer notre prière... En attendant le lever du jour et la lumière de l'étoile du matin, que notre regard reste attaché sur les saintes Écritures comme sur un flambeau placé en un lieu obscur... »

Persuadé que les hommes serviraient mieux le Seigneur s'ils pensaient davantage à son amour pour eux, saint Augustin revenait souvent sur les prodiges que la divine miséricorde se plaît à opérer en notre faveur.

Il attachait le plus grand prix à instruire ses diocésains, et il élevait les âmes en éclairant les intelligences. Il leur conseillait souvent de rentrer en eux-mêmes pour y découvrir Dieu. « Fuis pour un peu de temps, dit-il au chrétien, fuis tes vaines occupations; dérobe-toi aux égarements importuns de ton esprit;... prends le loisir de penser à Dieu et de te reposer en lui; entre dans le cabinet de ton cœur, chasse tout ce qui s'y trouve, à la réserve de ton Créateur et de ce qui peut t'aider à t'unir à lui; puis, la porte étant fermée, adresse au Seigneur ces paroles : Aimable Sauveur, je cherche votre face, et toujours je la chercherai. Enseignez donc mon pauvre cœur. Montrez-lui où et comment il pourra vous trouver... Vous êtes partout, d'où vient que je ne vous y vois pas présent? »

Il rappelait avec complaisance dans ses entretiens une parole de saint Ambroise à son lit de mort. Comme les chrétiens en pleurs demandaient au malade de prier pour la prolongation de sa vie, le grand archevêque répondit: « Je n'ai pas vécu de telle sorte que j'aie honte de rester au milieu de vous, mais je ne crains pas de mourir, parce que nous avons un bon maître. »

Il citait aussi le sentiment d'un évêque qui, se croyant à la veille de paraître devant Dieu, entendait dire autour de lui que son existence pouvait encore se continuer ici-bas : « Ce serait bien, si je ne devais jamais mourir; mais puisque je mourrai, pourquoi pas maintenant? »

Ses lettres pastorales ne s'arrêtaient pas aux limites de son diocèse; elles propageaient les saines doctrines dans toute l'Afrique, empressée à multiplier et à répandre les copies de ce qu'écrivait le grand docteur.

« Mes frères, disait-il, retenez toutes les prescriptions, pour les pratiquer et les enseigner avec une active douceur. On parvient à persuader, quand on montre par ses œuvres la possibilité de ce que l'on conseille. Aimez les hommes et tuez les erreurs. Ne pensez à ceux qui vous font de la peine que pour leur pardonner. Voyez en eux Dieu, qui s'en sert pour vous faire pratiquer la patience et l'humilité. Attachez-vous à la vérité sans orgueil; combattez pour elle sans violence. Priez pour ceux que vous reprenez, afin de les attirer et de les convaincre. »

L'efficacité de ses conseils et de ses préceptes résultait surtout de leur conformité avec sa conduite. On savait qu'il commençait par pratiquer lui-même ce qu'il recommandait aux autres.

S'il conseillait la charité, le détachement, l'assiduité au travail, l'humilité, l'amour de la paix, il donnait le premier l'exemple de ces grandes vertus.

Selon la parole de saint Jérôme, il pensait que la gloire d'un évêque est de subvenir aux besoins des pauvres, et il partageait entre eux et sa communauté les revenus de son siége. Il ne voulait rien acheter, rien recevoir, ni rien distribuer lui-même; il confiait ce soin à des clercs éprouvés. Enflammé d'un ardent amour pour Dieu, il aimait en Dieu toutes les âmes, spécialement celles qui étaient souffrantes ou délaissées. Il pleurait avec les affligés; souvent son auditoire versait des larmes en recueillant les paroles qui s'échappaient de son cœur; mais il ne voulait pas d'un attendrissement stérile, et il fallait que l'émotion des fidèles se traduisît en aumônes ou en d'autres bonnes œuvres. Il leur conseillait avec saint Pierre d'assister les pauvres de la main et du cœur. Il leur recommandait de regarder le pauvre comme un enfant de plus, et répétait que le superflu du riche était le patrimoine de l'indigent. Il disait à ses diocésains : « Je ne veux pas être sauvé, non, mon Dieu, je ne veux pas être sauvé sans mon peuple ! Puissé-je, occupant une des dernières places dans le ciel, m'y voir entouré de tous mes enfants ! Eh ! que dois-je désirer ? Pourquoi suis-je évêque ? Pourquoi suis-je au monde, sinon pour vivre en Jésus-Christ, mais pour y vivre avec vous ? C'est là ma passion, mon honneur, ma gloire et mon trésor. »

Son lit, sa chambre, son mobilier, sa table se rapprochaient le plus possible de ceux des indigents, et il s'imposait par vertu ce que les malheureux devaient subir par nécessité !

Il se nourrissait ordinairement d'herbes et de légumes, et buvait un peu de vin, pour soutenir sa frêle santé. Il ne mangeait de la viande que s'il recevait des étrangers ou des malades. Il avait fait graver dans la salle à manger, sur sa table de marbre, que ne couvrait aucun linge, le distique suivant :

> Quisquis amat dictis absentum rodere vitam,
> Hanc mensam vetitam noverit esse sibi.

Quiconque aime à blâmer la conduite des absents doit savoir que cette table lui est interdite.

Ses vêtements ressemblaient à ceux de ses clercs les plus dénués. Quand on lui apportait de riches habits, il les refusait en disant : « Ils pourraient être bons pour un évêque ; mais ils sont trop beaux pour Augustin, pauvre et fils de pauvres. » Dans une autre circonstance il répondit : « Un habit précieux me ferait rougir : il ne convient ni à mon état de religieux, ni à mon obligation de prêcher, ni à mon corps cassé de vieillesse, ni à ces cheveux blancs que vous me voyez. » Cependant il fit une exception à sa règle. Une jeune fille avait brodé une tunique pour son frère, prêtre à Hippone, et s'était réjouie de la lui apporter ; celui-ci tomba malade et mourut avant de pouvoir s'en servir. La sœur, désolée, supplia le saint évêque d'accepter l'ouvrage de ses mains ; et, comme le doux vieillard vit que ce serait une consolation pour une vive douleur, il mit aussitôt le beau vêtement, et consentit à le porter chaque jour, nous apprenant par cet exemple à placer la condescendance et le soulagement du prochain avant la pratique extérieure de la pauvreté. En même temps il écrivit une lettre à la pauvre sœur pour lui conseiller de puiser de plus solides consolations dans les enseignements de la foi, et depuis quatorze siècles cette lettre instruit et soulage ceux qui la lisent dans la douleur.

Pénétré du prix du temps, il n'en laissait pas perdre la moindre parcelle, et ne se permettait aucune parole inutile. Il se rappelait souvent cette pensée de saint Paul : Faisons le bien, tandis que nous en avons le loisir. Combien ne devons-nous pas apprécier la valeur du temps qui nous est accordé ! Chaque instant bien employé peut nous valoir un nouveau degré de gloire et de félicité dans le ciel.

Sa pureté était si délicate qu'elle lui inspirait des réserves pleines d'humilité. C'est ainsi qu'il ne voulait recevoir aucune femme chez lui, pas même sa sœur ni ses nièces. Il prévoyait que, s'il faisait des exceptions, de nombreuses amies voudraient les obtenir, et, pénétré du souvenir de ses fautes passées, il disait que cela ne convenait pas dans le logis d'Augustin.

Au milieu des louanges dont il était souvent comblé, il s'affligeait et redisait sans cesse : « Vous ne connaissez pas Augustin. » Ce fut pour se faire connaître, se confondre et s'humilier qu'il publia ses *Confessions*. Parfois son humilité prenait des formes qui, bien des siècles plus tard, deviendront familières à saint François de Sales. Dans une homélie, il demande pardon aux fidèles de s'être peut-être montré sévère ou injuste. « Dans les sentiers étroits, dit-il, il arrive à la poule de fouler ses petits qu'elle réchauffe ; mais ce n'est pas de tout le poids de son pied ; en les foulant elle ne cesse pas pour cela d'être mère. »

Saint Augustin recommandait au clergé un grand zèle pour le ministère de la parole : personne ne travaillait avec plus d'ardeur que lui au retour des brebis égarées. Il ne cessait d'écrire, de prêcher, de courir à leur poursuite pour les ramener au bercail. Il n'hésitait pas à aller trouver les gouverneurs pour solliciter la grâce des hérétiques qui souvent cachaient, sous un voile religieux, des desseins et des actes hostiles à la sécurité de l'empire. « Accordons-nous, mes frères, répétait-il aux dissidents ; unissons-nous, mes bien-aimés. Nous vous souhaitons et nous voulons vous donner ce que nous nous souhaitons à nous-mêmes. » Puis, s'adressant aux évêques d'Afrique, il leur disait : « Il n'est pas nécessaire que nous soyons évêques ; mais il est nécessaire que nous sauvions notre peuple, dussions-nous souffrir et mourir pour lui ! »

Quand les conciles se réunissaient, il y occupait une place éminente, et les prélats donatistes, si nombreux de son temps, se convertissaient aux accents de son éloquence et de sa foi.

Plusieurs années avant sa mort, conformément à la discipline ecclésiastique en vigueur de son temps, Augustin désigna son successeur sur le siége d'Hippone, avec le consentement du clergé et du peuple convoqués dans l'église de la Paix. Deux évêques, sept prêtres et les notaires publics, chargés de rédiger le procès-verbal, se trouvaient dans l'assemblée. « Je vous ai convoqués en plus grand nombre, dit Augustin, pour une importante communication. Nous sommes tous mortels, et notre dernier jour est incertain ; cependant l'enfance espère arriver à la jeunesse, la jeunesse à l'âge mûr, qui lui-même compte parvenir à la vieillesse ; mais le vieillard n'a plus rien à espérer ici-bas. Dieu a voulu que je vinsse à vous dans la vigueur de l'âge ; depuis cette époque j'ai vieilli. Je sais qu'à la mort des évêques les Églises sont parfois troublées par des ambitieux... Pour éviter les plaintes à mon sujet, je viens vous faire connaître ma volonté, que je crois être celle de Dieu. Je nomme pour mon successeur le prêtre Héraclius. » Le peuple répondit en répétant bien des fois : « Grâces en soient rendues à Dieu ! gloire à Jésus-Christ ! Jésus, exaucez-nous. Vive Augustin ! Vous êtes notre père et notre évêque. »

Quand le silence fut rétabli, Augustin ajouta : « Je n'ai pas besoin de faire son éloge ; j'aime sa sagesse, et je tiens à ne pas blesser sa modestie. Je sais que vous le voulez comme moi, et, si je l'ignorais, vous me l'apprendriez aujourd'hui. Que Dieu, qui me l'a envoyé, le conserve, et qu'après avoir fait la joie de ma vie il me succède après ma mort ! Comme vous le voyez, les notaires prennent note de mes paroles et de vos acclamations. Nous accomplissons donc un acte ecclésiastique, et je veux qu'il soit confirmé. » De nouvelles acclamations accueillirent ses dernières paroles.

Malgré tant de travaux et d'austérités, le grand évêque parvint à une vieillesse assez avancée, et on peut dire que les malheurs de sa patrie abrégèrent ses dernières années. Les barbares, qui ravageaient depuis longtemps l'empire, se jetèrent tout à coup sur l'Afrique; après le pillage, après la destruction de presque toutes les autres villes du pays, ils vinrent assiéger Hippone, où s'étaient réfugiés grand nombre d'évêques avec leur clergé. Augustin employa ce qu'il lui restait de forces à soutenir, à soulager son peuple ainsi que ses vénérables hôtes. Son industrieuse charité fit encore des prodiges, et il ne cessa d'agir, de travailler, de prêcher qu'à sa dernière maladie; car, bien qu'il eût soixante-seize ans, ni son esprit, ni sa raison, ni sa vue, ni son ouïe n'avaient encore faibli. Sa douceur, sa bonté, l'habitude de prendre sur lui, de veiller et de se sacrifier ajoutaient à l'influence de son éloquence et à l'ascendant de sa haute dignité.

Un jour, profondément affligé pour son pays de la prolongation des maux qui s'aggravaient en se continuant, il dit aux évêques sous l'impression de sa tristesse : « Mes frères et mes pères, prions ensemble, afin que ces malheurs cessent ou que Dieu me retire de ce monde ! »

Quelque temps après, il fut saisi d'une fièvre violente, et bientôt on vit avec douleur que l'heure de son départ approchait. Il employa ses derniers jours à composer, pour les évêques d'Afrique, une lettre dans laquelle il les exhortait à rester dans leurs diocèses, afin de consoler les fidèles, et de leur montrer comment les chrétiens savent souffrir; puis comment, s'il le faut, les pasteurs offrent leur vie pour les troupeaux.

Dès quele peuple d'Hippone le sut gravement malade, il voulut voir une dernière fois le saint qui lui avait fait tant de bien. Les mères vinrent demander une bénédiction pour leurs enfants, et les malades implorèrent le soulagement de leurs maux. Augustin les reçut tous avec une affectueuse tendresse. La bonté brillait dans ses regards, tempérait le feu de son génie, et adoucissait l'austérité de ses traits. Un père sollicita la guérison de son fils. « Si j'avais le don de guérir, dit en souriant le malade, je commencerais par moi-même. » Cependant, le père insistant, le vieillard imposa ses mains sur la tête de l'enfant, et l'enfant recouvra la santé.

Le grand évêque avait souvent dit qu'un chrétien ne devait pas sortir de ce monde sans accomplir quelque acte de pénitence. Fidèle à cette pensée, il fit transcrire sur des bandes d'étoffe et placer contre les murs de sa chambre les psaumes de David, afin que de son lit il pût les relire en pleurant ses péchés. Dix jours avant sa mort, ne voulant pas être interrompu dans ses dernières méditations, il refusa de recevoir, si ce n'est pendant la visite des médecins et dans les moments où il prenait un peu de nourriture.

A l'heure suprême, Possidius, les autres prélats, les prêtres, les disciples vinrent l'entourer de leur attachement, de leur reconnaissance, et l'aider de leurs pieux suffrages, qui souvent étaient étouffés par les sanglots. Il priait avec eux, et quand sa bouche se tut, son âme montait au ciel (28 août 430).

Pauvre volontaire, Augustin n'avait pas eu de testament à faire pour disposer de biens dont il s'était entièrement dépouillé. Ses ornements restèrent entre les mains du prêtre chargé de la maison épiscopale. Ses ouvrages et sa bibliothèque furent donnés à l'Église d'Hippone, désormais plongée dans le deuil. La douleur fut d'autant plus vive qu'en lui l'Afrique perdait sa lumière, et le catholicisme un de ses plus grands docteurs.

Les reliques d'Augustin, déposées dans l'église Saint-Étienne, furent transportées en Sardaigne cinquante-six ans après sa mort par saint Fulgence [1], qui voulait soustraire ce trésor aux profanations des Vandales. Mais, deux siècles plus tard, elles tombèrent au pouvoir des Sarrasins, qui se rendirent maîtres de cette île. En 710, Luitprand, roi des Lombards, les racheta et les déposa avec honneur dans l'église Saint-Pierre à Pavie. Là, comme en Sardaigne, des miracles s'accomplirent par l'intercession du saint.

Vers le milieu du XIVᵉ siècle, les religieux, observateurs de sa règle, ses enfants spirituels, lui élevèrent, dans la cathédrale de Pavie, un magnifique monument en marbre. Sa remarquable statue le représente en habits pontificaux. Le nom du statuaire n'est pas arrivé jusqu'à nous, et cependant le mérite de son travail suffisait pour le recommander au souvenir de l'histoire.

La ville d'Hippone, à jamais illustrée par son grand évêque, a été détruite par les barbares. Bone est sortie de ses débris; mais il ne reste de l'antique cité que des monceaux de ruines, provenant de constructions romaines. On n'a rien conservé de la basilique de la Paix, dans laquelle Augustin avait parlé pendant plus de trente ans! On voit encore des vestiges d'anciens thermes ou bâtiments publics destinés aux bains. Ce sont peut-être ceux de Sosius, célèbres par la conférence dans laquelle Augustin lutta contre Fortunatus, prêtre manichéen, et réfuta si bien les erreurs de la secte que cette journée aida singulièrement à sa disparition.

---

[1] Fulgence, issu d'une famille sénatoriale de Carthage, fut surnommé l'Augustin de son temps, à cause de la grâce persuasive de ses traités.

Dans une de ces vieilles murailles on remarque une sorte de petit sanctuaire, pratiqué par les Arabes. Pour y pénétrer il faut passer sur un pan de mur fort étroit. Quand on le traverse sans tomber, on peut immédiatement faire brûler de l'encens ; mais si on tombe, c'est qu'on est impur, et avant de pénétrer dans le lieu réputé sacré, il faut se purifier en immolant une colombe ou d'autres oiseaux. Ces pratiques religieuses, transmises par leurs ancêtres aux populations actuelles, tendent à honorer le *grand chrétien*, le puissant ami de Dieu, que les indigènes implorent dans leurs besoins.

Près de ce lieu, au penchant du mamelon, à deux kilomètres de Bone, sur le terrain même autrefois occupé par les rues que le zèle d'Augustin avait si souvent parcourues, dans un paysage d'une ravissante beauté, au milieu des aloès, des cactus, des myrtes et des oliviers, s'élève le monument de saint Augustin, béni par les évêques de France en 1842. Ce monument consiste en un autel de marbre blanc, placé sur un socle circulaire à deux gradins, entouré d'une grille de fer, et surmonté d'une statue de bronze qui représente Augustin regardant la France et la place où fut autrefois sa ville épiscopale.

Une insigne relique du saint venait d'être accordée à l'Afrique par le souverain pontife Grégoire XVI. M\gr Dupuch, évêque d'Alger, qui avait sollicité cette relique, s'était rendu à Pavie pour la recevoir. A Milan, dans les autres villes d'Italie où le prélat avait pu s'arrêter, et à Toulon, elle avait été entourée d'hommages et de prières ; un concours immense de fidèles manifestait partout son enthousiasme par des illuminations, des arcs de triomphe et des chants harmonieux. Quand elle aborda aux rivages d'Hippone, elle fut accueillie par les salves d'artillerie, par les acclamations d'une foule innombrable ; puis elle fut portée en triomphe dans ce monument qu'avait érigé la pieuse munificence de l'épiscopat français.

CHAPITRE V

Appelés par Boniface, les Vandales envahissent l'Afrique (428) et persécutent les catholiques. — Lois qui régissent le sort des nations ; témoignage de Salvien. — Saint Eugène, évêque de Carthage. — Hunéric et ses successeurs. — Nombreux martyrs. — Sainte Denise. — Justinien envoie Bélisaire en Afrique, et délivre des Vandales le pays, qui devient une province de l'empire d'Orient (534). — Courte période d'apaisement. — Mahomet et sa religion. — Invasion des Arabes (686). — Leur domination couvre l'Afrique de crimes et de ruines. — Révolutions, guerres incessantes. — Extension du brigandage maritime. — Répression par les Espagnols, sous la direction du cardinal Ximénès (1509). — Après la mort du cardinal, les maîtres d'Alger se dérobent entièrement à la puissance de l'Espagne.

En 428, le comte Boniface gouvernait l'Afrique au nom du jeune empereur Valentinien. Injustement disgracié et avide de vengeance, il s'était révolté contre son souverain, et avait appelé à son secours les Vandales, alors maîtres de l'Espagne. Ces barbares obéissaient à Genséric, qui, se croyant, comme Attila, le *Fléau de Dieu*, répondit un jour à un pilote, soucieux de savoir de quel côté son maître voulait diriger ses navires : « Il faut aller du côté où souffle la colère de Dieu. »

Boniface connaissait mal celui dont il sollicitait l'assistance. En attirant Genséric sur le sol africain, il appelait un dominateur et non un allié. Ramené au devoir par saint Augustin, il essaya d'employer la persuasion, puis la force, pour obtenir la retraite de ce redoutable auxiliaire. Toutes ses tentatives furent vaines. Après avoir épuisé la voie des négociations, il en vint aux armes, livra bataille et fut vaincu, emportant dans sa retraite la honte d'avoir, par la trahison, privé sa patrie d'une de ses plus belles provinces.

Ainsi, quand le grand apôtre d'Hippone sortait de ce monde, après quarante années d'austérités, de labeurs et de luttes fécondes où il n'avait frappé que pour guérir, l'Afrique succombait sous les terribles coups de la barbarie : la puissance romaine expirait en cette contrée, et la civilisation commençait à entrer dans une agonie presque séculaire, triste prélude de sa complète disparition, qui devait durer quatorze cents ans.

Pour s'expliquer une si douloureuse catastrophe, on a besoin de remonter aux lois qui régissent le sort des nations. Sans doute ici-bas les biens et les maux ne sont pas distribués selon les mérites de chacun, et la vie future nous donne le mot de cette énigme. Le chrétien fidèle à la loi divine, et cependant malheureux, aura sa récompense dans l'éternité; l'impie, après une prospérité plus apparente que réelle, empoisonnée d'ordinaire par les remords, trouvera son châtiment dans le monde qui ne finit pas. Mais ce qui est vrai pour les individus cesse d'être exact pour les peuples. Comme ils n'ont pas au delà de cette terre une existence propre, pour eux tout s'accomplit ici-bas. Leur élévation comme leur abaissement est proportionné à leurs vertus et à leurs vices. S'ils comprennent le but des adversités, s'ils profitent des épreuves pour rentrer en eux-mêmes, reconnaître leurs fautes et remonter vers Dieu, ils rachètent leur passé et sauvent leur avenir; mais s'ils endurcissent leurs cœurs, s'ils persévèrent dans le désordre, ils courent à la ruine et se préparent une lourde chute. C'est ainsi que l'Afrique a succombé, pour n'avoir pas voulu correspondre aux avertissements de la Providence. Si nous étudions l'état moral du pays au commencement du v° siècle, nous voyons toutes les classes de la société avides de jouissances matérielles, cherchant le bonheur dans le mépris des lois, et buvant à longs traits dans la coupe de l'iniquité. La dissolution des mœurs avait atteint les plus effrayantes proportions ; à part un groupe nombreux de chrétiens fidèles, qui affrontèrent héroïquement le martyre en nous laissant d'impérissables exemples, l'aspect général du pays offrait aux regards un spectacle plein de tristesse.

« Qu'est-ce que Carthage? » se demande Salvien précisément à l'époque qui nous occupe. « C'est une ville livrée à tous les dérèglements, où tous les forfaits se donnent libre carrière, pleine de trésors, mais plus encore d'iniquités! Là il n'y a d'émulation que pour le mal : les uns se distinguent par leurs vols, les autres par leurs dissolutions; ceux-ci sont appesantis par le vin, ceux-là se gorgent de nourriture. Couronnés de fleurs, ruisselants de parfums, tous plongés dans l'ivresse du péché, on dirait un peuple qui, comme les bacchantes, a perdu sa raison dans les orgies! »

Si Carthage avait si étrangement abusé des grâces d'en haut, les autres cités africaines ne s'étaient guère mieux comportées; on y retrouvait, à des degrés divers, trois fléaux dévastateurs : la cupidité, l'ivrognerie et l'impudicité.

Des catholiques se scandalisaient du triomphe des païens et des ariens. Salvien leur répondait : « Non, nous n'avons pas le droit de croire à notre supériorité; sans doute nous portons un titre saint, mais il ne fait qu'aggraver notre péché; notre loi est excellente, mais notre vie est perverse : nous sommes d'autant plus coupables que notre loi est meilleure. La foi même que nous professons nous condamne, nous qui nous vantons de connaître Dieu, et qui foulons aux pieds ses commandements. Selon la parole de l'Apôtre, on ne peut transgresser la loi que l'on ignore; du côté des idolâtres est l'ignorance, du nôtre la transgression. La faute n'est pas commise par celui qui ne sait pas la loi. Celui qui, la connaissant, la méprise, est le coupable. Quant aux hérétiques, ils sont fidèles à leurs croyances, prient, observent les préceptes enseignés par leurs évêques et leurs prêtres ; ils croient posséder la vérité, ils se trompent, mais avec des intentions droites.

« Si le peuple romain périt, disait encore Salvien, c'est qu'il ne se réforme pas. Captifs dans les liens de nos péchés, nous sommes livrés sans défense aux nations qui déchirent nos entrailles... Ce sont nos crimes et non pas les forces de nos ennemis qui nous ont mis à bas... Nous avons été châtiés, et nous n'avons pas su nous amender... Nous n'avons pas mis un terme à nos joies insensées, à nos immondes voluptés. Malheur, dit l'Évangile, malheur à vous qui riez, car vous pleurerez !... »

Les nouveaux maîtres de l'Afrique étaient animés d'une haine implacable contre les catholiques ; aussi rallumèrent-ils bientôt le feu de la persécution. Ni les confesseurs de la foi ni les martyrs ne firent défaut. Entre bien d'autres, l'histoire cite quatre frères, réduits en captivité pour avoir refusé d'apostasier et d'embrasser l'arianisme. Ils furent envoyés à un roi maure, païen comme son peuple ; par leurs paroles, par leurs exemples ils convertirent au catholicisme grand nombre d'infidèles qui reçurent le baptême. Mais quand Genséric fut informé de leurs pacifiques conquêtes, il devint furieux, résolut de leur infliger un supplice exemplaire, et les fit attacher par les pieds à des chariots qui, lancés à travers les ronces et les épines, brisèrent leurs membres et mirent leurs chairs en lambeaux. Pendant que les Maures s'affligeaient de les voir si cruellement traités, les martyrs, pleins de patience, s'encourageaient l'un l'autre quand ils se rencontraient, en disant : « Mon frère, priez pour moi : le Seigneur nous a exaucés ; car c'est ainsi qu'on arrive au royaume des cieux. » Après leur mort, les témoins de leur héroïque constance ne doutèrent pas de leur crédit près de Dieu ; ils les invoquèrent avec confiance, et obtinrent des miracles.

Après Genséric, son fils Hunéric (477), se montrant d'abord moins hostile que son père à la religion catholique, permit aux fidèles de Carthage de s'assembler pour élire un évêque, dont ils étaient privés depuis un quart de siècle. Ils nommèrent à l'unanimité saint Eugène, déjà vénéré pour sa science et sa piété. Pénitent mortifié, Eugène se privait souvent du nécessaire et savait attirer d'immenses ressources aux indigents. Quand on lui demandait de s'épargner davantage, il avait coutume de répondre : « Le bon Pasteur donne sa vie pour ses brebis ; dois-je donc m'inquiéter de ce qui concerne mon corps ? »

Bientôt Huneric leva le masque. Aussi intolérant que cruel, il commença par défendre de recevoir dans les églises les Vandales catholiques. Eugène fit savoir au tyran que la maison de Dieu resterait toujours ouverte à tous ceux qui voudraient venir y prier. Alors le roi, dans sa colère, fit aposter des séides à la porte des temples. Dès qu'ils voyaient entrer quelqu'un portant le costume de leur nation, ils enroulaient ses cheveux dans un bâton dentelé dont ils étaient armés, et les tiraient de façon à les soulever en arrachant la chevelure avec la peau. Plusieurs perdirent la vue, d'autres en moururent, quelques-uns survécurent : la police les promena dans la ville pour faire connaître au peuple le sort réservé à ceux qui placent avant tout l'obéissance à la loi de Dieu.

Ce spectacle ne répandit pas la terreur, comme le despote l'avait espéré ; il eut recours à des procédés moins barbares. Il éloigna les catholiques de tous les emplois publics, les dépouilla de leurs biens, les exila, ou condamna aux plus rudes travaux des champs ceux que leurs fonctions à la cour n'avaient pas préparés à de tels labeurs.

Cinq mille hommes, prêtres et laïques, furent bannis en masse et conduits au désert. Quand ils partirent sous escorte comme des criminels, ils se virent entourés d'hommages. La foule se précipitait sur le passage du cortége avec des cierges pour honorer les confesseurs de la foi, et eux, arrachés à leur famille, à leurs plus chères affections, à leur patrie, s'en allaient en chantant des cantiques. Les mères s'écriaient en s'adressant aux membres du clergé : « Pourquoi courez-vous ainsi au martyre ? A qui donc irons-nous désormais ? Qui baptisera nos enfants ? Qui les instruira ? Qui nous gardera dans la vie, nous remettra nos fautes et nous fortifiera dans la mort ? Oh ! pourquoi ne nous est-il pas donné de partir avec vous ? » Victor, évêque de Vite, raconte à ce sujet un trait touchant dans sa simplicité :

« .... Un jour, comme nous marchions avec l'armée du Seigneur, nous vîmes une femme très-âgée portant un sac et tenant par la main un enfant, qu'elle exhortait en disant : « Courage, hâtez-vous, regardez tous les saints s'empressant avec joie d'aller recevoir la couronne ! » Nous la grondions de ce qu'elle, vieille femme, voulait se joindre à tant d'hommes et entreprendre une tâche au-dessus de ses forces. « Bénissez-moi, seigneurs, répondit-elle ; priez pour moi, pécheresse, et pour cet enfant, qui est mon petit-fils. » Nous insistions, nous lui reprochions de venir de si loin (car elle arrivait de Zurite), et de marcher dans un si chétif accoutrement. Elle répétait : « Je vais en exil avec ce petit enfant, votre serviteur, de peur que l'ennemi ne le trouve seul et ne l'entraîne de la voie de la vérité à la mort. » A ces mots nous fondîmes en larmes, et nous ne pûmes dire autre chose, sinon : « Que la volonté de Dieu soit faite ! »

Si, durant ce long trajet, les vieillards ou les jeunes gens délicats s'attardaient exténués de fatigue, les bourreaux les contraignaient de marcher en les piquant avec des dards ou en leur jetant des pierres. Aussi beaucoup moururent-ils avant d'arriver au terme, et les autres n'y parvinrent que pour subir le supplice de la faim.

Les vierges consacrées à Dieu furent réservées à un raffinement de cruauté. Écartelées par les chevalets, suspendues avec des poids très-pesants à leurs pieds, brûlées par des lames de fer rouge que les bourreaux imprimaient sur leur corps, elles assistaient en quelque sorte à sa destruction avec un courage supérieur à la faiblesse de leur sexe.

Hunéric, qui avait juré la destruction du catholicisme en Afrique, résolut de recourir à des moyens plus efficaces. Il convoqua les évêques à Carthage, afin de les amener à exposer leur foi dans des conférences et à subir le contrôle des ariens. Comme les prélats orthodoxes avaient pour eux la raison, le droit, la tradition et les saintes lettres, les hérétiques, ne trouvant rien de mieux à leur opposer, répondirent à leurs arguments par des injures, et rompirent bientôt tout entretien.

A partir de cette époque la persécution prend des proportions inouïes (484). Les églises sont fermées le même jour : les prêtres sont chassés des villes; les catholiques, frappés d'interdit, sont dépouillés de leurs biens et déclarés incapables d'hériter à l'avenir. Un grand nombre de fidèles préfèrent la ruine, les tourments, la mort même à l'apostasie, et, à l'exemple du Sauveur, ils vont au martyre en priant pour leurs bourreaux.

Au milieu des tortures, nous voyons une femme dont le nom nous apparaît entouré d'une lumineuse auréole : c'est la vaillante Denise. Cette mère de famille acceptait d'affreuses tortures avec un calme surhumain, et usait de son autorité pour maintenir une foule d'âmes dans la voie de la persévérance. Battue de verges, perdant son sang par tous les membres, elle disait à son fils unique, jeune encore, et tremblant à l'aspect du martyre : « Souviens-toi que nous avons été baptisés, au nom de la Trinité, par l'Église catholique notre mère. La seule peine vraiment redoutable est celle qui ne finit pas; la vie souverainement désirable est la vie qui dure toujours. » Soutenu par sa mère, le jeune homme souffrit et mourut saintement. Denise survécut aux tourments. Rendue à la liberté, elle remercia publiquement le Seigneur d'avoir assuré le ciel à son cher enfant; puis elle prit le corps inanimé du martyr, l'embrassa tendrement, et voulut l'ensevelir dans sa maison, afin de pouvoir chaque jour prier près de ses reliques, jusqu'à l'heure bénie où il lui serait donné de le revoir pour n'en être plus séparée.

Parmi les quatre cent cinquante-cinq évêques venus à la conférence de Carthage, quatre-vingt-huit furent martyrisés; les autres durent partir pour l'exil. Le gouverneur de la grande cité, entraîné par l'exemple des courageux prélats, sut résister à la séduction des nouvelles faveurs que lui offrait Huneric; il sacrifia d'immenses richesses pour rester fidèle à la vérité. Tout le clergé de cette capitale, plus de cinq cents personnes, fut torturé et banni; les enfants de chœur eux-mêmes durent se diriger vers la terre étrangère. Cependant douze d'entre eux furent retenus par les ariens, à cause de leur belle voix; mais pour les séparer des martyrs il fallut employer la force, et quand on voulut leur faire chanter les prières des hérétiques, on ne put pas obtenir d'eux la moindre faiblesse. Ni les promesses ni les menaces ne parvinrent à les ébranler. Aussi, après la persécution, les habitants de Carthage les honoraient-ils comme des confesseurs de la foi. Ils demeuraient sous le même toit, et chantaient ensemble de leurs mélodieuses voix les cantiques du Seigneur.

Après tant d'atrocités que l'histoire relate en frémissant, les châtiments s'appesantirent sur les bourreaux. La sécheresse, puis la famine et la peste, désolèrent la terre d'Afrique. La faux de la mort moissonna partout, et fit tant de victimes que les cadavres jonchaient les places, les rues, les villes et les campagnes.

Huneric lui-même, la conscience bourrelée par le souvenir sanglant de quarante mille martyrs, mourut dans des souffrances inouïes, le corps mangé par les vers et les chairs tombant par lambeaux!

Sous Gontamond, son successeur, l'Église respire, les temples sont rendus à la religion, les évêques reviennent de l'exil;

malheureusement ce prince ne règne que dix ans, et après lui son frère Trasimond, ouvrant de nouveau l'ère à peine fermée des persécutions, fait transporter plus de deux cents prélats en Sardaigne.

Son fils Hildéric, secrètement favorable à la vérité, mais trop faible pour oser la défendre ouvertement, reste partagé entre sa conscience et son intérêt mal entendu. Il ne sait ni donner la liberté aux catholiques, ni se concilier les sympathies des ariens, et il est détrôné par Gélimer, son héritier présomptif.

C'est alors que Justinien, empereur d'Orient, ordonne que trente mille hommes de troupes aguerries viennent au secours d'Hildéric son allié. Ce roi ayant été assassiné par l'usurpateur, Justinien saisit cette occasion pour abattre la puissance des Vandales en Afrique. Le célèbre général Bélisaire, qu'il avait envoyé contre Gélimer, prit, sans coup férir, Carthage démantelée, et fut accueilli avec enthousiasme par les habitants, qui se hâtèrent d'illuminer leurs maisons pour célébrer leur délivrance. Il défit en 534 le farouche usurpateur à la sanglante bataille de Tricaméron, s'empara de sa personne, l'envoya finir ses jours dans un grand domaine de Galatie, et chassa définitivement les Vandales de cette terre d'Afrique où ils avaient accumulé tant de ruines.

Le pays, devenu province de l'empire d'Orient, semblait appelé à de meilleures destinées. La paix, rendue à l'Église, permettait aux évêques échappés à tant de désastres de revoir la patrie, de se réunir à Carthage et de pourvoir aux plus pressants besoins de leurs malheureux diocèses. Ce fut une époque d'apaisement et de consolation. Des milliers d'hérétiques embrassèrent la vraie foi; des milliers de catholiques instruits, éclairés, rassérénés, donnèrent à la religion de sérieuses espérances : mais, hélas ! cette période fut de courte durée. L'autorité nouvelle ne sut pas se faire aimer, et se rendit méprisable. La cupidité de ses administrateurs excita le mécontentement, puis le soulèvement des indigènes et les révoltes de l'armée. Le désordre régnait partout, dans les familles comme dans le gouvernement. Les mœurs, flétries par l'hérésie, étaient perdues, et tout se préparait pour le succès de farouches conquérants qui allaient infliger à l'Afrique les ravages d'une longue et cruelle barbarie.

Ces nouveaux dominateurs s'appelaient les Arabes, peuple énergique dans sa petite taille, maigre, basané, spirituel, impressionnable, souvent hospitalier, nomade, toujours enclin au pillage, amateur de poésie, d'histoire naturelle et de sciences mathématiques. Il venait de l'Asie occidentale avec le dessein d'envahir le monde; mais, pour comprendre sa passion désordonnée de conquête, il faut se faire une idée de la religion qu'il venait d'embrasser et qui avait fondé son éphémère empire.

Mahomet, né à la Mecque vers 610, s'était attribué la mission de réformer les idées religieuses de son pays. Il avait perdu son père à cinq ans, et avait été élevé près de son oncle, prince de la petite ville; il s'en était éloigné vers l'âge de quatorze ans pour faire la guerre en Syrie, puis il était revenu à vingt-cinq ans à la Mecque, avait alors épousé une riche veuve, et s'était voué après son mariage à quinze années d'une vie d'étude. C'est durant cette période de retraite que son imagination ardente résolut de changer la religion de ses compatriotes. Il abolit le culte des idoles, celui du soleil, de la lune, des étoiles, que les Arabes avaient coutume d'adorer comme des divinités; il emprunta aux saintes Écritures plusieurs dogmes, l'unité de Dieu, l'immortalité de l'âme, le jugement dernier; il y ajouta le *fatalisme*, ou la prétendue nécessité de subir les événements sans que la volonté et la conduite de l'homme puissent les modifier. Ce système philosophique, qui ne supporte pas un sérieux examen, ne saurait s'accorder avec la notion la plus élémentaire du libre arbitre et de la justice divine; mais Mahomet s'en servit comme d'un auxiliaire de l'esprit de conquête qu'il voulait inculquer à son peuple en lui inspirant le mépris de la mort.

Il lui prescrivit la prière fréquente, le jeûne, l'aumône, les ablutions, spécialement utiles dans les climats où la température est élevée, les sacrifices en certaines circonstances, l'abstinence du vin et de toute liqueur fermentée; il lui promit après la mort une autre vie, comblée de jouissances sensuelles; il autorisa la polygamie et permit quatre femmes légitimes. En résumé, tandis que le christianisme descendu du ciel ennoblit l'homme, le purifie et lui ouvre la voie du progrès intellectuel et moral, le mahométisme [1], inventé par un ambitieux, détruit la famille et abrutit la nature humaine, en donnant un libre cours à ses plus honteuses passions.

« ... Comme homme, dit M. Veuillot, Mahomet a surtout obéi à son ambition et à sa luxure; comme législateur, il a fondé sa loi sur les instincts de la nature corrompue, incessamment révoltés contre les obligations que leur impose la morale divine. Quiconque voudra ériger en dogmes religieux les conseils que lui donnent l'orgueil, l'ambition et la chair, trouvera toujours des apôtres et des fidèles. Ainsi fit Mahomet, et dès lors il n'est pas surprenant que, malgré le respect avec lequel il parle de Jésus-Christ, le Coran soit devenu en quelque sorte la contre-partie de l'Évangile. Tout ce que l'Évangile condamne dans l'homme, il le permet; tout ce que l'Évangile ordonne, il l'anéantit. Voilà la part de son génie; elle est à peine au-dessus de celle du dernier ignorant qui s'insurge brutalement, au nom de ses passions, contre le frein céleste qu'on lui propose de la part de Dieu...

« Du reste, Mahomet fut aussi habile qu'il avait besoin de l'être; en justifiant les vices de son cœur il caressa tous les vices,

---

[1] Le mahométisme, ou religion de Mahomet, s'appelle aussi *islamisme*, du mot arabe *islam*, qui signifie *soumission à Dieu*.

tous les désirs des populations vagabondes, fières, rapaces et sensuelles qui l'entouraient. Il leur promit la conquête, le butin et l'empire, et après cette vie un paradis, séjour de délices, fait pour charmer les rêves de ces habitants du désert, pauvres, avides de plaisirs grossiers, et poursuivant avec peine quelques jouissances chétives dans la profondeur dévorante de leur aride patrie. »

Mahomet prétendait que l'archange Gabriel lui apparaissait et lui dictait les préceptes à enseigner aux hommes. Il fit ainsi quelques dupes, décida même sa famille et plusieurs amis influents à suivre sa doctrine; puis, fort de leur adhésion, il se mit à publier ses idées. Mais elles rencontrèrent à la Mecque une vive opposition, qui le décida bien vite à sortir de cette ville pour se diriger vers Yatreb. Il s'y présenta comme prophète envoyé de Dieu, reçut bon accueil, et, enhardi par le succès, il donna l'ordre à ses adeptes de propager sa religion par la force, de la prêcher les armes à la main, et de tuer ceux qui ne voudraient pas l'embrasser. Il donna lui-même l'exemple de cette propagande meurtrière, soumit plusieurs tribus à ses lois, et s'empara de la Mecque, dont il renversa les idoles. Il allait continuer le cours de ses exploits quand il mourut à Médine, à peine âgé de soixante-deux ans, prescrivant à ses capitaines de poursuivre en Orient leur marche triomphale.

Fidèles exécuteurs des volontés du maître, ces guerriers fanatiques se mirent à les accomplir avec une infatigable audace. L'un d'eux, venu en Numidie (aujourd'hui province de Constantine), dès 647, avec quelques cavaliers, avait reconnu le pays et en avait emporté du butin. Un autre y pénétra vers 686, s'empara de Bougie, et, s'avançant jusque dans le grand Océan qui baigne les côtes du Maroc, il s'écria, dans l'élan d'un enthousiasme digne d'une meilleure cause : « Grand Dieu, tu le vois, la mer seule m'arrête ! »

Quelques années plus tard, Carthage était prise d'assaut, le pays suivait le sort de sa capitale, et l'empire d'Orient ne possédait plus en Afrique que la ville d'Hippone. Les Arabes exploitèrent habilement certaines conformités d'habitudes et de langage pour persuader aux Maures qu'ils avaient une origine commune, que Dieu leur destinait la même mission, et ils leur firent adopter cette religion commode de l'islamisme, qui satisfait les passions et assouvit la volupté.

« A la fin du VIIe siècle, dit le révérend père Cahier [1], l'Afrique n'avait plus de ville qui ne fût au pouvoir des musulmans; il restait pourtant quelques églises avec leurs évêques. Divers indices même donneraient à penser que jusqu'au XIVe siècle certaines tribus conservèrent à peu près la foi chrétienne, malgré les vexations que la conquête musulmane faisait peser sur elles; mais l'isolement et le défaut de secours spirituels finirent par l'emporter sur ces longues résistances, comme il est arrivé en Suisse à plusieurs villages catholiques entourés par le gouvernement protestant de Berne. De guerre lasse, les uns et les autres se laissèrent absorber dans la religion du vainqueur, qui leur fermait toute communication au dehors. »

Mais la puissance de l'islamisme se fonda sur un monceau de ruines, et fit égorger des millions de victimes. Les tribus qu'elle avait conquises se divisèrent bientôt en une infinité de sectes ennemies, cherchant réciproquement à s'exterminer et couvrant le pays de crimes. Des haines implacables, presque toujours armées, des complots, des révoltes, des trahisons, des guerres de peuple à peuple ou des rencontres de bandits, des familles qui s'élèvent pour être promptement abaissées, des États qui naissent pour mourir en peu de temps, voilà le triste résumé de l'histoire d'Afrique pendant que le mahométisme lui impose son joug de fer, c'est-à-dire pendant la double période arabe et turque. Nous en épargnerons les douloureux détails à nos lecteurs, et nous nous

---

[1] *Souvenirs de l'ancienne Église d'Afrique.*

bornerons à leur citer quelques-uns des faits les plus saillants. Les tristes événements que nous passons sous silence se reproduisent d'ailleurs sous des formes diverses, à des degrés différents, mais avec une désolante régularité, chez toutes les nations privées des incomparables lumières de l'Évangile.

A la faveur des révolutions perpétuelles qui affligeaient le pays, plusieurs États indépendants se forment, entre autres ceux de Tlemcen, de Constantine, de Tunis et d'Alger; quelques dynasties, plus fortement constituées, vivent plus longtemps que les autres.

Celle des Almohades ou *unitaires,* ainsi nommés parce qu'ils se prétendent les seuls qui reconnaissent l'unité de Dieu, existe pendant cent cinquante ans : ses quatorze rois soumettent successivement à leur domination les États de Fez, de Maroc, d'Alger, et pénètrent jusque sur les côtes méridionales de l'Espagne. Mais en 1269 ils sont définitivement chassés de cette contrée; l'année suivante leur empire est détruit par les Mérinites. Ceux-ci règnent principalement dans les États de Maroc du XIII° au XV° siècle. Ils sont renversés par les Chérifs : cette dynastie, qui se prétend issue de Mahomet, possède encore de nos jours l'empire de Maroc.

Au commencement du XVI° siècle, les Maures, expulsés d'Espagne, où ils s'étaient autrefois établis avec les Arabes, couvraient la Méditerranée de leurs pirates, harcelaient incessamment la marine marchande et ne laissaient aucune sécurité aux navires des chrétiens. A cette époque, un grand ministre du roi Ferdinand le Catholique, le cardinal Ximénès [1] s'émut de la désastreuse extension du brigandage maritime; il résolut, à quatre-

---

[1] Ximénès était un fervent religieux de Saint-François d'Assises. Sa foi, son courage, sa science, sa connaissance approfondie des hommes et des choses, son esprit vaste, son dévouement à son pays en ont fait un des plus grands hommes de son temps. Parvenu à une extrême vieillesse, il n'avait d'autre lit que quelques planches à peine rabotées : comme vêtement, il portait toujours l'habit de franciscain sous ses insignes de cardinal, et il le rapiéçait lui-même de temps à autre en secret.

vingts ans, de châtier les forbans et de réduire leur puissance en portant la guerre sur les côtes d'Afrique. Payant non-seulement de sa bourse, mais aussi de sa personne, il part le 14 mai 1509, à la tête d'une flotte équipée à ses frais, débarque le lendemain près d'Oran avec une petite armée de quinze mille hommes, célèbre sur le rivage une messe solennelle, exhorte chaleureusement les troupes à faire leur devoir, et celles-ci lui obéissent avec un tel entrain, que le soir même elles s'étaient emparées d'Oran. Au bout de cinq jours, l'illustre homme d'État était de retour à Carthagène ; il avait confié à l'amiral Pierre de Navarre le soin d'étendre et de consolider sa conquête. Les villes voisines, Mostaganem, Tlemcen, Tunis, etc., consternées en apprenant le rapide succès de l'expédition, firent leur soumission à l'Espagne, et s'engagèrent à lui payer tribut. L'année suivante, l'amiral prit Alger, et, pour assurer le versement de la redevance annuelle, il fit construire dans le principal îlot voisin du port la forteresse du Pégnon, qu'il garnit d'artillerie [1]. Mais Ximenès mourut bientôt, et ses plans ne furent pas suivis. Les vainqueurs mécontentèrent les Africains en les traitant avec rigueur, et après le règne de Ferdinand le Catholique, le chef des Beni Mezghana, alors maîtres d'Alger, eut recours à l'assistance d'un célèbre pirate pour se soustraire à la domination espagnole. Cet homme audacieux devint, avec son frère, le fondateur de la régence d'Alger, qui devait reculer de trois cents ans dans cette contrée le triomphe de la croix sur l'islamisme.

[1] De nos jours, ce fort est réuni à la ville par une chaussée construite pour briser les vagues de la mer.

CHAPITRE VI

Les deux frères Barberousse. — L'aîné commence en 1520 le règne des Turcs en Algérie, et meurt à quarante-quatre ans, redouté comme un fléau. — Son frère lui succède. — Après une série de succès et de revers, Barberousse II est contraint de s'éloigner d'Alger ; il y rentre, et s'empare de la citadelle de Pégnon. — Héroïque résistance de Martin de Vargas. — Exploits d'André Doria. — Le maître d'Alger devient passagèrement l'allié de François Ier, et pille la France comme un pays ennemi. — Il meurt à Constantinople (1545). — Les pachas d'Alger sont expulsés par les deys, qui secouent le joug de la puissance ottomane. — Administration du pays sous ce gouvernement. — La piraterie et le brigandage deviennent l'industrie principale de l'Algérie. — Destruction des établissements espagnols en Afrique.

Les pirates les plus renommés et les plus redoutables dont l'histoire ait conservé le souvenir sont les deux frères connus sous le surnom de *Barberousse*. Le sens de ce surnom, l'origine et le pays de ces intrépides forbans ont été très-controversés. D'après l'opinion la plus répandue, ils étaient originaires de l'île de Lesbos ; leur père était un potier, sujet des Turcs, et leur surnom provient non pas de la couleur de leur barbe, mais des mots *Baba-Aroudj*, altérés par les Européens. L'aîné s'appelait *Aroudj* et le second *Khaïr-el-Dîn*. L'aîné, d'abord exclusivement adonné à la piraterie, devint de bonne heure un habile capitaine, toujours prêt à s'exposer au péril quand il s'agissait de s'emparer d'un riche butin. A la tête de vingt à trente galères, secondé par d'énergiques aventuriers qui lui venaient de toutes parts, parce qu'il savait les attirer par l'appât d'une solde élevée, il attaquait les navires chargés de marchandises, les pillait, réduisait en esclavage les hommes de l'équipage, et revenait en Afrique pour se préparer à de nouveaux exploits. Bientôt il obtint du roi de Tunis l'autorisation d'abriter ses vaisseaux dans un des ports de ce petit souverain, en lui promettant le cinquième de ses prises. Secondé par son frère, il vit promptement grandir son importance, et conçut l'ambition de se créer une position indépendante : c'est pour atteindre ce but qu'il assiégea la ville de Bougie, alors occupée par les Espagnols. Il échoua dans cette première tentative, fut blessé, et dut subir l'amputation d'un bras. L'année suivante, il revint à la charge, et fut de nouveau repoussé. Après ce second échec il perdit sa flotte, engagée dans les sables par suite de la baisse des eaux, et sa situation désespérée le réduisit à chercher un refuge à Deljelli. C'est de là qu'il partit pour devenir maître d'un petit royaume.

Salem, gouverneur d'Alger, désireux d'échapper à la domination espagnole, résolut de lui enlever la citadelle de Pégnon, se persuada que Barberousse l'aiderait à l'accomplissement de son dessein, et lui fit des propositions, qui furent acceptées avec empressement. L'audacieux pirate vint à Alger, et il attaqua pendant vingt jours sans succès la citadelle qu'il s'était chargé d'emporter d'assaut. A la tête des troupes turques que son frère était parvenu à lui procurer, il voulut alors exécuter un projet médité par son orgueilleuse ambition. Se croyant assez fort pour prendre la place de son allié, il fit arrêter celui qu'il avait promis de secourir, le pendit avec la toile de son turban, monta sur le trône de la victime en se reconnaissant vassal du grand sultan, et commença ainsi (1520) le règne des Turcs en Algérie.

L'empire ottoman s'empressa de lui envoyer, pour soutenir son pouvoir, un corps de janissaires ou soldats d'élite, commandés par un pacha. De son côté, il fit preuve d'habileté comme administrateur, comprima les révoltes, soumit certaines tribus par la force, se concilia les autres par l'or ou la trahison, déjoua les complots, imposa la suprématie absolue des Turcs sur les indigènes, frappa de terreur les Arabes, immola les mécontents, punit de mort les révoltés, usa tour à tour de rigueur envers les vaincus, de générosité envers ses compagnons d'armes, et se rendit ainsi maître de la province d'Alger.

Appelé à Tlemcen par une des factions qui s'y disputaient le pouvoir, il jura de rendre l'autorité au prince détrôné, et entra dans la ville après avoir battu les ennemis de ses alliés; mais bientôt il viola son serment, fit périr tous les princes de la famille régnante, ordonna la mort de soixante-dix principaux habitants de la cité, afin, disait-il, de ne pas les exposer à trahir leur nouveau maître comme leur ancien roi, et il irrita les vaincus par des exactions et des violences sans nombre.

Au bout de quelque temps, les tribus arabes, désespérées, se tournèrent du côté de Charles-Quint, et le supplièrent de les délivrer de leur tyran. Complétement battu par les Espagnols, Barberousse fut réduit à chercher son salut dans la fuite; mais, se voyant poursuivi par les vainqueurs, il vendit chèrement sa vie, et continua de frapper tant qu'il put conserver un peu de force. C'est ainsi qu'il mourut à quarante-quatre ans, redouté par le pays comme un fléau, généralement haï par les indigènes, aimé cependant de ses compagnons, qui, récompensés avec magnificence, exaltaient à la fois son intelligence et son indomptable courage. Cruel, rusé, il n'avait ni respect pour la justice, ni compassion pour le malheur. La longue série de ses brigandages et le souvenir de ses crimes restent attachés à sa mémoire comme des taches indélébiles.

Il eut pour successeur son frère Khaïr-el-Din, qui avait débuté dans la carrière en se mettant à la solde d'un corsaire de Constantinople; il avait ensuite tué son maître d'un coup de hache, pendant que celui-ci dormait sur le brigantin, et il s'était fait reconnaître à sa place comme chef de l'équipage. Cependant le châtiment ne suivit pas immédiatement le crime; l'assassin fournit en ce monde une longue carrière, et on put constater une fois de plus à son sujet que Dieu est patient parce qu'il est éternel. Aussi intrépide que son prédécesseur, le second Barberousse réussit mieux à soumettre les Arabes; il flatta leurs préjugés, exalta leur fanatisme, se montra l'ardent persécuteur des chrétiens, et parvint ainsi à diminuer leur répugnance pour un joug étranger.

Tandis que les Espagnols négligeaient de mettre à profit les premiers moments de la consternation causée par la mort de leur ennemi, le nouveau tyran, habile à utiliser leurs lenteurs, ordonna le massacre des prisonniers, se fit proclamer souverain d'Alger, et obtint du sultan la confirmation de son titre. Il parvint même à lui persuader que la prise de la citadelle de Pégnon serait favorable à la cause de l'islamisme; qu'Alger, tout à fait affranchie, deviendrait puissante contre les Européens; et il obtint l'envoi de deux mille Turcs bien disciplinés, avec l'autorisation pour d'autres soldats de s'embarquer aux frais de l'État et de se rendre en Algérie. Vers le même temps, une violente tempête détruisait la flotte espagnole dans la rade d'Alger. Tout semblait donc sourire à l'ambition du forban couronné, quand une première épreuve vint lui révéler la fragilité de sa puissance. Le roi de Tunis prit ombrage de ses succès toujours croissants, et fomenta contre son voisin une conspiration qui prit rapidement les proportions d'un vaste incendie. Abandonné par les indigènes, assiégé dans Alger, réduit pour sa défense à des Turcs découragés, il dut s'éloigner de sa principauté, et reprit son triste métier de pirate. Mais, après trois ans d'absence, il put revenir avec des forces suffisantes pour rentrer dans sa capitale et s'emparer enfin de la citadelle qui mettait un frein à la fureur des corsaires. Le Pégnon était confié à Martin de Vargas, qui se défendit avec une rare intrépidité. A la tête de ses cent cinquante soldats, il opposa une héroïque résistance. Abandonné par Charles-Quint, privé de munitions, il refuse de capituler. Les feux de sa forteresse sont éteints, les assiégeants ont ouvert une large brèche, et cependant il ne se rend pas! Pendant toute une journée il lutte encore contre cinq mille hommes. A la fin, il se place seul avec une épée à deux mains sur le rempart démoli, et il en défend l'accès jusqu'à ce que, blessé et couvert de sang, il soit renversé par quatre Turcs. La place ne comptait plus que vingt-cinq soldats, presque tous mortellement atteints. La conduite du commandant avait été si admirable, que nul n'osa d'abord attenter à sa vie. Mais, l'année suivante, Khaïr-el-Din lui signifia de choisir entre la mort et l'apostasie; le glorieux vaincu n'hésita pas. Après avoir donné une partie de son sang pour servir sa patrie, il le versa tout entier pour acquérir le ciel.

Enivré de ses succès et dominé par une ambition qui commença la série de ses châtiments, Barberousse voulut tenter une expédition plus importante, franchit le détroit de Gibraltar et vint assiéger Cadix. Un échec éclatant le força de s'enfuir, et aurait dû lui faire comprendre qu'on ne viole pas impunément les lois les plus élémentaires du droit des gens.

Cependant la chrétienté s'alarmait au récit des ravages exercés par ce génie malfaisant, et s'efforçait de mettre des bornes à sa puissance; mais elle n'employait pas les moyens capables de la détruire, parce qu'elle était divisée. Obéissant à des ambitions personnelles, ou se laissant dominer par des considérations d'un ordre secondaire, elle oubliait que l'union est la condition indispensable de la force et du succès. Cependant il y eut à cette époque un illustre capitaine qui tint en échec le farouche tyran d'Alger; ce fut André Doria. Né à Gênes d'une famille dont l'antique illustration commençait, pour ainsi dire, avec l'histoire de la cité, il eut la gloire de restaurer la liberté de son pays, et mérita l'érection d'une statue qui portait cette inscription:

AU PÈRE DE LA PATRIE

Habile général, marin renommé, il attaqua plusieurs fois les infidèles dans la Méditerranée, défit les Turcs partout où il les rencontra, et devint l'effroi du sultan, qui résolut de lui opposer Barberousse. Celui-ci, heureux d'une perspective qui lui promettait un accroissement d'influence, signa des trêves avec ses voisins, et parut à la cour du Grand Seigneur entouré d'un éclat inouï. Parti d'Alger avec dix-huit galères, il fit son voyage en pirate expérimenté, et il exerça de tels ravages sur les côtes du littoral, qu'à son entrée dans le port de Constantinople il se trouvait à la tête de quarante bâtiments chargés de butin. Il se présenta devant le sultan escorté d'une garde d'honneur, et suivi de deux cents femmes richement parées, dont chacune portait un vase d'or. On voyait aussi à son cortége des chameaux chargés de dépouilles, et des lions du désert destinés à son suzerain. Comblé de faveurs qui ne parvenaient pas à charmer ses ennuis, nommé pacha, il prit rang parmi les plus hauts dignitaires de l'empire, et partit à la tête d'une flotte formidable, avec la mission de lutter contre André Doria et de s'emparer du royaume de Tunis. Cette dernière tâche fut accomplie; l'emploi simultané de la force et de la ruse le rendit maître de Tunis. Mais son triomphe fut de courte durée; car Charles-Quint vint lui-même attaquer l'ennemi des chrétiens dans la ville qu'il avait ajoutée à ses possessions, s'empara de cette cité, y rétablit l'émir dépouillé de ses États, à la double condition qu'il paierait tribut et subirait une garnison espagnole, et Barberousse fut obligé de prendre la fuite; mais il put regagner Alger sans éprouver de bien sérieux dommages.

Une seconde fois Charles-Quint, s'efforçant de mettre un terme à des hostilités sans cesse renaissantes, dirigea contre Alger une formidable expédition. Malheureusement l'époque de l'année n'était pas bien choisie. Aussi, après quelques succès peu importants, d'affreuses tempêtes vinrent détruire la flotte espagnole, et amenèrent une issue funeste qui pesa longtemps sur l'avenir ; car l'opinion publique attribua dès lors à la ville des pirates le renom d'*invincible*. Le souvenir du monarque vaincu la préserva de nouvelles attaques, et les Turcs, exaltés par le succès, placèrent une confiance superstitieuse dans l'avenir de la cité.

Mais le plus grave obstacle qui s'opposât à la destruction de ce pouvoir si malfaisant, c'étaient les prétentions rivales qui séparaient alors les deux plus grands souverains de l'Europe, François Ier et Charles-Quint. Aussi arriva-t-il que le roi de France se réjouit de l'échec de son rival devant Alger, et s'oublia jusqu'à s'allier contre lui avec le sultan, qui envoya Barberousse au secours des Français. Débarqué à Marseille avec cent cinquante bâtiments, cet homme extraordinaire y mena le train d'un monarque, en prit le titre, et se fit rendre les hommages dus aux têtes couronnées. Le pays qui l'avait appelé ne tarda pas à comprendre tout ce que son concours apportait d'humiliations et de périls. L'armée française se dirigea vers Nice, de concert avec ce compromettant auxiliaire. La ville fut prise et pillée ; mais la citadelle ne put être forcée, et Barberousse, revenu en Provence, s'y conduisit en conquérant plutôt qu'en allié. Il se mit à piller et à ravager comme en pays ennemi, et il en vint à interdire aux églises de Toulon l'usage de leurs cloches, comme si sa présence en avait fait une ville musulmane. Il fallut acheter son départ comme on avait payé sa venue, et lui donner huit cent mille écus pour obtenir sa retraite.

Ni ses richesses, ni son faste, ni son audace, ni ses succès parfois surprenants, ne lui donnaient le bonheur. Il le cherchait partout ; il le demandait au luxe, au plaisir, à la satisfaction de ses convoitises ; il ne trouvait que la satiété, le dégoût et le remords. Cependant il ne se lassait pas dans cette vaine et laborieuse poursuite ; il méditait à Constantinople de nouvelles expéditions contre les chrétiens, quand la mort, le frappant à l'âge de quatre-vingts ans, l'obligea de comparaître au tribunal du souverain Juge.

Puissant par le caractère, l'intelligence, le courage, il était insolent, railleur, cruel, perdu de mœurs, implacable dans sa haine et insatiable dans son ambition. Second fondateur de la puissance de l'Algérie, qui fut pendant trois siècles le fléau de la Méditerranée, il fit de la piraterie une souveraineté, et s'efforça d'ériger le pillage en loi politique. Son corps fut enseveli dans un tombeau qu'il avait fait construire dans le faubourg de Bissistade, près d'une belle mosquée, laissant parmi les musulmans une mémoire renommée; mais l'histoire impartiale ne peut que déplorer une triste célébrité acquise au mépris de la morale; elle doit stigmatiser une longue carrière et des facultés supérieures consacrées à la glorification du vice et au triomphe de l'iniquité.

Après la mort de Barberousse II (1545), le sultan nomma les pachas chargés de gouverner l'Algérie en son nom. En 1600, sous prétexte d'échapper aux vexations des pachas, les janissaires demandèrent au sultan et obtinrent le droit de choisir eux-mêmes leur chef, qui fut appelé dey, c'est-à-dire oncle ou protecteur. Pendant quelque temps l'Algérie eut ainsi deux maîtres, le pacha et le dey; mais ils étaient continuellement en querelle. Le dey, qui disposait de la force armée, tendant sans cesse à l'annulation de son rival, y réussit et parvint à l'expulser en réunissant tous les pouvoirs dans ses mains. Sous le sultan Achmet III, en 1710, le dey reçut l'investiture complète de la régence d'Alger, et en devint le maître absolu : à partir de cette époque, si la puissance ottomane n'était plus que nominale, le pouvoir tyrannique du dey subissait l'odieux contrôle des complots et de l'assassinat. Entouré d'hommes de son choix, il les consultait selon son caprice, cherchant par-dessus tout à satisfaire ses passions. Mais, s'il faisait trembler ses sujets, il tremblait à son tour devant ses janissaires, qui s'arrogeaient sur leur chef le droit absolu de vie et de mort. On raconte que dans un accès de folie furieuse ils allèrent jusqu'à nommer successivement six deys, et à les assassiner en un seul jour. Pour avoir quelques chances de durée, le dey devait être redouté sans inspirer la haine, réprimer avec vigueur les révoltes sans se montrer cruel, être heureux dans ses entreprises et ne pas éprouver de défaite : car, aux yeux de cette milice barbare, le malheur était un crime digne de mort.

L'intérieur du pays est administré sous ce régime par des gouverneurs ou beys, qui sont les agents du dey d'Alger. Collecteurs armés de l'impôt, ils représentent la puissance turque au milieu des Arabes. Les provinces dont ils sont chargés s'appellent beyliks; on en compte trois. Ce sont : celles d'Oran, de Constantine et de Tittery. Ils sont absolus dans leurs circonscriptions comme le dey l'est à Alger. Injustes, avides, ils s'enrichissent en pressurant les indigènes; leurs exactions dépassent souvent toute mesure, et montrent une fois de plus quel abîme sépare les infidèles des chrétiens. Responsables vis-à-vis du pouvoir central de l'impôt, ils se servent pour le prélever des tribus fortes et influentes qui sont chargées de faire payer les rayas, c'est-à-dire les faibles et les malheureux.

Trois petits corps d'armée séjournent d'ordinaire aux lieux les plus importants de la régence d'Alger, là où étaient autrefois cantonnés les postes romains : mais pendant la perception des impôts ils se montrent partout, et répriment avec une promptitude terrible les soulèvements des Arabes. Leur force physique, leur habileté, leur discipline, leurs connaissances militaires maintiennent, malgré l'infériorité du nombre, le prestige de leurs armes, et assurent leur domination dans la contrée.

La piraterie, exercée sur une vaste échelle, d'une façon continue, prudente et systématique, c'est-à-dire le brigandage permanent, réglementé, devient la grande industrie des Algériens;

elle remplace chez eux le commerce, le travail et l'industrie, qui leur font défaut. Aussi l'un des attributs les plus importants du dey consiste-t-il à préparer, à diriger les expéditions qui partent du port pour piller les bâtiments marchands et rançonner le littoral de la Méditerranée. Les forbans s'arrangent pour attaquer à peu près à coup sûr; ils ne s'aventurent que quand ils ont deux vaisseaux contre un, ou bien lorsqu'ils montent un grand navire et qu'ils en visent un petit. Dès qu'ils rentrent dans le port ils vendent leur butin, et le produit se partage entre eux, le dey, les janissaires, l'entretien du port, etc. La rapine et le brigandage maritimes procurent ainsi de grandes richesses à la ville d'Alger, en y accumulant non-seulement des marchandises considérables, mais aussi de très-nombreux esclaves chrétiens, précieux aux infidèles pour leur travail et pour le prix de leur rachat. Sur le territoire africain, parmi les Européens, les Espagnols étaient ceux qui avaient fondé les établissements les plus importants. Aussi les maîtres d'Alger eurent-ils à soutenir contre l'Espagne une lutte longue et opiniâtre. Mais peu à peu ils ruinèrent son influence sur les villes placées sous son protectorat, et forcèrent ses troupes à s'éloigner du continent. Oran tint beaucoup plus longtemps que les autres cités : elle était encore occupée par les Espagnols en 1792. A cette époque, la population chrétienne fut expulsée et transportée à Carthagène. Oran, devenu désert, en partie démantelé par le dey, fut repeuplé par les musulmans.

Pendant les trois siècles de la domination turque, l'histoire de l'Algérie présente une monotone et douloureuse série de tyrannie, d'injustices, de révoltes comprimées et renaissantes. Le brigandage organisé sur mer se perpétue en face de la France, de l'Espagne, de l'Italie et du Portugal, qui subissent les conséquences du fléau parce qu'ils négligent d'unir leurs forces et de combiner leurs expéditions. Dans l'intérieur du pays, l'islamisme persécuteur ne laisse aux indigènes catholiques que de rares autels toujours menacés; cependant, sur cette terre si souvent abreuvée du sang des martys, il reste toujours de fidèles observateurs de la loi divine et de vaillants champions de la vérité.

CHAPITRE VII

Sort des chrétiens réduits en esclavage. — Rôle des consulats. — Jean de Matha (1160) et Félix de Valois. — L'ordre des Trinitaires se développe rapidement. — Neuf cent mille esclaves rendus à la liberté par ces religieux en six siècles. — Pierre de Nolasque (1189) fonde les Pères de la Merci. — Raymond Nonnat et Pierre d'Armengol. — Un jeune mousse de Saint-Tropez. — Deux enfants esclaves. — Martyre de Geronimo, d'un marabout converti et de Martin Forniel. — Jeunes héroïnes et héros chrétiens. — Michel Cervantes. — Saint Vincent de Paul. — Les Lazaristes en Afrique.

Malgré les efforts et les prodiges de valeur des héroïques chevaliers de Malte [1], chaque année les forbans de l'Algérie réduisaient en esclavage un grand nombre de chrétiens de toute nation, de tout âge, de tout sexe et de tout rang. Emmenés dans les divers ports de l'Afrique, ces pauvres esclaves étaient vendus ou réservés aux travaux de l'État. S'ils appartenaient à des familles riches, ils subissaient d'horribles traitements, parce que

---

[1] Les frères hospitaliers et chevaliers de Saint-Jean furent fondés à Jérusalem après la prise de cette ville par les croisés (1099). — Ils recueillaient les pèlerins et les soignaient dans leurs maladies. Bientôt ils se chargèrent de les défendre par les armes; ils devinrent ainsi un ordre religieux et militaire. Après la prise de Jérusalem, ils se retirèrent à Acre, à Rhodes, puis à Malte, que Charles-Quint leur céda (1530), et furent encore, pendant trois siècles, la terreur des infidèles.

leurs maîtres tenaient à rendre leur position intolérable, afin d'obtenir pour leur rançon un prix plus élevé. S'ils étaient pauvres et vigoureux, les infidèles cherchaient à tirer grand parti de leurs forces, et rendaient leur position plus supportable.

Les esclaves européens employés au service du dey ou aux travaux de l'État étaient, en général, plus malheureux encore que les premiers : emprisonnés chaque soir dans des cellules malsaines, remplies de vermine et d'insectes, ils portaient un anneau de fer au pied et recevaient pour toute nourriture trois petits pains par jour. Les conditions de rachat étaient plus dures pour eux que pour les prisonniers appartenant aux particuliers.

Les uns et les autres étaient souvent exposés à de redoutables périls et à des embûches préparées pour les précipiter dans l'inconduite ou dans l'apostasie ; quand les infidèles désespéraient d'en faire des renégats, ils leur permettaient d'accomplir leurs devoirs religieux, parce qu'ils avaient remarqué que c'était un moyen d'entretenir en eux le goût du travail, le respect de la règle, et que les esclaves employaient plus consciencieusement leur temps quand ils avaient reçu les sacrements. — Les chrétiens réduits en servitude étaient bien nombreux, puisque les auteurs les mieux informés évaluent à trente mille le chiffre de ceux qui étaient répandus dans la régence d'Alger à l'époque de la conquête du pays par la France.

Le désir de protéger leurs nationaux décida les gouvernements européens à se faire représenter à Alger par des consuls protecteurs nés de leurs compatriotes. Quand un bâtiment corsaire entrait dans le port avec une prise, « les consuls, dit M. Poujoulat, se rendaient à la maison du dey, où les captifs étaient directement conduits. S'il se trouvait parmi eux des gens de leur nation, chaque consul recherchait s'ils étaient engagés ou passagers sur le vaisseau capturé. Lorsqu'ils pouvaient établir qu'ils étaient seulement passagers, on les rendait au consul qui les réclamait. Dans le cas contraire, si, per exemple, ils avaient été pris les armes à la main, ils demeuraient esclaves. Les consuls, autant que possible, étendaient leur protection sur les esclaves eux-mêmes ; le plus influent, sans contredit, était celui de la France. Il était l'avocat naturel de toutes les nations qui n'avaient pas de représentants à Alger; les juifs étrangers, les Grecs et les Arméniens se plaçaient sous son patronage. Le commerce lui était interdit. Sa maison était le refuge commun de tous les esclaves, quelle que fût d'ailleurs leur nationalité; dans leurs nécessités, dans leurs souffrances, c'était là qu'ils venaient chercher secours. Aux fêtes de Noël et de Pâques, le consul français donnait à manger à tous les esclaves qui se présentaient, image touchante de la patrie absente, qui recevait à son foyer, deux fois par an, aux deux plus grandes solennités de la religion, ces enfants perdus pour elle ! »

L'incomparable bienfaiteur de l'humanité, qui trouve dans ses trésors un baume pour chaque blessure et une consolation pour chaque épreuve, le catholicisme avait devancé les efforts des puissances d'ici-bas; longtemps avant qu'elles eussent essayé de protéger leurs sujets, il avait inspiré à des légions de religieux l'énergique résolution de se rendre en Afrique, pour soulager et racheter ceux qui gémissaient dans l'esclavage. — Deux ordres, celui des Trinitaires et celui des Pères de la Merci, se vouèrent au rachat des captifs; ils furent l'un et l'autre fondés par des Français.

Le principal instituteur des frères de la Sainte-Trinité s'appelle Jean de Matha. Né en 1160, dans la Provence, de parents qui occupaient un rang élevé dans le monde, il avait reçu de sa pieuse mère des soins et une première éducation qui exercèrent sur l'ensemble de sa vie la plus salutaire influence. Dès sa plus tendre jeunesse, il voulut confier à la sainte Vierge le trésor de son innocence, et placer sous son patronage le vœu de se consacrer au service de Dieu en servant le prochain. De bonne heure il aima les pauvres; c'était à titre de récompense que sa mère le conduisait dans leurs demeures pour les soulager. Quand l'âge des hautes études fut arrivé, Jean fut envoyé d'abord à Aix, ville renommée dans le Midi pour la supériorité de son enseignement, puis à l'Université de Paris, qui était alors la première du monde. A son arrivée dans la capitale (1180), il reçut un accueil paternel de l'illustre évêque Maurice de Sully et des savants abbés de Sainte-Geneviève et de Saint-Victor ; mais il ne tarda pas à s'apercevoir qu'il devait éviter le contact vicieux de plusieurs de ses condisciples, et il voulut s'entourer d'amis sérieusement chrétiens, dont les exemples l'aidassent à rester ferme dans la voie droite. C'est ainsi que l'Italien Lothaire, Jean l'Anglais, et Guillaume l'Écossais formèrent avec le jeune Provençal une sorte d'association fondée sur le vif désir de s'édifier réciproquement. On les voyait ensemble dans les rues, sur les bancs des écoles, dans les églises, dans les prisons et les hôpitaux, s'unissant pour le travail, les exercices de piété, les œuvres de dévouement aux malheureux. Jean de Matha devint successivement maître ès arts, licencié et docteur ; il monta dans la chaire de théologie où venait de se distinguer le célèbre Pierre Lombard, et vit une foule d'écoliers, avides de recueillir ses leçons, faire violence à son humilité en lui décernant le titre de *docteur dominent*.

Le jour où il célébra sa première messe, il eut une vision qui lui révéla ce que la Providence attendait de lui. Au moment solennel de l'élévation, il aperçut un ange porté sur un nuage ; son visage rayonnait de lumière, ses vêtements étaient blancs, et sur sa poitrine se détachait une croix aux couleurs rouge et azur : à ses pieds deux esclaves enchaînés, l'un chrétien et l'autre musulman, semblaient implorer son secours. Il s'empressa de révéler la mystérieuse apparition à ses supérieurs ecclésiastiques ; ceux-ci s'accordèrent dans la pensée qu'elle appelait Jean de Matha à se consacrer à la rédemption des captifs victimes des pirates infidèles ; mais ils ne voulurent pas que le jeune docteur s'en rapportât uniquement à leur interprétation : ils lui conseillèrent d'aller consulter le souverain pontife.

Avant d'entreprendre le pèlerinage de Rome, Jean eut la pieuse pensée d'aller chercher des inspirations près d'un saint solitaire intimement uni à Dieu, qui vivait au milieu d'une forêt située à quelques lieues de Paris.

Le solitaire s'appelait Félix de Valois; son nom indique assez sa royale origine. Une grotte pour abri, des feuillages étendus sur la terre en guise de lit, une source d'eau vive pour étancher sa soif, des racines, des fruits sauvages, des herbes bouillies dans l'eau avec un peu de pain pour soutenir son corps, quelques haillons pour le couvrir : voilà ce qu'il avait préféré aux dons de la fortune et du pouvoir; mais s'il avait mis plus de soin et de courage à s'en dépouiller qu'on n'en apporte ordinairement dans le monde pour tâcher de les acquérir, il avait reçu en échange les vrais biens, ceux de l'âme, que les voleurs ne peuvent dérober, et que la rouille est impuissante à détruire. Agé de soixante-sept ans, Félix en avait déjà passé vingt dans le désert quand il reçut la visite de Jean de Matha. Il approuva son dessein de racheter les esclaves, lui promit de le seconder dans l'exécution de ce généreux projet, et lui conseilla de s'y préparer en se livrant avec lui aux rigueurs de la pénitence, afin qu'ils devinssent l'un et l'autre, entre les mains de Dieu, de plus dociles instruments de la divine miséricorde.

Après trois années de prières et de mortifications, ils partirent ensemble pour la capitale du monde chrétien. Le souverain pontife qui venait d'être élevé sur la chaire de saint Pierre, sous le nom d'Innocent III, était l'ancien condisciple et le fidèle ami de Jean. A trente-six ans, son érudition, son austérité, ses talents et par-dessus tout ses éminentes vertus, lui avaient attiré cette charge redoutable et cette dignité suprême. Il examina mûrement le projet des deux pèlerins, eut en disant la messe la même apparition que Jean de Matha, quand il avait célébré pour la première fois les saints mystères, puisa dans ce motif surnaturel la conviction que Dieu voulait la fondation du pieux institut, le bénit avec amour, remit à chacun des deux fondateurs un habit semblable à celui sous lequel l'ange lui était apparu, et le désigna comme le costume des religieux du nouvel ordre.

Rentrés en France, Jean et Félix ne tardèrent pas à se voir entourés de courageux coopérateurs. Leur but est : 1° la rédemption des captifs ; 2° le soulagement et l'assistance des esclaves malades et de tous ceux qu'ils ne pourront pas racheter. La règle, fondée sur les trois vœux de pauvreté, de chasteté et d'obéissance, prescrit le jeûne, l'abstinence perpétuelle de viande, leur donne des légumes et du laitage comme aliments ; en un mot, elle veut une vie pauvre et pénitente, pour que les Trinitaires, plus unis à Dieu, économisent davantage et rachètent un plus grand nombre de captifs. Elle ordonne le chant des offices, le recueillement, le silence en dehors du temps destiné à la récréation ; elle parvient à développer, chez les nouveaux religieux, l'abnégation, le renoncement et les pratiques d'une charité vraiment héroïque.

Jean de Matha, nommé supérieur de l'institut naissant, vint se fixer à Rome, pour puiser dans le cœur du souverain pontife ses lumières et ses inspirations. Le pape, touché de son zèle, lui donna pour son ordre une église avec les ressources nécessaires à la construction d'un couvent et à celle d'un hôpital destiné à recueillir les captifs les plus pauvres après leur rachat.

Dès son premier voyage en Algérie, Jean délivre cent dix esclaves. Ses disciples marchent sur ses traces, et bientôt l'œuvre devient populaire en Europe, grâce à une immense confrérie organisée par la nouvelle congrégation. Quand les captifs libérés abordaient au rivage chrétien, les associés de la Sainte-Trinité s'empressaient de les loger et de les nourrir ; puis ils se rendaient avec eux à la principale église de la ville, en procession, précédés par les dignitaires de l'association, souvent même par le corps de magistrats : on entendait une messe d'actions de grâces, et on faisait une quête pour préparer de nouveaux rachats. Les esclaves rapportaient en triomphe les chaînes dont ils avaient été chargés. Ces émouvants spectacles et les joyeuses larmes de leur famille excitaient l'émotion, multipliaient les offrandes ; chaque année les mêmes fêtes préparaient les délivrances de l'année suivante, et les Trinitaires exposaient vaillamment leur vie pour racheter leurs frères malheureux.

Les établissements des religieux se multiplièrent rapidement ; car les peuples et les rois, les prêtres et les évêques s'émurent de compassion à la pensée de ces prisonniers et de ces hommes de dévouement, martyrs les uns de leur foi et les autres de leur charité. En 1209, Philippe-Auguste, appelant les Trinitaires à Paris, leur donna des bâtiments considérables avec une église dédiée à saint Mathurin, d'où leur est venu le surnom de Mathurins.

L'excès de ses travaux, de ses austérités et de ses fatigues, épuisèrent de bonne heure la robuste constitution de Jean de Matha. A sa sortie de ce monde, malgré la date encore récente de leur fondation, les Trinitaires étaient déjà répandus dans cent maisons, et ils avaient racheté plus de dix mille captifs. Le jour où il quitta la vie présente, Jean put encore communier, s'entretenir avec ses disciples rangés autour de son humble grabat, et leur parler du bonheur de mourir pour Celui auquel on s'est consacré. Ils comprirent les grands enseignements de leur fondateur vénéré, et ils surent si bien les appliquer, qu'en six cents ans le seul ordre de la Sainte-Trinité parvint à racheter neuf cent mille esclaves.

Peu de temps après Jean de Matha, Pierre de Nolasque, né en Languedoc (1189), fondait à Barcelone (1223) une association placée sous le patronage de Notre-Dame de la Merci, et vouée, comme les Trinitaires, au rachat des captifs. Pierre de Nolasque, officier français, avait accompagné Simon de Montfort dans sa croisade contre les Albigeois. Après la bataille de Muret, où Pierre II d'Aragon fut tué, il avait été chargé de l'éducation de Jacques, fils de ce prince et prisonnier de Simon. Il suivit son jeune élève dans ses États, y établit l'ordre de la Merci, qu'il gouverna pendant un quart de siècle, et fut obligé de se démettre à soixante ans de son généralat, vaincu par les infirmités contractées au service des esclaves. Les membres de cet institut, qui rivalisait d'abnégation avec les Trinitaires, s'obligeaient par vœu à sacrifier leur liberté, s'il le fallait, pour la délivrance des captifs. Parmi ces religieux nous nommerons Raymond Nonnat et Pierre d'Armengol.

Raymond Nonnat était originaire de la Catalogne; il appartenait à une famille noble et peu aisée. Son père, gentilhomme campagnard, s'efforçait de tirer parti de son modeste domaine; il voulut que son fils tout enfant s'adonnât aux travaux de la culture. Raymond, pieux, intelligent, dès son bas âge se sentait attiré vers les études littéraires; mais sa déférence pour l'autorité paternelle ne se permit pas la moindre plainte. Il se soumit de bonne grâce, se mit à bêcher, à garder le troupeau, et à servir de son mieux les intérêts agricoles de la famille. Les champs où il passait ses journées étaient situés près d'une chapelle dédiée à saint Nicolas et ornée d'une belle image de la Mère de Dieu. Souvent il allait s'y prosterner pour se retremper dans la prière. Un jour il entendit la sainte Vierge lui dire, avec une ineffable douceur : « Prends confiance, mon fils; tu peux compter sur ma tendresse, car je suis ta mère ! »

Soutenu par cet encouragement céleste, il résista aux tentations suscitées par l'esprit de ténèbres pour le détourner du droit chemin, triompha de l'opposition que son père faisait à sa vocation religieuse, et entra dans l'ordre des Pères de la Merci.

Une fois admis dans la communauté, il devint bientôt le modèle de tous par son obéissance, sa ferveur et sa mortification. Il fut envoyé en Afrique par ses supérieurs, y délivra une foule d'esclaves; puis, quand il n'eut plus d'argent, il se donna lui-même en otage. Pendant sa captivité il subit de si mauvais traitements qu'il en serait mort, si le magistrat algérien n'avait ordonné de l'épargner, afin de pouvoir le rendre à ses religieux et de toucher la rançon qu'ils avaient promise.

Le premier usage qu'il fit de sa liberté fut d'aller de nouveau porter des consolations aux chrétiens dépourvus de secours religieux. Il ne s'occupait pas seulement des esclaves, mais aussi des indigènes qui avaient conservé les traditions de la vraie foi. Un siècle avant sa venue on comptait encore cinq évêques en Afrique; mais de son temps la mort les avait frappés; le vent de la persécution les avait dispersés, et les pauvres fidèles erraient à l'aventure comme des brebis sans pasteur, cherchant le pain de l'âme et ne le trouvant pas. Aussi, quand des prêtres européens abordaient cette terre ravagée par l'islamisme, ils s'adonnaient avec zèle à instruire et à fortifier des chrétiens affamés de la vraie doctrine : Raymond, vivement touché de leur abandon, se mit à leur distribuer avec une compassion émue les lumières de la foi.

Il ne se borne pas à consoler les esclaves : allant plus loin dans le service des âmes, il aborde les musulmans, et en convertit plusieurs. A cette nouvelle, le gouverneur irrité condamne l'apôtre à subir une cruelle bastonnade; mais les supplices ne ralentissent pas le zèle du saint. Il sait qu'une âme a plus de prix que tout l'univers; rien ne lui coûte quand il s'agit de procurer le salut du prochain. Il continue à exhorter les infidèles, et s'attire de nouveaux châtiments : d'abord une douloureuse flagellation, puis des raffinements de barbarie. On perce ses lèvres avec un fer rouge, on ferme sa bouche avec un cadenas, et on l'ouvre seulement quand il faut lui donner à manger pour l'empêcher de mourir. Ce traitement se prolonge pendant huit mois, sans lui arracher une plainte; et pour le faire cesser il faut que les Pères de la Merci viennent payer la rançon du martyr.

Accablé de souffrances, Raymond rentre alors en Espagne; il est nommé cardinal par le pape Grégoire IX, sans que cette haute dignité change rien à ses habits rapiécés, ni à son régime d'extrême mortification; il meurt à trente-sept ans, riche des trésors qui lui ouvrent le ciel (1240). Ses restes furent inhumés dans la chapelle de Saint-Nicolas, où il avait tant prié à l'époque de son enfance. Quinze ans plus tard, en ce lieu bénit, on voyait s'élever une maison de son ordre, heureux de compter un tel saint parmi ses protecteurs et ses modèles.

Pierre d'Armengol vivait vers la fin du xiii° siècle; il réussit, en deux mois, à racheter trois cent cinquante esclaves, qu'il fit partir pour l'Espagne sous la conduite de quatre de ses religieux. Resté au milieu des barbares, il parvint encore à délivrer cent dix-neuf chrétiens; au moment où il allait s'embarquer pour les ramener dans leur patrie, il apprit que dix-neuf enfants, tombés au pouvoir de pirates cruels, étaient menacés de perdre l'innocence et la foi. Aussitôt il court à ces petits captifs, appelés si jeunes à l'école de l'adversité; il ranime leur courage, aborde leurs maîtres, et obtient leur liberté pour une rançon de mille ducats. Mais, comme il a épuisé toutes ses ressources et que sa bourse est complétement vide, il s'offre comme otage jusqu'à l'arrivée de la somme qu'il a promise; tandis qu'il s'adonne vaillamment au dur labeur de sa captivité, les enfants qu'il a délivrés retournent avec joie dans leur pays. La rançon promise se fit longtemps attendre; des circonstances imprévues en retardèrent l'arrivée, mais elles ne purent altérer l'énergique patience de Pierre. Les barbares profitèrent de ces délais pour lui infliger des tourments dont il porta les traces tant qu'il vécut; et quand il fut délivré, il recommença jusqu'à son dernier jour sa vie de sacrifices. L'histoire de Pierre d'Armengol est celle de milliers de religieux des deux ordres qui se succédèrent de siècle en siècle pour travailler à la même œuvre; le catalogue de leurs martyrs occupe une place notable dans les annales de l'Église, et Dieu seul sait les souffrances qu'ils ont endurées.

Quand ils ne pouvaient pas racheter les prisonniers, ils les consolaient dans leurs tristesses, fortifiaient leur vertu par les sacrements, et les assistaient dans leurs maladies. C'est ainsi qu'ils construisirent des chapelles dans les bagnes où étaient renfermés les esclaves du dey, et qu'ils élevèrent un hôpital pour les recueillir dans leurs infirmités. Cette maison, fondée au milieu du XVIe siècle, fut réédifiée et augmentée au commencement du siècle suivant. Trois religieux, Bernard de Monroy, Jean d'Aquila et Jean de Palacio étaient alors prisonniers des Turcs. Au moment où ils s'embarquaient avec cent trente esclaves dont ils avaient payé la rançon, le dey avait ordonné leur arrestation, parce qu'il venait d'apprendre la conversion d'une musulmane appartenant à l'une des familles les plus importantes d'Alger. Cette jeune personne avait été conduite en Corse; on la disait à tort dominée par la violence, tandis que son âme, touchée des vérités religieuses, avait ardemment désiré le baptême. Les esclaves qui avaient été rachetés furent de nouveau chargés de fer et enfermés dans un cachot avec leurs libérateurs; mais, après les premiers accès de fureur, le maître d'Alger permit aux bons pères d'exercer leur ministère dans la ville, à condition qu'ils n'en sortiraient pas. Ils profitèrent de la tolérance due à leur angélique patience pour distribuer les secours religieux, relever les bâtiments de l'hôpital qui tombaient en ruines, installer de nouveaux lits, exhorter les mourants et ensevelir les morts.

Trop souvent les Turcs abandonnaient sans sépulture les corps de leurs esclaves chrétiens. Attristé de cette coutume barbare, un religieux capucin, pris sur mer, emmené comme captif à Alger, au lieu de se racheter lui-même, consacre l'argent qui lui est envoyé pour sa rançon à l'achat d'un terrain qui servira désormais de cimetière, où les restes des catholiques, ensevelis avec honneur, attendront le jour de la résurrection [1]. Ne se réservant rien des dons que la charité lui destinait personnellement, il s'efforce de soulager les maux du prochain en oubliant les siens, et il meurt en captivité, consolé des maux présents par la ferme espérance des biens impérissables de l'avenir.

---

[1] Le mot *cimetière* dérive d'une expression grecque qui veut dire *dortoir*; le christianisme, le premier, a ainsi nommé le lieu où reposent les corps des défunts; la mort est, en effet, un sommeil qui cessera le jour où nous ressusciterons.

Ainsi Dieu se plaît toujours à faire naître le bien du mal ; et, tandis que la barbarie crée les bagnes pour les chrétiens, le catholicisme fonde les ordres rédempteurs pour racheter les captifs. La plupart d'entre eux méritaient le plus vif intérêt, et plusieurs déployaient une énergie supérieure aux forces humaines. Nous en citerons quelques exemples pris entre mille autres.

C'était surtout sur les jeunes esclaves que les musulmans cherchaient à agir par la violence ou la séduction, afin de les décider à l'apostasie. Quand les promesses ne réussissaient pas, ils infligeaient aux patients une vigoureuse bastonnade, appliquée sur le corps ou sur la plante des pieds attachés aux épaules.

Un jeune mousse de Saint-Tropez ayant énergiquement refusé d'abjurer la vraie religion, son maître le suspendit la tête en bas, lui administra de nombreux coups de bâton, lui arracha les ongles des pieds, et les couvrit de cire brûlante ; rien ne réussit à faire fléchir la constance du martyr, et son courage parvint à lasser la cruauté des bourreaux.

Deux enfants esclaves d'Hassan, fils du second Barberousse, avaient résisté pendant plus de deux ans aux instances et aux menaces. A toutes les démarches faites pour les séduire ils répondaient : « Quand même le souverain voudrait nous infliger mille tourments, notre devoir serait de les endurer pour l'amour de Dieu. »

Leur réponse, si digne d'admiration, augmentait la fureur du maître, qui résolut de les rendre Turcs par la force. Quand ils surent cet abominable dessein, ils en furent consternés ; mais, toujours fermes dans leur amour de la vérité, ils disaient aux chrétiens qui passaient devant leur prison : « Jamais notre volonté ne saurait consentir à ce qu'on veut faire de nous. Si on enchaîne nos pieds et nos mains pour nous infliger la marque de l'islamisme, nous déclarons à l'avance que nous sommes et que nous serons toujours chrétiens. » Hassan, instruit de ces dispositions, résolut alors, dit M. l'abbé Godard[1], de ne plus attendre, et de faire mourir les deux enfants dans de cruels supplices. Enflammé de colère, il ordonna d'amener deux chevaux à sa porte, et d'attacher les jeunes chrétiens à la queue de ces animaux, afin qu'ils fussent traînés vivants et mis en pièces dans les rues d'Alger. Les deux héros, tirés de leur prison, dépouillés de leurs habits, sauf une culotte de toile, sont conduits à la porte du pacha et liés avec des cordes à la queue d'un cheval. Alors l'un d'eux, saisi de crainte, dit aux Turcs : « Détachez-moi, je me ferai Maure. » L'autre l'entend. Enflammé d'amour de Dieu, il regarde son compagnon : « Comment, mon frère! s'agit-il de cela? Non, non, recommandons-nous à Dieu, à Notre-Dame, et mourons en chrétiens !

— Mon frère, que la Mère de Dieu m'assiste ! C'est le démon qui me trompait ! O Jésus ! ô Mère de Dieu ! »

Dès lors ils s'exhortèrent l'un l'autre avec tant de courage, que les Turcs eux-mêmes en étaient surpris. Les serviteurs du pacha piquèrent les chevaux à travers les principales rues et les places d'Alger, qui, étant pavées, demeurèrent teintes de ce sang innocent. Les membres des patients furent ainsi déchirés et leurs os fracassés. » Leur énergie et leur confiance demeurèrent inaltérables; tant qu'ils eurent un souffle de vie, on put les entendre invoquer les noms de Jésus et de Marie (1562).

Vers l'an 1650, un religieux, infidèle à la grâce, avait eu le malheur de sortir de son couvent. Arrivé en Afrique, il avait abjuré la vraie religion, et il était devenu *marabout* ou prêtre mahométan. Intelligent, actif, ambitieux, il avait réussi à se faire admettre dans le conseil du dey, et semblait tombé dans l'impénitence finale : cependant l'heure de sa conversion n'était pas éloignée. La Providence lui ménagea la rencontre d'un

---

[1] *Soirées algériennes*, page 71.

évêque, qui lui fit comprendre la gravité de sa faute et lui en inspira le repentir. Après quelques jours de retraite, le renégat revêtit ses plus somptueux habits, réservés aux jours de fête, prit sur lui l'or qu'il possédait, vint trouver le maître d'Alger, abjura solennellement ses erreurs, et sollicita, comme expiation, la grâce du martyre. « Voici mon or, ajouta-t-il ; il paiera le bois de mon bûcher, si vous ne voulez pas en faire les frais. » Ni la fureur de la populace, ni les offres séduisantes du dey ne purent l'ébranler. Conduit au lieu de son supplice, le visage couvert de crachats, le corps meurtri de coups, il exhorta les captifs à rester fidèles à la vérité ; il conjura les musulmans de se convertir, et rendit le dernier soupir en demandant à Dieu le pardon de ses bourreaux.

Durant les longs siècles où le Coran étendit sur l'Afrique son sceptre de fer, il multiplia les martyrs. Un des plus héroïques fut un Maure baptisé sous le nom de Geronimo. Vers 1538, des cavaliers espagnols d'Oran, faisant une sortie sur les terres de leurs voisins, avaient pris cet enfant, et l'avaient amené avec eux dans la ville. Son physique agréable, ses manières aimables, lui avaient attiré les soins et l'affection. Un saint prêtre le recueillit, lui donna l'instruction chrétienne et le baptisa. Quelque temps après, la peste sévit à Oran ; la population effrayée se dispersa dans la campagne ; elle dut vivre sous des tentes isolées pour échapper à la contagion du fléau. Quelques prisonniers arabes, mal surveillés, profitèrent des circonstances pour fuir, emmenant avec eux le jeune néophyte, qu'ils rendirent à ses parents. Geronimo reprit alors le genre de vie, les pratiques religieuses de ses compatriotes et vécut ainsi jusqu'à vingt-cinq ans. A cet âge, touché de la grâce, il revint spontanément à Oran, pour pouvoir pratiquer librement la religion du Sauveur. Le prêtre qui l'avait si bien accueilli dans son enfance fut heureux de son retour, le réconcilia avec Dieu, et lui rendit une place de choix dans sa maison. Il arrangea son mariage avec une pieuse fille qui appartenait, comme Geronimo, à la nation maure, et les traita tous deux avec la plus affectueuse charité. Ce bon ménage vécut dix ans dans la paix et l'union des époux chrétiens ; puis la guerre vint les séparer. Geronimo, qui avait été enrôlé dans un escadron de campagne, dut faire partie d'une expédition préparée pour repousser des Arabes qui s'étaient approchés des côtes : il fut blessé, emmené en captivité, et conduit à Alger avec plusieurs de ses compagnons. Le dey avait droit au cinquième des prises. Geronimo, qui lui échut en partage, fut immédiatement conduit au bagne du maître. Dès qu'on sut son origine et sa piété, il fut chargé de chaînes et renfermé dans une prison, d'où il ne lui fut plus permis de sortir. Promesses et menaces, tout fut longuement employé pour obtenir son apostasie ; mais tout échoua. Il répondait aux nombreux tentateurs dont il était assailli : « Ne vous donnez pas tant de peine, ne vous fatiguez pas, ce serait en pure perte ; rien ne pourrait me décider au sacrifice de la vérité. » Puis, s'adressant à ses compagnons de captivité, il leur disait : « Que pensent donc ces visiteurs importuns ? Auraient-ils la prétention de me rendre apostat ? Jamais je ne consentirai à renier la foi, devrais-je y perdre la vie. »

Quand on vit clairement l'inutilité des paroles, on en vint aux procédés barbares, et le dey résolut que le serviteur de Dieu périrait d'une mort cruelle. Il faisait alors construire à Alger, hors de la porte Bab-el-Oued, un bastion destiné à défendre un lieu de débarquement très-favorable aux assaillants. Des maçons élevaient les murailles faites en pisé, c'est-à-dire en terres bien denses revêtues de mortier ; le dey vint visiter les travaux, et, voyant des madriers montés pour préparer un pan de pisé, il appela l'esclave chrétien chargé de diriger les ouvriers. « Michel, lui dit-il, ne remplis pas cette caisse ; laisse en creux un espace vide, parce que là je veux *piser* vivant ce chien d'Oran, qui refuse de redevenir musulman. » Michel, affligé de ce qu'il venait d'entendre, dut cependant se conformer à l'ordre qu'il avait reçu.

Quand le soir il revint au bagne avec ses compagnons d'infortune, il se hâta de raconter à Geronimo ce qui venait de se passer, afin qu'il pût se préparer à la mort. Le condamné, sans se laisser abattre par cette terrible nouvelle, dit alors : « Que Dieu soit béni et loué en toutes choses! Que les infidèles renoncent à m'intimider par la menace de ce supplice, et que Notre-Seigneur, prenant mon âme en pitié, me pardonne mes péchés! » On l'entoure, on cherche à le consoler; il répond à tous qu'il se recommande à leurs prières, et que Dieu lui donnera la force de mourir pour son amour. Il se confesse à un religieux captif comme lui, passe la nuit en prières; le lendemain matin, il entend la messe dans la chapelle du bagne, et il puise dans la communion l'énergie nécessaire pour affronter le martyre.

Vers neuf heures du matin, les soldats du tyran viennent le chercher, l'accablent d'injures, sans réussir à l'émouvoir, et le conduisent au fort. Le dey l'attendait, entouré d'une nombreuse escorte; il formula brièvement son interrogatoire et sa sentence :

« Pourquoi ne veux-tu pas être Maure?

— Je ne le serai pour rien au monde : chrétien je suis, et chrétien je resterai.

— Eh bien! répond-il en lui montrant la caisse à pisé, si tu ne consens pas à être Maure, là je t'enterrerai vivant.

— Fais ce que tu voudras; je suis prêt à tout, et ce supplice ne me fera pas abandonner la foi de mon Seigneur Jésus-Christ! »

A ces mots, le dey furieux ordonne aux bourreaux de lier ses pieds, ses mains, et de le porter dans le creux de la couche de pisé mise en réserve le jour précédent. Alors commence le douloureux supplice : on saute à pieds joints sur le corps de Geronimo, on le couvre de terre qu'on dame à coups redoublés; on achève ainsi de remplir l'espace resté vide et d'étouffer le glorieux martyr, trop courageux et trop uni à Dieu pour exhaler la moindre plainte (18 septembre 1569).

La pièce de pisé fut placée dans le mur du fort, et les reliques y restèrent jusqu'en 1853. A cette époque, le mur fut démoli; les ossements alors découverts (27 décembre) furent transportés en triomphe dans l'église d'Alger. Geronimo a été déclaré Vénérable, et la cause de sa canonisation s'instruit à Rome.

A côté de ce saint indigène nous en placerons deux autres, qui méritent d'être mentionnés parmi les illustrations africaines.

Le premier était un marabout qui aimait à vivre à la campagne dans le recueillement et la prière. Son cœur était pur, sa volonté droite, et Dieu voulut récompenser ses qualités naturelles, sa correspondance à la voix de la conscience, en lui ménageant la connaissance de la loi révélée. Dès qu'il vit la lumière, il l'aima, et jura de consacrer sa vie à son service. Il s'éloigna des montagnes, où il avait une existence paisible, pour venir annoncer aux habitants d'Alger la bonne nouvelle du salut. Peu de jours après son arrivée, il rencontra des Maures qui se querellaient, jurant par Mahomet, prophète de Dieu. Il les reprit énergiquement, leur prêcha la paix, et leur déclara qu'ils avaient tort d'appeler Mahomet *prophète de Dieu*. « Il n'y a qu'un seul Dieu, ajouta-t-il, c'est celui que les chrétiens adorent. Conduit devant le maître du pays, il confessa de nouveau la vraie foi, et déploya un courage qui ne se démentit pas. Condamné à être lapidé, puis brûlé, il endura les insultes et les souffrances physiques avec une sérénité qui toucha les assistants.

Le second fut un jeune prince maure de Tlemcen, qui, poussé par l'inspiration de la grâce, était venu à Oran afin de recevoir l'instruction religieuse. Il fut baptisé sous le nom de Martin Forniel. Il vécut quelque temps dans la pratique des vertus chrétiennes et dans l'intimité du gouverneur espagnol, qui le traitait comme un membre de sa famille. A une bataille livrée contre les Turcs, le gouverneur fut tué; Martin, son fidèle compagnon, fut fait prisonnier (1558), et reconnu par les vainqueurs. Les séduisantes promesses furent les premières tentations employées pour l'amener à renier la vraie foi ; puis vinrent la prison et la menace des supplices. Ses parents, nombreux et influents, se rendirent à Alger, et mirent tout en œuvre pour sauver sa vie. Sa mère surtout était déchirante à voir. Elle versait des torrents de larmes, arrachait ses longs cheveux, se meurtrissait le visage, la poitrine, et lui disait en l'embrassant : « Mon fils, je t'en supplie, prends pitié de la vieillesse de ta mère. Abjure, afin d'être rendu à ma tendresse! » Ces supplications lui perçaient le cœur, et cependant il y résista, fortifié par la pensée qu'il faut avant tout obéir à Dieu. « Je suis chrétien, répétait-il, je veux mourir chrétien! » Le pacha, furieux, résolut de lui infliger une mort terrible, qui empêchât de l'imiter en répandant la terreur.

Il fit périr en détail le généreux confesseur de la foi, et ordonna que son corps serait mis en morceaux de son vivant. On lui coupa d'abord une jambe, puis un bras ; puis on le suspendit à une potence, en le laissant retomber sur des crochets de fer, qui traversèrent ses flancs. Ces affreux tourments durèrent un jour et une nuit, sans qu'il perdît rien de son héroïque constance. Il se bornait à dire : « Jésus! Marie! j'espère en vous! Souvenez-vous de mon âme dans cette extrémité! Chrétiens, vous voyez que je meurs pour la foi de Jésus-Christ! »

Quelquefois, chez les barbares habitants de l'Algérie, le calme, l'énergie de l'enfance ou de la jeunesse paralysaient les bourreaux et obtenaient le respect.

La comtesse de Bourk, femme de l'ambassadeur de France en Espagne, s'était embarquée avec sa fille pour aller rejoindre son mari. Leur navire fut abordé par un corsaire qui s'en empara et enchaîna l'équipage, tout en promettant à l'ambassadrice de la rendre au consul d'Alger. Mais il survint une violente tempête, le navire européen fut violemment séparé du vaisseau du pirate, et vint échouer sur la côte d'Afrique. La comtesse de Bourk y périt ; sa fille de neuf ans et quelques serviteurs pris par les Kabyles furent emmenés captifs; mais cette enfant sut encourager les naufragés à rester fidèles à la foi. Sa fermeté, sa présence d'esprit excitèrent l'admiration et obtinrent sa délivrance.

Une jeune Espagnole, Anne-Marie Fernandez, d'une grande beauté, d'une vertu supérieure encore, était tombée au pouvoir du dey; elle fut en butte aux séductions les plus puissantes comme aux plus durs traitements. Rien ne put la faire fléchir, et le tyran lui-même, plein d'admiration pour sa conduite, consentit à lui rendre sa liberté, après avoir reçu la rançon payée par les Pères de la Merci.

Deux enfants, l'un Français, l'autre Anglais, âgés d'environ quinze ans, étaient tombés en esclavage, et habitaient à Tunis deux maisons rapprochées. Ils étaient d'autant plus liés, que le Français avait converti son ami au catholicisme. Des marchands anglais proposèrent à l'enfant de leur nation de le racheter; il préféra rester esclave, parce que dans cette triste position il croyait sa foi plus en sûreté. Cependant les maîtres les battaient souvent tous deux pour les contraindre à l'apostasie.

« Un jour, dit M. l'abbé Godard, le jeune Français fut tellement accablé de coups, qu'il resta comme mort. En ce moment, l'Anglais s'introduisait furtivement près de son ami, comme il le faisait souvent, pour l'encourager à la persévérance et recevoir la bonne influence de ses exemples. Le voyant dans cet état, il l'appela par son nom : « Je suis chrétien pour la vie, » dit le petit Français en reprenant ses sens. A cette parole, l'Anglais s'empresse de baiser les pieds meurtris et sanglants de son cher compagnon. Des Turcs le voient et lui demandent : « Que fais-tu là?

« — J'honore les pieds qui viennent de souffrir pour Jésus-Christ mon Sauveur et mon Dieu. »

« A ces mots les barbares le chassent en l'injuriant.

« Guéri de ses plaies, le Français va visiter son ami : il le trouve à son tour étendu sur une natte de jonc et brisé de coups. Il s'approche, sans craindre le patron ni d'autres Turcs qui étaient présents, et dit au jeune Anglais : « Lequel aimes-tu mieux, de Jésus-Christ ou de Mahomet?

« — J'aime Jésus-Christ seul ; je suis chrétien, et je veux mourir chrétien ! »

« Les Turcs se fâchent contre le Français ; l'un d'eux tire son couteau, et s'avance en le menaçant de lui couper les oreilles. Le Français saisit lui-même le couteau, se coupe l'oreille, et la tenant toute sanglante devant ces barbares, il leur dit : « Voulez-vous l'autre ? » On lui arracha l'instrument des mains, et les maîtres, désespérant d'abattre ces jeunes héros, les laissèrent tranquilles. L'année suivante ils moururent de la contagion, et allèrent recevoir au ciel la récompense de leur foi. »

Michel Cervantes, l'auteur célèbre de *Don Quichotte,* figure sur la trop longue liste des chrétiens qui furent conduits comme esclaves à Alger. Son énergie lui fit tenter cinq évasions, et il échoua cinq fois sans que ses insuccès le conduisissent au découragement. Après son premier échec, un religieux apporta sa rançon et celle de son frère, esclave comme lui. Son père y avait mis toute sa fortune ; cependant la rapacité du maître ne consentit à céder qu'un des deux frères, et Michel voulut absolument rester le dernier. Il attendit longtemps, caché dans une caverne, un vaisseau libérateur ; mais le navire approcha, il fut aperçu des musulmans, et dès lors il ne put lui rendre aucun service. Michel essaya d'échapper au joug en s'évadant avec un renégat qui déplorait sa faute, et il fut trahi. Une conspiration, ourdie par son courage, n'eut pas de meilleure chance ; ce fut seulement après de nombreuses traverses qu'il obtint sa liberté, moyennant la rançon de trois mille ducats.

L'esclave le plus illustre dont les corsaires africains se soient emparés est, sans contredit, saint Vincent de Paul, pris par les pirates quand il naviguait de Marseille à Narbonne pour retourner à Toulouse. Écoutons-le racontant son histoire dans une lettre qu'il écrit à M. de Commet.

« Je m'embarquai pour Narbonne, afin d'être plus tôt à Toulouse et d'épargner, ou, pour mieux dire, pour n'y être jamais et tout perdre. Le vent nous fut autant favorable qu'il fallait pour nous rendre ce jour-là à Narbonne (qui était faire cinquante lieues), si Dieu n'eût permis que trois brigantins turcs, qui côtoyaient le golfe de Lyon pour attraper les barques qui venaient de Beaucaire, où il y avait une foire que l'on estime être des plus belles de la chrétienté, ne nous eussent donné la chasse et attaqués si vivement, que deux ou trois des nôtres étant tués et tout le reste blessé, et même moi, qui eus un coup de flèche qui me servira d'horloge tout le reste de ma vie, nous fûmes contraints de nous rendre à ces félons. Les premiers éclats de leur rage furent de hacher notre pilote en mille pièces, pour avoir perdu un des principaux des leurs, outre quatre ou cinq forçats, que les nôtres tuèrent. Cela fait, ils nous enchaînèrent, et, après nous avoir grossièrement pansés, ils poursuivirent leur pointe, faisant mille voleries, donnant néanmoins la liberté à ceux qui se rendaient sans combattre, après les avoir volés. Et enfin, chargés de marchandises, après sept ou huit jours, ils prirent la route de Barbarie, tanière de voleurs sans aveu du Grand Turc, où, étant arrivés, ils nous exposèrent en vente, avec un procès-verbal de notre capture, qu'ils disaient avoir faite dans un navire espagnol, parce que, sans ce mensonge, nous aurions été délivrés par le consul, qui se tient en ce lieu-là pour rendre libre le commerce aux Français. Leur procédure à notre vente fut qu'après qu'ils nous eurent dépouillés, ils nous donnèrent à chacun une paire de caleçons, un hoqueton de lin, avec une bonnette, et nous promenèrent par la ville de Tunis, où ils étaient venus expressément pour nous vendre. Nous ayant fait faire cinq ou six tours par la ville, la chaîne au cou, ils nous ramenèrent au bateau, afin que les marchands vinssent voir qui pouvait bien manger, qui non, et pour montrer que nos plaies n'étaient pas mortelles. Cela fait, ils nous ramenèrent à la place, où les marchands nous vinrent visiter tout de même que l'on fait à l'achat d'un cheval ou d'un bœuf, nous faisant ouvrir la bouche pour voir nos dents, palpant nos côtés, sondant nos plaies, et nous faisant cheminer le pas, trotter et courir, puis lever les fardeaux, puis lutter pour voir la force de chacun, et mille autres sortes de brutalités.

« Je fus vendu à un pêcheur, qui fut contraint de se défaire bientôt de moi, pour n'avoir rien de si contraire que la mer ; et depuis, par le pêcheur, à un vieillard, médecin spagirique, souverain tireur de quintessences, homme fort humain et traitable, lequel, à ce qu'il me disait, avait travaillé l'espace de cinquante ans à la recherche de la pierre philosophale, etc. Il m'aimait fort, et se plaisait à me discourir de l'alchimie et puis de sa loi, à laquelle il faisait tous ses efforts de m'attirer, me promettant force richesses et tout son savoir. Dieu opéra toujours en moi une croyance de délivrance, par les assidues prières que je lui faisais, et à la Vierge mère, par la sainte intercession de laquelle je crois fermement avoir été délivré. L'espérance et la ferme croyance de vous revoir, Monsieur, me fit être plus attentif à m'instruire du moyen de guérir de la gravelle, en quoi je lui voyais journellement faire des merveilles, ce qu'il m'enseigna, et même me fit préparer et administrer les ingrédients. Oh! combien de fois ai-je désiré depuis d'avoir été esclave auparavant la mort de M. votre frère! car je crois que si j'eusse eu le secret que maintenant je vous envoie, il ne serait pas mort de ce mal-là...

« Je fus donc avec ce vieillard depuis le mois de septembre 1605 jusqu'au mois d'août 1606, qu'il fut pris et mené au Grand Sultan, pour travailler pour lui; mais en vain, car il mourut de regret par les chemins. Il me laissa à un sien neveu, vrai anthropomorphite, qui me revendit bientôt après la mort de son oncle, parce qu'il ouït dire que M. de Brèves, ambassadeur pour le roi en Turquie, venait avec une bonne et expresse patente du Grand Turc, pour recouvrer tous les esclaves chrétiens. Un renégat de Nice, en Savoie, ennemi de nature, m'acheta et m'emmena en son *temat;* ainsi s'appelle le bien que l'on tient comme métayer du Grand Seigneur; car là le peuple n'a rien, tout est au sultan. Le temat de celui-ci était dans la montagne, où le pays est extrêmement chaud et désert; l'une des trois femmes qu'il avait était Grecque chrétienne, mais schismatique; une autre était Turque, qui servit d'instrument à l'immense miséricorde de Dieu pour retirer son mari de l'apostasie, le remettre au giron de l'Église, et me délivrer de mon esclavage. Curieuse qu'elle était de savoir notre façon de vivre, elle me venait voir tous les jours aux champs, où je fossoyais; et un jour elle me commanda de chanter les louanges de mon Dieu. Le ressouvenir du *Quomodo cantabimus in terra aliena* des enfants d'Israël captifs à Babylone, me fit commencer, les larmes à l'œil, le psaume *Super flumina Babylonis,* et puis le *Salve, Regina,* et plusieurs autres choses, en quoi elle prenait tant de plaisir que c'était merveille. Elle ne manqua pas de dire à son mari, le soir, qu'il avait eu tort de quitter sa religion, qu'elle estimait extrêmement bonne, pour un récit que je lui avais fait de notre Dieu, et quelques louanges que j'avais chantées en sa présence; en quoi elle disait avoir ressenti un tel plaisir, qu'elle ne croyait point que le paradis de ses pères, celui qu'elle espérait, fût si glorieux, ni accompagné de tant de joie, que le contentement qu'elle avait ressenti pendant que je louais mon Dieu. Concluant qu'il y avait en cela quelques merveilles, cette femme, comme une autre Caïphe, ou comme l'Ânesse de Balaam, fit tant par ses discours, que son mari me dit, dès le lendemain, qu'il ne tenait qu'à une commodité que nous nous sauvassions en France; mais qu'il y donnerait tel remède, qu'en peu de jours Dieu en serait loué. Le peu de jours dura dix mois, qu'il m'entretint en cette espérance, au bout desquels nous nous sauvâmes avec un petit esquif, et nous nous rendîmes, le 28 juin, à Aigues-Mortes, et tôt après en Avignon, où M. le vice-légat reçut publiquement le renégat avec la larme à l'œil et le sanglot au cœur, dans l'église Saint-Pierre, à l'honneur de Dieu et édification des assistants... Il a promis au pénitent de le faire entrer à l'austère couvent des *Fate ben fratelli*.....»

A partir de cette époque, saint Vincent, qui avait partagé le sort des esclaves chrétiens, et qui savait les dangers auxquels leur âme était exposée, pria Dieu pour leur salut, et se promit d'y travailler, si la Providence lui en ménageait l'occasion. Cette grâce lui fut accordée dans la suite de sa carrière charitable. Louis XIII, ayant obtenu du Grand Turc la faculté d'entretenir dans chaque ville maritime un consul qui avait le droit d'amener avec lui un chapelain, profita de cette clause pour introduire les Lazaristes en Afrique. Julien Guérin y arriva le premier, en 1645, comme aumônier du consul de Tunis. Bientôt Jean le Vacher le suivit fut nommé vicaire apostolique, et tous deux, malgré les obstacles et les persécutions, se vouèrent avec une admirable charité à l'administration des sacrements et au soulagement des malades. Ils déployèrent leur zèle à Tunis, puis à Alger, qui comptait alors vingt mille esclaves. D'autres membres de la congrégation de Saint-Lazare y vinrent successivement, et moururent en soignant les pestiférés. Le frère de Jean le Vacher était dans cette ville, et y exerçait depuis longtemps le saint ministère, quand Duquesne vint la bombarder (1682). On fit courir tout à coup le bruit d'une entente entre le religieux et l'escadre française. Aussitôt des forcenés le conduisirent à l'entrée du port, l'attachèrent à la bouche d'un canon, auquel ils mirent le feu; et le saint prêtre termina par le martyre une vie de sacrifices et de dévouement. Ce qu'on put recueillir de son corps et de ses vêtements fut conservé comme de précieuses reliques par les chrétiens et même par les Turcs, qu'il avait assistés et charmés par sa bonté.

On assure que pendant la vie de saint Vincent de Paul douze mille esclaves furent rachetés par sa congrégation, et on évalue à plus d'un million les sommes qu'il a procurées pour le soulagement des chrétiens d'Afrique.

CHAPITRE VIII

Établissements français sur les côtes d'Afrique. — Expéditions de Duquesne et du maréchal d'Estrées. — Causes de la rupture de la France avec le dey d'Alger. — Prise d'Alger par le comte de Bourmont (1830).

De temps immémorial les Français avaient créé sur la côte d'Afrique des établissements commerciaux et maritimes. Dès qu'ils eurent pris une certaine importance, ces comptoirs cherchèrent un peu de sécurité sous l'abri de la force; ils obtinrent des troupes qui les protégeaient contre les attaques des indigènes, et quand les Turcs s'emparèrent du pays, ces conquérants trouvèrent une organisation qu'ils s'abstinrent de détruire, parce qu'ils pensèrent aux bénéfices qu'ils étaient appelés à retirer d'échanges et de transactions avec nos compatriotes. Les capitulations signées avec la Porte ottomane reconnaissaient formellement à notre patrie le droit de sévir contre les pirates africains qui attaquaient ses possessions.

Mais, à mesure que les liens d'Alger avec Constantinople se relâchèrent, la France, d'abord ménagée par les corsaires, se vit plus souvent exposée à leurs attaques, et les maîtres de l'Algérie en vinrent à méconnaître tout traité qui limitait leurs bénéfices en imposant des bornes à leurs brigandages. Nos populations méridionales eurent alors beaucoup à souffrir du dangereux voisinage de ces corsaires ; leurs plaintes émurent Richelieu ; aussi établit-il des croisières sur les côtes de France, et ordonna-t-il plusieurs attaques contre Alger, Maroc, Tunis et Tripoli.

A cette époque (1635), notre commerce de grains était considérable, et la pêche du corail se continuait sur une assez vaste échelle. Le gouverneur de nos possessions africaines constatait dans le pays la présence de quatorze cents hommes, ainsi répartis : huit cents au bastion de France, trois cents au fort de la Calle, cent cinquante au cap Roux, et cent cinquante au cap Rose. Notre souveraineté, souvent attaquée, se maintenait par les armes et par les traités.

A des querelles très-fréquentes, qui ne s'apaisaient guère que pour renaître, la guerre ouverte succéda sous Louis XIV. Ce monarque, pénétré de l'importance de nos établissements et du désir de les développer, résolut de conquérir sur la côte d'Afrique une position militaire assez forte pour protéger efficacement notre commerce.

C'est alors que Duquesne fut chargé de purger la Méditerranée de ses nombreux pirates. Cet habile capitaine, qui dès l'âge de dix-sept ans contribuait au gain de quelque victoire, en remporta plusieurs sur les Algériens, et força le dey à rendre tous les esclaves chrétiens à la liberté. Dans cette guerre, les barbares se livrèrent, suivant leur coutume, à des actes inouïs de cruauté ; mais, au milieu de tant d'atrocités qui excitent l'indignation, l'esprit se repose en se rappelant un trait touchant de reconnaissance. Le capitaine de Choiseul, attaché à l'armée française, avait été pris dans une ronde de nuit, et le chef des troupes algériennes avait décidé que le prisonnier serait garrotté à la bouche d'un canon qui allait être dirigé contre ses compatriotes. Déjà l'ordre s'exécutait, et le feu allait être mis à la pièce, quand tout à coup un chef de corsaires, dont nous regrettons de ne pouvoir citer le nom, fend la foule et demande la vie de l'officier. Naguère il a été son prisonnier, dit-il, et il en a été si bien traité qu'il est pénétré de reconnaissance. Il raconte les bons procédés dont il a été comblé, conjure, supplie de sauver un homme de cette valeur, et parvient à attendrir les soldats qui l'écoutent; mais le général reste inflexible et commande le feu. Alors le pirate prend Choiseul dans ses bras, se place avec lui devant le canon, et serrant étroitement contre sa poitrine son bienfaiteur, il adresse au canonnier ces paroles : « Tire maintenant; puisque je ne peux pas l'arracher à la mort, j'aurai du moins la consolation de mourir avec lui. » Alors l'émotion gagne le commandant lui-même, et Choiseul est sauvé.

L'expédition de Duquesne avait décidé les Algériens à demander la paix; mais, peu d'années plus tard (1688), de nombreuses infractions au traité ramenèrent sur les côtes d'Afrique le maréchal d'Estrées, et attirèrent sur la ville d'Alger de tels châtiments, qu'elle dut cette fois renoncer à une lutte trop inégale; Louis XIV exigea qu'une ambassade solennelle allât porter à Versailles l'hommage de sa soumission.

A partir de cette époque, et pendant environ un siècle, les deys cessèrent d'exercer d'une manière permanente la piraterie contre la France, tandis qu'ils continuaient à piller la marine marchande des autres États européens. Il fallut encore bien des fois renouveler les traités pour rétablir la sécurité de notre commerce africain; mais la terreur inspirée par nos armes aidait à la protection de nos nationaux.

La révolution de 1789 diminua singulièrement notre influence en Algérie; celle de l'Angleterre tendit à se substituer à la nôtre, et quand Bonaparte entreprit l'expédition d'Égypte (1798), le dey, sous l'impulsion de la Turquie, dut déclarer la guerre à la France. Les hostilités ne furent pas de longue durée; elles se bornèrent à la destruction de notre dernier fort, celui de la Calle, défendu par deux cents Français et vingt canons. Une partie des approvisionnements nécessaires à la campagne d'Égypte fut fournie par des commerçants algériens; et quand, trois ans plus tard (1801), le premier consul faisait la paix avec le dey, il stipulait la garantie du paiement de ce matériel envers la maison Busnach et Barri d'Alger.

L'empereur, absorbé par mille affaires, oublia cette clause du traité qu'il avait sanctionné; et en 1820 la France restait débitrice à cet égard d'une somme de sept millions. A cette époque, le roi Louis XVIII décida que la somme serait payée aux créanciers, déduction faite des oppositions signifiées à leur charge, et reconnues fondées par les tribunaux français. De nombreux procès surgirent; des complications survinrent, et cinq ans plus tard la justice n'avait pas encore dit à cet égard son dernier mot. Hussein, alors dey d'Alger, habitué aux procédés sommaires de son pouvoir omnipotent, ne comprenait rien à ces lenteurs; il s'en irrita, et ses relations avec la France devinrent difficiles. Il écrivit au gouvernement du roi une lettre peu mesurée, qui réclamait avec trop d'insistance le paiement de la dette; au printemps de 1826 il attendait impatiemment la réponse, quand M. Deval, consul général, vint lui rendre ses devoirs, suivant l'usage suivi aux veilles de fêtes musulmanes. Le dey profita de cette entrevue pour renouveler sa réclamation et manifester toute sa mauvaise humeur. Il alla jusqu'à menacer le consul de la prison, si l'argent ne lui arrivait pas dans un bref délai. La discussion devint très-vive de part et d'autre; Hussein s'emporta tellement que, foulant aux pieds les plus simples convenances et les règles élémentaires du droit international, il frappa le consul au visage avec un éventail de plumes de paon qu'il avait à la main pour chasser les mouches, selon la coutume du pays. Aussitôt le consul fit observer que l'insulte publique ne s'adressait pas à lui, qu'elle remontait à la France et à son souverain. Le dey répondit qu'il ne craignait pas plus le roi que son représentant; et il ordonna au consul de quitter sur-le-champ la salle d'audience.

En France, la nouvelle de cet affront excita l'indignation générale. Le gouvernement prescrivit au consul de demander une prompte réparation, et de quitter l'Algérie s'il n'obtenait pas justice. Les conditions proposées au dey d'Alger furent repoussées ; M. Deval se retira, et le commandant Collet commença le blocus du port d'Alger (15 juin 1827).

Les hésitations et les lenteurs dont la responsabilité retomba sur la politique prolongèrent ce blocus pendant trois ans ; enfin, le 14 juin 1830, une armée de trente mille hommes, commandée par le comte de Bourmont, transportée par une flotte placée sous les ordres du vice-amiral Duperré, débarquait sur la côte d'Afrique, à la pointe de Sidy-Ferruch, avec un ensemble et une rapidité remarquables. Elle remportait une première victoire qui lui permettait de prendre possession d'une presqu'île, où elle put s'établir et organiser ses retranchements.

Cinq jours plus tard, les troupes du dey, commandées par son gendre Ibrahim, et réunies sur la plate-forme de Staouëli, à six kilomètres d'Alger, vinrent attaquer nos avant-postes, et nos soldats se battirent avec l'élan et le courage restés traditionnels chez les musulmans depuis les croisades.

Après avoir repoussé l'attaque, les Français se déployèrent dans la plaine, prirent l'offensive avec une ardeur irrésistible, et mirent les ennemis en déroute. Quand Ibrahim, tout tremblant, dut comparaître devant le dey, il allégua pour excuse que les soldats devaient être *ferrés* les uns aux autres, puisqu'ils n'avaient pas rompu leurs rangs, malgré tant d'efforts et de courage. Cette bataille avait mis cinq cent trente Français hors de combat ; comme nos troupes ne pouvaient pas encore disposer de leurs chevaux, elles rentrèrent dans leur camp. Les Turcs et les Arabes vinrent les attaquer de nouveau, et furent encore battus. Dans cette petite affaire, nos pertes furent peu sensibles ; cependant un officier devait payer la victoire de sa vie : c'était le second des quatre fils qui avaient accompagné le comte de Bourmont en Afrique.

Bientôt l'armée française put reprendre l'offensive, et arriver sur les hauteurs de Boudjaréah, d'où la vue découvre les terres fertiles du Sahel, Alger et le fort l'Empereur. Cette citadelle semblait devoir retarder la marche triomphante des Français; ses défenseurs avaient juré de s'ensevelir sous ses ruines plutôt que de la laisser au pouvoir de l'ennemi. Mais ils ne tinrent que la moitié de leur serment : ils opposèrent d'abord une vigoureuse résistance; puis, quand ils furent convaincus de l'inutilité de leurs efforts, ils préparèrent une mine destinée à faire sauter le fort; et après avoir chargé l'un d'eux de mettre le feu aux poudres, ils rentrèrent à Alger.

Le dey eut un moment la pensée de réduire sa capitale en un monceau de ruines; mais sa milice ne lui permit pas d'accomplir cet acte de vandalisme et de désespoir. Il se vit alors contraint de capituler (5 juillet 1830). Il fut convenu que le dey conserverait sa liberté, et se retirerait dans une résidence de son choix avec sa milice, sa famille et sa fortune privée. La flotte composée de dix-sept bâtiments de guerre, huit cents canons, et le trésor de l'État, s'élevant à cinquante-cinq millions, tombèrent aux mains du vainqueur. Si l'on excepte la Casaubah, où le départ du dey et l'affluence des indigènes attirèrent quelques scènes de désordre et de pillage, tous les quartiers de la ville, confiants dans la parole du vainqueur, restèrent calmes et paisibles à la vue de l'invasion française.

Ainsi se terminait, après vingt jours de campagne, une expédition qui détruisait le règne de la piraterie, affranchissait la Méditerranée, donnait une vaste contrée à la patrie, et permettait d'espérer le triomphe de la civilisation en Afrique.

La France accueillit avec un enthousiasme de courte durée la nouvelle de la prise d'Alger. Quand Charles X vint en l'église métropolitaine de Paris pour assister au *Te Deum* d'actions de grâces, le peuple, froid et silencieux, semblait avoir oublié déjà la gloire dont l'armée venait de doter le pays. Quelques jours plus tard, entraînés par des meneurs ambitieux, avides d'influence et de places, les ateliers de la capitale descendaient dans la rue; les émeutiers dressaient des barricades, tiraient contre l'armée, renversaient le gouvernement légitime, et le roi se résignait à prendre le chemin de l'exil.

Avant de s'éloigner, le monarque avait nommé le duc d'Orléans lieutenant général du royaume, avec mission de gouverner le pays au nom d'Henri V; mais bientôt le chef de la branche cadette de la maison de France acceptait pour lui et ses héritiers la couronne destinée au royal enfant dont il avait été chargé de défendre les droits, et il était proclamé sous le nom de Louis-Philippe.

Le maréchal de Bourmont[1], alors remplacé en Algérie par le général Clausel, se hâta de remettre le service à son successeur. Il annonça le projet d'aller passer quelque temps à l'étranger; et comme l'amiral Duperré lui refusa tout vaisseau de l'État pour le conduire ailleurs qu'en France, il fut réduit à louer un petit bâtiment autrichien qui se dirigeait vers Malaga avec huit hommes d'équipage. C'est ainsi qu'il s'éloigna pour jamais d'une ville où il venait d'entrer en vainqueur. « Le maréchal et ses deux fils, dit le comte Th. de Quatrebarbes[2], jetaient en partant un dernier regard sur cette terre, théâtre de tant de gloire et d'inconsolables douleurs. Deux matelots avaient suffi pour transporter les bagages du général qui, moins de trois mois auparavant, avait traversé ces mers à la tête de mille vaisseaux. Des cent millions de la conquête il n'emportait qu'un seul trésor : le cœur embaumé de son malheureux fils ! »

La révolution de 1830 ouvrit pour la nouvelle conquête une ère d'irrésolutions, d'essais et d'épreuves. Le gouvernement de la restauration, en paix avec tous ses voisins, laissait à la France

---

[1] La dignité de maréchal de France avait été conférée au général de Bourmont par Charles X, après la prise d'Alger.

[2] *Souvenirs de la campagne d'Afrique.*

une armée organisée suivant les règles d'une sage économie, et comptant environ 250,000 hommes sous les drapeaux. Ce chiffre permettait de maintenir en Afrique 30,000 hommes du corps expéditionnaire et d'y envoyer au besoin des renforts ; mais le nouveau pouvoir se trouvait placé dans des conditions beaucoup moins favorables ; il avait lieu de redouter des complications avec l'Europe, voulait être à même de disposer au besoin de forces considérables, et pour lui l'Algérie devenait un embarras. Aussi, dès le début du règne de Louis-Philippe, se forma-t-il à la chambre des députés un parti qui tendait à abandonner, ou du moins à restreindre nos nouvelles possessions, afin de diminuer la part d'hommes et d'argent à leur consacrer. Heureusement l'influence de cette opinion ne fut pas de longue durée.

Aussitôt après la chute d'Alger, les troupes françaises avaient occupé Bone et Oran ; mais elles furent forcées par les événements politiques survenus à Paris de se concentrer à Alger. Dès lors la province d'Oran fut livrée à une complète anarchie. Le jeune Abd-el-Kader, doué d'intelligence, d'ambition et d'énergie, profita de ce malheur pour se faire connaître, se créer des partisans, et nous susciter des difficultés qui grandirent avec le temps. La domination turque était vaincue, mais la puissance arabe s'organisait sous l'influence d'Abd-el-Kader, qui peu à peu parvint à se faire accepter comme le chef et le représentant de cette nationalité si longtemps opprimée.

L'histoire de la conquête de l'Algérie, de 1830 à nos jours, peut se diviser en quatre périodes. La première est celle des tâtonnements et des expériences chèrement réalisées (1830 à 1837). La seconde (1837 à 1840) est une courte période de paix. La troisième est marquée par la grande lutte de la France contre Abd-el-Kader (1840 à 1847). La quatrième (1847 à 1875) est la plus longue et aussi la plus féconde ; elle étend et surtout elle consolide notre puissance en Algérie.

Pendant la première période, l'Algérie change dix fois de

gouverneur, et voit se succéder une série de combats livrés sans système arrêté; leur résultat le plus important, c'est de former à l'art de la guerre des hommes qui laisseront plus tard des traces de leur passage dans l'histoire militaire du pays, et parmi lesquels nous citerons Changarnier, de Lamoricière, Baraguay-d'Hilliers, Bedeau, Cavaignac, Pélissier, Bugeaud. On y remarque deux créations restées célèbres : celle des bureaux arabes et l'organisation des zouaves.

Les bureaux arabes, dont les inconvénients et les vices ont été signalés, donnaient trop souvent à leurs chefs un pouvoir absolu, sans contrôle suffisant, et plein de périls; mais quand ils étaient dirigés par des officiers consciencieux, initiés aux langues du pays et pénétrés de l'importance de leur mission, ceux-ci se mettaient en rapport avec les indigènes pour connaître leurs besoins, leurs griefs, y donner satisfaction, leur rendre justice, leur apprendre à bénir le nom français, étudier leur caractère, leurs mœurs, leurs habitudes, et faire parvenir aux généraux de précieux renseignements sur la situation du pays.

Le corps des zouaves [1], déjà projeté par le maréchal de Bourmont, date aussi des premières années de la conquête. Il se composa d'abord exclusivement de bataillons d'indigènes, qui consentaient à servir la France, comme auparavant ils se battaient pour les puissances barbaresques, et qui se distinguaient par une valeur et une impétuosité parfois irrésistibles. Plus tard, la proportion des indigènes diminua dans ces troupes d'élite, qui finirent par ne garder de leur origine que le nom, l'uniforme, le caractère ardent, l'humeur aventureuse et l'audace, avec lesquels elles font des prodiges de valeur.

Le maréchal Clausel, appelé à remplacer le comte de Bourmont en Algérie, n'y resta pas longtemps : il défit complètement le bey de Tittery, qui avait levé l'étendard de la révolte après s'être sou-

[1] Ce nom de *zouaves* est emprunté à la tribu des Zouaoua; c'est celle qui produit le plus de soldats.

mis à l'autorité française. Il s'empara de Blidah, de Médéah ; puis il fut rappelé, parce que ses plans de colonisation ne furent pas agréés par le gouvernement; ses successeurs furent moins heureux que lui. L'un d'eux ayant ordonné d'exterminer une tribu coupable de brigandage, la sévérité de la répression exaspéra le pays : de toutes parts on courut aux armes, et nos soldats furent attaqués de divers côtés à la fois. Abd-el-Kader apparut pour la première fois. Il fit aux musulmans un chaleureux appel, et trente tribus, le saluant du titre d'*émir* [1], lui répondirent avec enthousiasme. La lutte qu'il suscita contre la France fut mêlée de succès et de revers ; elle fut momentanément suspendue, en 1834, par un traité de paix signé par le général Desmichels. Cette convention avait le grave inconvénient de consacrer la fortune militaire de l'émir, de grandir sa situation politique, et de reconnaître implicitement l'indépendance des Arabes. Aussi la guerre ne tarda-t-elle pas à recommencer ; et le désastre de la Mactah (1835) décida Louis-Philippe à renvoyer le maréchal Clausel en Afrique, pour lui confier le gouvernement de l'Algérie. Le général Bugeaud battit Abd-el-Kader ; le gouverneur prit Mascara et Tlemcen, et crut pouvoir entreprendre, avec 9,000 hommes, le siége de Constantine. Mais les rigueurs inouïes de la saison, les pluies d'abord, puis la neige et la gelée, paralysèrent nos soldats, les décimèrent, et les obligèrent à une retraite dans laquelle le commandant Changarnier se couvrit de gloire. Les Français étaient poursuivis avec acharnement par des ennemis supérieurs en nombre et enivrés de leur fortune. Changarnier formait l'arrière-garde à la tête de son bataillon, réduit à moins de 300 hommes. Appréciant d'un coup d'œil rapide l'ensemble de la position, il s'arrête tout à coup, fait former le carré, et dit à ses soldats : « Allons, mes amis, regardons ces gens-là en face; ils sont six mille, et vous êtes trois cents ; vous voyez bien que la partie est

---

[1] Le titre d'émir est une qualification d'honneur réservée aux descendants présumés de Mahomet.

égale ! » Digne d'un tel chef, la petite troupe attend les Arabes de pied ferme, les arrête par un feu meurtrier, suspend leur marche triomphale, et sauve ainsi les débris de l'armée.

L'échec de Constantine détermina le rappel du gouverneur, qui fut remplacé par le général Damrémont. De nouveaux revers, subis par nos troupes, décidèrent le général Bugeaud, battu par le prince arabe, à signer avec lui le désastreux traité de la Tafna (1837). Cette regrettable convention reconnaissait Abd-el-Kader comme le souverain de l'ancienne régence d'Alger, à l'exception de la capitale, de quelques villes et territoires de la province de Constantine.

La paix conclue avec le plus redoutable adversaire de la France dura près de trois ans; elle permit à Damrémont de tourner tous ses efforts contre Constantine. L'intérêt émouvant qui s'attache à ce siége nous décide à en relater ici les détails.

Le 11 octobre 1837, les feux de la batterie de brèche déterminèrent un éboulement qui rendit l'assaut possible. « Le 12 octobre, dit M. Nettement, avant de lancer les colonnes d'attaque, le général Damrémont, dont les talents militaires étaient rehaussés par les qualités morales les plus élevées, fit sommer les assiégés de se rendre, en leur envoyant un parlementaire chargé de les éclairer sur leur position. Ce parlementaire, qui était un jeune soldat du bataillon turc, revint le lendemain avec la réponse suivante : « Il y a à Constantine beaucoup de munitions de guerre et de bouche; si les Français en manquent, nous leur en enverrons. Nous ne savons ce que c'est qu'une brèche et une capitulation. Nous défendrons à outrance notre ville et nos maisons. Les Français ne seront maîtres de Constantine qu'après avoir égorgé le dernier de ses défenseurs ! »

En recevant cette réponse, Damrémont s'écria : « Ce sont des gens de cœur; eh bien ! l'affaire n'en sera que plus glorieuse pour nous! »

Le succès des opérations du siége paraissait certain. Dans

peu d'heures la brèche devait être praticable; le temps était magnifique. Tout dans notre camp respirait la joie d'une prochaine victoire. Le général Damrémont partageait cette joie; l'avenir se présentait à ses regards avec un aspect riant; encore un peu de temps, il allait avoir réparé l'échec de nos armes, mis la France en possession d'une ville importante, et conquis le grade militaire le plus élevé auquel on puisse arriver. Il mit pied à terre avec le duc de Nemours, un peu en arrière des ouvrages, et, se dirigeant vers la tranchée pour examiner les travaux de la nuit, il s'arrêta, sur le chemin qui y conduisait, à un point très-découvert, d'où il observa la brèche; il était huit heures et demie du matin. Le général Rullières, qui s'était porté au-devant de lui, lui rappela le danger qu'il courait. « C'est égal! » répondit-il avec cette impassibilité qui était le caractère de son courage. Ce fut son dernier mot. Au même moment un boulet parti de la place le renversa sans vie. Il mourait de la mort de Turenne. Le général Perregaux, en se penchant sur lui, reçut une balle au front, et tomba grièvement blessé sur le corps de son chef et de son ami.

Le général Valée, averti en toute hâte, fit couvrir d'un manteau le corps du général Damrémont qu'on transporta silencieusement sur les derrières, et prit le commandement en chef. Dans les premières heures de la nuit du 12 au 13 octobre on continuait à tirer sur la brèche. Le 13 octobre, à trois heures et demie du matin, on la reconnaissait. A quatre heures, les trois colonnes d'assaut étaient à leur poste. La première était commandée par le lieutenant-colonel de Lamoricière; la deuxièm , par le colonel Combes, ayant sous ses ordres les chefs de bataillon Bedeau et Leclerc; la troisième, par le colonel Corbin.

A sept heures du matin, le signal de l'assaut fut donné par le duc de Nemours, désigné comme commandant du siége par le général en chef. On entendit alors une voix stridente et déjà bien connue des zouaves jeter ces mots : « Mes zouaves, à vous! Debout! Au trot, marche! » En quelques moments la brèche était escaladée, au milieu d'une vive fusillade qui couronne les remparts. La peinture a retracé la scène principale de ce terrible assaut de Constantine, fécond en épisodes à la fois douloureux et héroïques. Horace Vernet a montré le brave Lamoricière au sommet de la brèche, au moment de l'explosion qui fit de si grands ravages dans nos rangs. Le colonel Combes, arrivant après lui, va recevoir les deux blessures mortelles qui ne l'empêchèrent pas d'aller rendre compte du succès à M. le duc de Nemours. Il termina son rapport verbal par ces mots, d'une simplicité et d'un calme héroïques : « Ceux qui ne sont pas blessés mortellement jouiront de ce beau succès. » Alors seulement on s'aperçut qu'une balle lui avait traversé la poitrine; quelques heures après, ce héros avait cessé de vivre.

Entre les deux efforts successifs tentés par les deux colonnes d'assaut, avait eu lieu l'explosion terrible qui fit tant de victimes. La première section de la deuxième colonne d'attaque arrivait sur la brèche, sous les ordres de Bedeau; Lamoricière, après avoir enlevé la brèche, avait enfin trouvé une issue conduisant à une porte intérieure, et y engageait un violent combat; il sentit un mouvement d'oscillation qui ébranla le terrain : une caisse contenant les réserves de poudre des indigènes prenait feu. Cette explosion en amena presque immédiatement une seconde : le gaz enflammé s'étant communiqué aux sacs à poudre portés par les sapeurs du génie, et bientôt aux cartouchières mêmes des soldats, la presque totalité des hommes de Lamoricière furent ateints. Il demeura lui-même renversé sous les débris des murailles, et ses camarades portèrent un instant le deuil de cette jeune gloire...

Le chef de bataillon Bedeau et le capitaine le Flô électrisèrent aussi les troupes par leur exemple; elles pénétrèrent dans la ville, mais y avancèrent lentement, parce qu'elles avaient à détruire les barricades et à se défendre contre les assiégés réfugiés dans les maisons. Quand tout espoir de résistance fut perdu, les magistrats de Constantine firent porter au général Valée une demande de capitulation, en se recommandant à sa clémence. Le vainqueur fit à cette prière une réponse pleine de générosité, remplaça le pouvoir tyrannique qu'il venait de renverser par un gouvernement pacifique, pénétré du désir de rendre justice à chacun, appela les principaux indigènes à prendre part à l'administration de leurs affaires, et obtint par ces procédés la prompte soumission de la ville et de la contrée.

Tandis que Valée, nommé gouverneur de l'Algérie et maréchal de France, travaillait, par sa haute probité et son esprit sagement organisateur, à consolider notre domination dans l'est de la colonie, Abd-el-Kader profitait du traité qu'il avait obtenu pour accroître sa puissance à l'ouest, et devenir à la fois le chef temporel et spirituel des indigènes. Le général Bugeaud, en lui accordant des conditions trop favorables, avait nourri l'espoir de s'en servir comme d'un instrument, et de gouverner le pays par cet intermédiaire, dont chaque jour augmentait la popularité; mais l'émir avait trop d'ambition et de fierté pour consentir à jouer ce rôle secondaire. Son rêve était d'élever un empire arabe sur les ruines de la puissance turque; et bientôt, se regardant comme le maître et le sultan de la contrée, il établit un gouvernement ferme, régulier, basé sur le Coran, et qu'il s'efforça de rendre modéré. Toutefois, bientôt le besoin de satisfaire aux passions fanatiques de ses lieutenants, le détournant de sa voie, l'entraîna aux violences, aux abus et aux cruautés.

Il rallia autour de lui les tribus arabes, échelonnées de la côte au désert; quand il se crut assez fort pour résister à la France, il lui déclara la guerre. Malgré plusieurs échecs, malgré la perte de Médéah et de Milianah, tombés au pouvoir du maréchal Valée, sa puissance n'était pas sérieusement ébranlée, parce qu'il avait soin d'éviter le combat quand ses forces n'étaient pas supérieures aux nôtres, et qu'il parvenait ordinairement à se soustraire à nos poursuites. Souvent battu, il se montrait le lendemain de sa défaite avec une hardiesse et une persévérance qui prouvaient les défauts du système adopté pour le vaincre.

Au milieu de ces graves circonstances, le maréchal Valée fut rappelé en France, et remplacé par le général Bugeaud, esprit lucide, ferme, pratique, intelligent; chef énergique, infatigable, aimé des soldats parce qu'il se montrait sérieusement préoccupé de leur bien-être; mais moins apprécié des officiers, qui lui reprochaient de ne pas défendre suffisamment leurs intérêts. Dès qu'il prit possession de sa charge, il déclara que l'expérience avait profondément modifié ses idées, et que, pour soumettre les tribus arabes, il fallait leur faire incessamment la guerre et les poursuivre sur plusieurs points à la fois, sans leur accorder ni trêve ni merci.

« La grande difficulté, dit à ce propos M. Nettement, n'était pas tant de battre Abd-el-Kader que de l'atteindre. Nous étions plus forts que lui, mais il était plus léger que nous; il passait où nous ne passions pas... Notre armée, traînant avec elle les pesants charrois et tout l'attirail des armées européennes, était obligée de suivre les grandes voies. Les Arabes savaient donc par où ils seraient attaqués; et les tribus nomades, qui ne laissaient pas de villes derrière elles et n'offraient pas de prise, pouvaient, quand elles le voulaient, se dérober à une attaque prévue, en traversant des terrains inaccessibles à nos troupes. Le général Bugeaud changea les conditions de la guerre : il importa et développa en Algérie le système inauguré en Catalogne, pendant les guerres de l'empire, par le maréchal Gouvion Saint-Cyr, quand celui-ci alla appuyer Mac-Donald. Il renonça à l'artillerie de montagne, et fit tout porter à dos de mu'ets : l'artillerie, les vivres, les munitions. On put donc suivre partout les Arabes, les suivre vite, arriver par où l'on voulait, par où l'on n'était pas attendu : trois conditions essentielles pour les atteindre et les surprendre. »

Un de ses plus brillants lieutenants, le général de Lamoricière, perfectionna encore ce système. Les Arabes avaient une dernière supériorité sur nous : ils ne portaient pas leurs vivres avec eux. A ceux qui demandèrent comment nous pourrions subsister sans emporter de vivres, le général de Lamoricière répondit : « Les Arabes le font bien ; nous ferons comme eux ! » Les Arabes pouvaient se dispenser d'emporter des vivres, parce qu'ils trouvaient du grain dans leurs silos, greniers souterrains dont ils connaissaient l'emplacement. Nous eûmes donc une difficulté de plus à vaincre : il fallut découvrir les silos des Arabes. Cette difficulté n'arrêta pas le général de Lamoricière. On le vit partir avec une colonne qui n'avait que quatre jours de vivres, et tenir la campagne pendant vingt-deux jours. Il fit seulement ajouter au fourniment ces petits moulins à bras en usage chez les Arabes ; nos soldats manutentionnèrent eux-mêmes leurs galettes, après avoir découvert le grain. Pour opérer la découverte des silos, on formait, sur un espace d'une ou deux lieues, une chaîne de soldats qui s'avançaient en fouillant la terre avec des baguettes de fusils et des pointes de sabres, jusqu'à ce qu'on eût rencontré la pierre qui, placée presque à fleur de sol, recouvre l'entrée des silos. Alors chacun, se mettant à l'œuvre avec son moulin, réduisait le grain en farine, et bientôt la galette était pétrie. Les silos fournissaient le grain ; la razzia, quand on trouvait l'occasion d'en faire une, fournissait la viande ; on n'avait plus besoin d'approvisionnement. On vivait moins bien, sans doute, mais on marchait plus vite, et l'on se consolait, en battant les Arabes, des mauvais repas qu'on avait faits. Il y a bien des siècles que Tacite a écrit : « Tout ce qui manque aux soldats, ils le trouvent dans la victoire ! »

Le nouveau plan de campagne, très-utile pour réduire les tribus isolées, fut complété par de grandes expéditions, destinées à dompter les forces régulières d'Abd-el-Kader. Pour répondre à tant de besoins divers, il fallait de nombreuses troupes ; aussi l'effectif de l'armée d'Alger fut-il élevé à plus de 80,000 hommes. Tekedempt, la citadelle la plus importante de l'ennemi et le siége de son gouvernement, la ville de Mascara, qui lui avait été cédée par le traité de la Tafna, furent promptement envahis par nos soldats; après plus de deux ans de luttes perpétuelles et de combats acharnés, abandonné d'une grande partie des tribus, l'émir se vit obligé de battre en retraite, pour se réfugier sur le plateau de steppes; mais il y fut poursuivi par le duc d'Aumale; à la tête de cinq cents hommes de cavalerie, le prince attaqua de trois côtés à la fois la smala d'Abd-el-Kader, c'est-à-dire une population de 20,000 âmes, campée aux sources de Taguin, et parmi lesquelles on comptait 5,000 guerriers. Les Arabes se croyaient en sûreté : surpris par les Français, et réduits à une défense individuelle, ils furent battus. Une partie de cette ville nomade prit la fuite; 300 soldats furent tués; 3,000 prisonniers et un riche butin tombèrent au pouvoir du vainqueur.

Un échec aussi désastreux décida le vaincu à se retirer sur le territoire du Maroc. Il y fit un suprême appel aux tribus, parvint encore à grouper autour de lui de nombreux défenseurs, et réussit même à décider l'empereur du pays à se prononcer contre la France (1844). C'est alors que le prince de Joinville bombarda Tanger, puis Mogador. La double leçon infligée aux Marocains, et surtout la perte de la bataille de l'Isly, les décidèrent à demander la paix. Bugeaud, à qui ses précédents services avaient valu le bâton de maréchal, remporta la brillante victoire de ce nom et fut récompensé par le titre de duc d'Isly.

Le souverain du Maroc s'engagea par un traité à expulser de ses États son compromettant allié. Cependant l'émir n'avait pas perdu tout espoir, et l'année suivante, poussé par son indomptable audace, il essaya de rallumer la guerre. Après avoir pénétré dans la ville de Tlemcen, il souleva des tribus qui furent promptement réduites par l'énergique activité des généraux de Lamoricière et Cavaignac. Il se mit ensuite à la tête de la Kabylie insurgée, et s'en éloigna quand le maréchal Bugeaud l'eut contrainte à la soumission. C'est alors qu'il alla de nouveau chercher un asile au Maroc. Après les derniers exploits qui viennent d'être relatés, le duc d'Isly sollicita son rappel en France, et le jeune duc d'Aumale, son successeur (septembre 1847), inaugura par la prise d'Abd-el-Kader un gouvernement destiné à ne durer que quelques mois.

Attaqué par le pays même dont il espérait un accueil favorable, et obligé de rester sur le territoire français de l'Algérie, l'émir essaya de gagner le désert; mais, quand il se présenta au col de Kerbout, passage étroit qui seul pouvait le conduire au Sahara, il rencontra les spahis du général de Lamoricière; il comprit alors que toute résistance était devenue impossible, et il se rendit prisonnier (29 décembre 1847). Il demanda la faveur et obtint la promesse d'être conduit à Alexandrie ou à Saint-Jean-d'Acre, pour pouvoir terminer ses jours à la Mecque. Amené au gouverneur, il salua le prince avec émotion et respect; puis il prononça les paroles suivantes avec un sentiment de fierté contenue : « Il y a longtemps que tu devais désirer ce qui s'accomplit aujourd'hui; tout arrive selon la volonté de Dieu! » Le lendemain il se rendit à l'audience officielle, monté sur une belle jument noire dont il fit hommage au duc d'Aumale, en lui disant : « Je t'offre la seule chose que je possède et que j'estime en ce moment. » Le prince répondit : « Je l'accepte comme un gage de ta soumission à la France et de la paix de l'Algérie. » Il regagna sa tente à pied; le même jour il s'embarquait pour Oran, et de là pour Marseille. Après seize ans d'efforts et de luttes, l'étendard de la domination arabe, qui voulait succéder à celle des Turcs, disparaissait définitivement du sol de l'Algérie.

Tant que le maréchal Bugeaud avait été chargé du gouvernement de l'Algérie, il s'était efforcé de mener de front la guerre et la colonisation. « Agronome et guerrier, dit M. Poujoulat, il a plus d'une fois adressé aux populations arabes et kabyles des conseils dignes d'un peuple civilisateur. »

Les préoccupations morales ne le trouvaient ni hostile, ni même indifférent. « ... Oui, Monsieur, écrivait-il à M. Poujoulat, après

Soumission d'Abd-el-Kader.

avoir soumis les Arabes par les armes, il faut les édifier par de bons exemples, et consolider notre domination par la supériorité de notre moralité. L'avenir de notre entreprise est à cette condition; car il est des résistances que la force matérielle ne saurait atteindre, et devant lesquelles le relâchement dans les mœurs, l'abandon des principes religieux n'enfanteraient que la faiblesse. Je suis tout disposé, par caractère et par conviction, à déployer les plus grands efforts pour atténuer le désordre moral que vous signalez; je partage toutes vos sympathies, et je crois avec vous que nous avons beaucoup à faire dans l'intérêt des bonnes mœurs. Mais rien ne se fonde en un jour. Le temps est, avec l'inspiration d'en haut, l'élément indispensable de toute œuvre sérieuse, et Dieu lui-même a mis six jours à créer le monde. J'attache trop de prix à votre bonne opinion pour ne pas vous rappeler en peu de mots la multitude des obligations que nous avons à remplir à la fois. Administrer une armée de soixante-quinze à quatre-vingt mille hommes; la faire marcher, combattre et travailler sur cent points différents; soumettre un peuple belliqueux, le protéger et le gouverner après l'avoir soumis; introduire dans son sein un peuple nouveau (cette tâche est immense; elle présente des milliers de difficultés que l'expérience seule peut faire apprécier); correspondre avec trente ou quarante points occupés de l'Algérie, et avec l'administration de Paris; tout cela, Monsieur, constitue une mission qui est au-dessus des forces d'un homme, quel qu'il soit... »

La remarquable lettre dont nous venons de citer des extraits donne une idée des devoirs imposés par la France aux gouverneurs de l'Algérie, et montre que Bugeaud en avait l'intelligence; mais l'incessante activité d'Abd-el-Kader l'obligeait à faire aux nécessités de la répression une part de temps et de ressources que la colonisation aurait plus utilement employée.

Malheureusement le duc d'Isly avait adopté sur cette importante question des idées erronées et des théories impraticables. Il croyait à tort l'action exclusive de l'État préférable à celle des particuliers, et se figurait que la fondation des colonies militaires résoudrait le problème.

« Ne voyant que ses soldats, dit M. Keller [1], il n'avait pas plus de goût pour les Arabes que pour les colons civils, et aspirait ouvertement à exterminer les uns, à éloigner les autres. Ayant sous les yeux comme capitalistes des agioteurs spéculant sur le prix des terres et des maisons, comme colons des mendiants qu'on faisait vivre d'aumônes, et qui mouraient les uns après les autres sans avoir rien fondé, il n'apercevait de remèdes que dans les subsides de l'État et dans la main-d'œuvre militaire. Obligé néanmoins de donner des héritiers à ces nouveaux habitants, il avait imaginé un projet de colonies, imitées des Romains et des Russes. Elles étaient formées d'hommes ayant encore deux ou trois ans de service à faire; on leur accordait un congé de trois mois, à condition d'aller chercher une femme en France; puis ils recevaient une maison, des champs, et continuaient à toucher leur solde jusqu'à l'expiration de leur temps. Dans ce système, l'État faisait tous les frais; on pouvait estimer, au minimum, à cinq ou six mille francs ce que lui coûterait l'établissement d'un de ces colons; et pour en installer deux cent mille en Algérie, il ne fallait pas moins d'un milliard. »

En résumé, le maréchal voulait développer pour un temps indéterminé le pouvoir illimité du gouverneur, le régime du sabre et l'empire de la force.

Les aspirations du général de Lamoricière étaient bien différentes. Il désirait favoriser l'initiative privée, attirer en Algérie les capitaux par des travaux publics, par des encouragements efficaces, cantonner les Arabes à l'amiable en échangeant leurs terres ou en les achetant, décentraliser et introduire graduellement en Afrique les institutions d'une sage liberté.

---

[1] *Vie du général de Lamoricière*, par E. Keller, député du Haut-Rhin. Paris, Dumaine et Poussielgue, 1874.

Le général revint en France, rechercha la députation pour faire triompher ses projets, et parvint à la chambre. La commission nommée par cette assemblée pour apprécier le projet des camps agricoles le condamna, et le vicomte de Tocqueville, son rapporteur, adoptant le système de Lamoricière, demanda que l'État se bornât à aider les colons sérieux, sans avoir l'ambition de pourvoir seul à la colonisation.

« Beaucoup de gens, dit-il, s'imaginent qu'il y a un secret à trouver. Il n'y a point de secret. La méthode à suivre pour faire naître et développer les sociétés nouvelles ne diffère pas beaucoup de celle à suivre pour que les anciennes prospèrent : liberté civile et religieuse, sécurité, bonne administration, bonne justice, travail et commerce libres, impôts légers ; qu'on y soit aussi bien, et, s'il se peut, mieux qu'en Europe. Tel est le secret ; il n'y en a point d'autres. »

L'avénement de l'empire, que le général de Lamoricière aurait voulu conjurer parce qu'il en redoutait les désastreuses conséquences, lui enleva toute influence directe sur l'avenir d'un pays auquel il avait consacré les plus belles années de sa carrière militaire. Arbitrairement proscrit après le coup d'État par Napoléon III (1852), il se rendit en Belgique, et retrouva sur la terre étrangère un trésor infiniment plus précieux que tous les biens d'ici-bas, puisque l'exil rendit au noble Breton la foi pratique de son enfance, de sa famille et de son pays.

Revenu à Dieu et mûri par l'adversité, il fit de rapides progrès dans les sentiers de la vertu. Ses dernières années nous montrent la merveilleuse influence du catholicisme sur les âmes, et nos lecteurs nous reprocheraient de laisser complétement dans l'ombre ce côté si attachant de l'une de nos plus glorieuses illustrations africaines.

En 1859, le souverain pontife défendait ses droits indignement méconnus ; il opposait une digue au torrent de l'impiété, qui le dépouillait de son pouvoir temporel pour détruire son indépendance, aussi nécessaire à la liberté des consciences qu'à l'exercice de sa sublime mission. Il lui fallait un général capable d'organiser et de diriger sa petite armée ; il jeta les yeux sur Lamoricière. A la première ouverture qui lui fut faite à ce sujet, le vaillant chrétien répondit : « Je pense que c'est une cause pour laquelle je serais heureux de mourir! » Plus tard, lorsque Mgr de Mérode vint lui apporter une proposition officielle, au nom du saint-père, le général, toujours inspiré du même esprit, accueillit la démarche en disant : « Quand un père appelle son fils pour le défendre, il n'y a qu'une chose à faire, y aller. » Il ne se dissimulait pas les immenses difficultés de la tâche qu'il acceptait ; mais il voyait là le devoir, et rien ne put l'empêcher de l'accomplir.

Le général se rendit en Italie, fit des efforts inouïs, déploya une énergie extraordinaire ; et quand il fut vaincu, accablé par le nombre, par la trahison, par des événements supérieurs aux forces humaines, les talents distingués et le généreux dévouement qu'il avait déployés lui valurent de Pie IX une lettre dont nous extrayons le passage suivant :

« ... Les ennemis de la vérité et de la justice peuvent à leur gré défigurer les événements ; mais tous les bons catholiques et toutes les âmes honnêtes célèbreront toujours comme un triomphe pour l'Église ce qui est arrivé dans les États pontificaux dans ces derniers temps, où l'on a vu une petite armée organisée en peu de mois, grâce à votre activité, à votre zèle et à votre intelligence, armée plus que suffisante pour comprimer la révolution, si celle-ci n'avait été protégée par des mains puissantes, par des forces incomparablement supérieures aux nôtres, et aidée par tous les moyens que peuvent suggérer la fraude et le mensonge... »

Rentré en France, M. de Lamoricière habita de préférence la campagne, sans cesser de prendre une part active aux comités et aux œuvres utiles à l'Église et à la France. Paternel pour ses domestiques, qui le chérissaient, il dota sa paroisse d'une école de sœurs, organisa dans leur maison des secours permanents pour les malades et les vieillards, contribua pour une large part à la reconstruction de l'église, et assista les pauvres avec une constante sollicitude.

« ... D'ordinaire, dit M. Keller, il se faisait faire un budget exact de la situation de chacun, comptant en vraie ménagère les plus petites dépenses, et il comblait le déficit en grains remis chaque semaine au chef de la famille. Ainsi cet esprit puissant, qui sondait les plus vastes problèmes, descendait dans les moindres détails quand il s'agissait d'assurer le bonheur des pauvres, et voulait, dans l'exercice de la charité, l'ordre parfait qu'il apportait à tout, au soin de ses propres affaires comme à l'entretien d'une nombreuse armée. Quelques esprits superficiels, qui confondent la prodigalité avec la générosité, ne trouvant pas chez lui trace de ce défaut, l'accusaient de parcimonie. Mais c'était celle des grands cœurs, qui, à l'exemple de Dieu, ne laissent rien perdre autour d'eux, et qui savent ainsi se préparer d'abondantes ressources pour toutes les vraies nécessités...

« Ceux qui l'ont vu de près savent seuls avec quelle simplicité, quelle candeur, quelle fermeté, quelle fidélité dans les plus petites choses il avait embrassé la vie chrétienne... Loin de faire, comme tant d'autres, du catholicisme l'accessoire de sa vie, il considérait que c'était son affaire capitale, qu'il y avait là un champ illimité ouvert à ses investigations, digne de fixer son intelligence, d'intéresser son cœur, d'occuper son activité. Aussi apportait-il un égal soin à étudier l'histoire, la doctrine de l'Église, et à mettre sa vie d'accord avec ce qu'il avait appris.

« ... A l'avance il était convaincu que, loin d'être des formalités superflues ou de simples spéculations de l'esprit, chacun des préceptes, chacun des enseignements de l'Église avait sa raison profonde, était destiné à rapprocher les créatures de Dieu et à guérir les misères de la nature humaine. Il y trouvait le moyen d'adoucir, à un âge où d'ordinaire on ne songe plus à se modifier, les aspérités de sa nature impétueuse. Chaque jour on le voyait plus patient, plus indulgent pour ses adversaires, plus calme en présence des contrariétés dont la vie est semée.....

« Quand vint l'heure du départ, la Providence avait à dessein écarté de lui et la généreuse ivresse du champ de bataille, et les caresses d'une femme et de filles bien-aimées. Il était seul à seul avec Celui devant lequel il allait comparaître. Plusieurs fois déjà, depuis son séjour à Ham, il avait eu au cœur des crises d'étouffement qui avaient failli l'enlever, et il vivait dans l'attente d'une mort subite, prêt à la recevoir au moment que Dieu aurait fixé. Toutefois rien ne lui annonçait un péril prochain ; depuis quelques mois sa goutte avait diminué ; il était plus animé, plus vif, plus causeur que jamais. Si cette santé eût encore pu être employée à la défense de l'Église, il se fût estimé trop heureux. Il était à Prouzel, et se préparait à rejoindre sa famille en Anjou. Sa dernière journée, le dimanche 10 septembre 1865, fut consacrée à ses devoirs de chrétien et à ses projets de voyage pour le Chillon. La soirée se passa avec le curé de l'endroit, à parler de l'efficacité des indulgences pour les âmes qui, après leur mort, ont encore des fautes à expier. Soumis d'avance à la doctrine de l'Église, Lamoricière tenait à la connaître sur ce point, comme s'il eût pressenti qu'il allait quitter ce monde. A dix heures il se retira dans sa chambre, et, selon son habitude, se mit à lire quelques pages dans l'histoire de l'Église de l'abbé Daras. Il s'était endormi paisiblement, lorsque, entre une et deux heures du matin, il se réveilla avec un étouffement terrible, et sonna son domestique. Le fidèle serviteur accourut ; il ne fut question ni de remède ni de médecin : « Monsieur le curé ! vite, monsieur le curé ! allez chercher monsieur le curé ! » Heureusement le presbytère touchait au château. En moins de dix minutes, le prêtre et le serviteur arrivaient ; et, montant l'escalier, ils entendaient encore le général, qui, d'une voix forte, appelait : « Monsieur le curé ! » Quand ils entrèrent, ils le trouvèrent agenouillé devant son lit, serrant sur ses lèvres le crucifix qu'il venait de décrocher de la muraille. Le prêtre se mit à genoux à côté de lui, lui donna l'absolution ; puis il voulut le relever, l'asseoir dans un fauteuil, l'approcher de la fenêtre ouverte. Mais le mourant n'avait plus de parole ; son œil seul était encore vivant, indiquant qu'il avait tout compris. Un instant après, il rendit le dernier soupir ! Son visage garda toute sa noble sérénité, image de la limpidité de son âme ; et quand son épouse, accourue à cette foudroyante nouvelle, le contempla une dernière fois, elle put dire qu'elle ne l'avait jamais vu plus beau.

« Cependant la France avait frémi en apprenant ce trépas. La ville d'Amiens, la première, voulut honorer comme il le méritait celui qui avait expiré à ses portes. L'évêque monta en chaire, et au milieu d'un auditoire bouleversé par l'émotion, il trouva une éloquence qu'il ne connaissait point pour pleurer le défenseur de l'Église. A Paris, une foule respectueuse escorta son cercueil. A Nantes, la ville entière se pressait dans la cathédrale. A Saint-Philbert, terme de ce douloureux voyage, le général Trochu parla au nom de l'armée française ; le comte de Quatrebarbes, au nom de l'armée pontificale ; l'abbé Richard fut l'interprète des sentiments du clergé français. Pendant des semaines, sur tous les points du territoire, des services spontanés furent célébrés pour le repos de cette âme, que les évêques les plus illustres louèrent à l'envi... »

Les détails édifiants que nous devons à l'historien du général de Lamoricière nous ont ramenés en France ; nous devons maintenant retourner par la pensée en Algérie, pour jeter un coup d'œil très-rapide sur la quatrième phase du développement de la puissance française en Afrique. Cette période commence au départ du duc d'Aumale et se prolonge jusqu'à nos jours. Le pays se pacifie, et des essais d'organisation se produisent avec des succès divers, mais toujours incomplets.

Quand la révolution de 1848 obligea les princes d'Orléans à prendre le chemin de l'exil, les généraux Cavaignac et Changarnier furent successivement nommés gouverneurs de l'Algérie. Mais ils exercèrent trop peu de temps leurs hautes fonctions pour pouvoir laisser dans le pays des traces profondes de leur administration.

Parmi les exploits militaires de cette longue période de vingt-sept ans, nous remarquons surtout les deux glorieuses expéditions (1850 et 1851) qui soumettent à l'autorité de la France les tribus de la petite Kabylie, contrée composée de chaînes de montagnes situées entre l'Oued-Sahel et la Seybouse ; nous citerons aussi les difficiles campagnes dirigées, en 1857, par le maréchal Randon, contre les nombreuses populations de la grande Kabylie. A la fin de cette guerre, Randon fit ériger au centre du pays le fort Napoléon, pour prévenir les tentatives de révolte, il décida la construction de plusieurs routes, destinées à faciliter les relations avec Constantine et avec la mer.

Entre ces expéditions il s'en place d'autres d'une moindre importance, qu'il faut entreprendre pour réprimer les soulèvements de certaines tribus, toujours disposées à guerroyer ; mais, à mesure que les années s'écoulent, l'emploi de la force devient plus rare, parce qu'il n'est plus nécessaire ; notre domination, mieux assise, commence à être respectée ; on comprend qu'il n'est plus possible de la mettre en péril, et des peuplades importantes, telles que la puissante confédération des Béni-M'zab, viennent se placer sous notre protection. On soumet plusieurs oasis, et, en pénétrant dans le désert, on prépare au commerce le moyen de nouer des relations d'affaires avec l'intérieur de l'Afrique.

Parmi les gouverneurs généraux de cette époque nous trouvons trois noms glorieux à des degrés, à des titres divers, et justement honorés en France : ce sont ceux des maréchaux Randon, Pélissier et Mac-Mahon.

CHAPITRE IX

Population européenne et indigène de l'Afrique septentrionale. — Kabyles, Arabes, Maures, Koulouglis, juifs, nègres. — Villes principales. — Gouvernement. — Impôts. — Agriculture, commerce, industrie. — Administration de la justice. — — Lois sur la propriété. — Sénatus-consulte de 1863.

Après avoir raconté sommairement la conquête de l'Algérie par la France, nous avons à faire connaître la population du pays, ses principales villes, son gouvernement, ses finances, son agriculture, son commerce, son industrie, ses lois sur la propriété, sur la colonisation.

La population actuelle de l'Algérie dépasse 3,000,000 d'âmes. Les indigènes figurent dans ce chiffre pour neuf dixièmes environ, et les Européens pour un dixième. Les Français forment les deux tiers de ce dixième ; le dernier tiers se compose d'Espagnols, d'Italiens, d'Anglo-Maltais, de Belges, d'Allemands, de Suisses, etc.

Quant aux indigènes, ils se subdivisent en plusieurs nationalités distinctes. Ce sont : les Kabyles, les Arabes, les Maures, les Koulouglis, les nègres et les juifs.

Les Kabyles, c'est-à-dire à peu près les deux cinquièmes de la population née dans le pays, descendent de l'antique race africaine. Ils s'appelaient autrefois Berbères ou Numides, et ils furent célèbres dans l'histoire par leur lutte prolongée contre la puissance romaine. Ils ont échappé au mélange des diverses invasions, et ont sauvegardé dans une certaine mesure leur indépendance en s'établissant dans les montagnes, et en évitant le plus possible les contacts et les alliances avec les conquérants. On les reconnaît à leur taille moyenne, à leur front large, à leur visage carré, à leurs lèvres épaisses et à leur teint basané. Ils habitent des *gourbis* ou cabanes construites en pisé et en pierres, dont l'agglomération plus ou moins importante forme les bourgs et les villages. Ouvriers laborieux et loyaux, ils cultivent la terre ou se livrent aux professions industrielles pendant la paix; en temps de guerre, ce sont de courageux fantassins. Beaucoup d'entre eux se résignent à émigrer, et vont passer un certain temps dans les villes pour y gagner un pécule; mais, comme ils aiment par-dessus tout leurs montagnes, ils se hâtent d'y revenir dès qu'ils ont amassé quelques économies.

Ils sont imbus des erreurs mahométanes, comme la plupart des anciens habitants du pays; toutefois on retrouve dans leurs pratiques religieuses des symboles du christianisme. Beaucoup d'indices autorisent à penser que leurs ancêtres étaient chrétiens, et une des preuves à invoquer en faveur de cette opinion, c'est qu'ils n'admettent pas la polygamie, si généralement répandue autour d'eux; ils traitent avec égards leur unique femme, s'attachent à elle, la regardent comme leur compagne et non comme leur esclave. M. Roy, dans son *Histoire de l'Algérie*, cite le fait remarquable que nous allons reproduire. « Après la dernière expédition de 1857, qui achevait la soumission de la grande Kabylie, un de leurs émirs ou chefs a déclaré qu'il se proposait de faire élever ses enfants dans la foi chrétienne. Il y a longtemps, dit-il, avant le Prophète, les aïeux de nos aïeux avaient la religion de la croix, comme les Francs d'Europe. Nos enfants reprendront la religion de leurs pères ! »

Les Kabyles sont donc les descendants du peuple qui eut la gloire de donner à l'Église une foule innombrable de martyrs et de saints, parmi lesquels on distingue Monique et Augustin.

Quand les Arabes envahirent l'Afrique, l'épée d'une main et le Coran de l'autre, ils mirent à mort, comme nous l'avons dit, ceux qu'ils purent atteindre et qui ne voulurent pas apostasier. Dix millions d'habitants périrent ainsi; un nombre à peu près égal fut transporté en Arabie. Le reste se sauva dans les montagnes, et y conserva longtemps le trésor de la vraie foi. Une lettre de Grégoire VII, écrite au xie siècle, c'est-à-dire quatre cents ans après la conquête du pays par les musulmans, encourage les Kabyles à la persévérance, et les exhorte à donner aux infidèles l'exemple des vertus chrétiennes.

Ils ne devinrent mahométans que quand ils cessèrent d'avoir des prêtres pour les instruire et leur administrer les sacrements; et même alors, si les masses succombèrent, bien des individus conservèrent dans leur cœur le dépôt sacré de la vérité religieuse, et s'efforcèrent de le transmettre à leurs enfants comme la meilleure part de leur héritage.

« ... Sous leur mahométisme, selon le témoignage d'un missionnaire contemporain, ils conservent encore le souvenir de leur ancienne foi. Ils savent que leur père était chrétien; ils le disent; ils portent souvent, tatoué sur leur front, sur leurs mains, le signe sacré de la croix; et lorsqu'on leur demande ce que signifie ce signe, ils répondent : « C'est le signe de la voie que suivaient nos pères.

« — Quelle voie suivaient vos pères ?

« — Celle qui conduit au bonheur. »

« Je suis allé, continue le vénérable prêtre, il y a quelques mois, visiter en pèlerin les ruines d'Hippone.

« C'était une grande ville, placée sur le bord de la mer, au pied des montagnes. Elle s'élevait en amphithéâtre sur deux collines séparées par une plaine que couvraient aussi ses maisons et ses édifices.

« J'avais gravi la plus haute de ces collines, au sommet de laquelle se trouvent encore les ruines de la citadelle qui servait à la défendre. Je m'étais assis sur une pierre, contemplant la mer immense qui se déroulait sous mes yeux, les bois d'oliviers qui croissent au milieu des ruines, les montagnes lointaines, et je me disais à moi-même :

« C'est là qu'Augustin a vécu. Ici, cachée sous la terre, est la maison où il demeurait avec ses prêtres, l'église où il priait, les rues que foulaient ses pas; c'est d'ici que ce grand génie a lancé tant de lumières et tant de foudres. C'est ici qu'il a pleuré les erreurs et les fautes de sa jeunesse; c'est ici qu'il pensait à sa mère et qu'il priait pour elle; c'est ici qu'il est mort, chargé d'années, de gloire, de vertus. Et maintenant qui pense à lui dans ce lieu désert? Qui prononce son nom? Qui le prie?

« Au milieu de ces pensées je m'étais levé, et je descendais lentement la colline, lorsque j'entendis, au milieu des ruines, un bruit de voix que je reconnus bientôt pour celles d'indigènes. Je m'approchai, et sous les voûtes à moitié écroulées d'un grand édifice qui paraissait avoir servi à des thermes ou à des greniers publics, j'aperçus deux vieillards et une femme qui faisaient brûler des cierges près du mur le plus élevé.

« — Que faites-vous là? leur dis-je.

« — Nous faisons brûler des cierges au *grand chrétien*.

« — Et quel est le nom de ce grand chrétien?

« — Nous ne savons pas; nous faisons ce que nous ont appris nos pères. »

« Je le savais, ce nom, et au fond du cœur je dis : Augustin, priez Dieu d'avoir pitié des enfants de votre peuple! »

« En rentrant à Bone, je traversai l'une des deux rivières qui enveloppaient l'ancienne Hippone de leurs gracieux contours.

Mon guide me dit : « Cette rivière rappelle aussi le grand évêque d'Hippone.

« — Comment cela ?

« — Les indigènes l'appellent la rivière du *Père de l'Église.* »

Les habits des Kabyles de nos jours sont encore ceux que portaient les anciens habitants du pays : une chemise de laine descendant au-dessous du genou, une longue étoffe blanche du même tissu dans laquelle ils se drapent, une calotte de feutre ou le burnous des Arabes sur leur tête, des guêtres tricotées aux jambes, et un tablier de cuir pour le travail ; voilà les principaux éléments de leur costume habituel.

Les Kabyles ont une langue spéciale, altérée par les emprunts qu'elle a faits à celle des Arabes. Ils se partagent en tribus ; chaque tribu se compose de communes formées d'un certain nombre de bâtiments et de maisons appartenant à la même famille. La commune est administrée par un conseil formé des représentants de chaque famille. Ce conseil est présidé par un *amin* ou maire qu'il choisit dans son sein. Chef civil et militaire de la commune, l'amin exécute les décisions du conseil ; sauf les cas d'urgence, il ne peut rien sans son intervention et n'agit que comme son délégué. Les amins des villages et petites villes constituent un corps électoral chargé de nommer le directeur politique de la tribu. Ce haut fonctionnaire s'appelle *amin des amins.*

Chaque tribu est indépendante, et se gouverne comme elle l'entend. Elle peut se réunir à d'autres et former avec ses voisines une sorte de fédération ; mais cette association est complétement libre et volontaire.

Les Arabes forment presque les trois cinquièmes de la population indigène. Ce sont les fils de ces fanatiques conquérants qui s'emparèrent du pays au VIIe siècle. Grands, agiles, vigoureux, ils ont le front fuyant, les lèvres minces, les yeux vifs, le nez aquilin. Accoutumés à une vie errante, ils habitent de préférence les plaines, et s'abritent sous des tentes qui s'harmonisent mieux que les gourbis avec leurs goûts nomades. Ils cultivent la terre lorsqu'ils la trouvent fertile comme dans le Tell; ils se livrent à l'élève des bestiaux quand le sol leur semble approprié à ce genre d'industrie agricole comme dans le Sahara.

Ils sont intelligents, ont de l'imagination, aiment la famille, la tribu, l'indépendance, et pratiquent volontiers l'hospitalité; mais ces qualités s'effacent devant des vices tels que le goût du vol, l'habitude du mensonge, la paresse, l'orgueil et la dissolution des mœurs. Passionnés pour les chevaux exceptionnels dont ils sont pourvus, ils s'en servent continuellement, et les traitent avec plus de ménagements que leurs femmes. Celles-ci, malheureuses et méprisées, sont pour le riche un moyen de satisfaire ses instincts grossiers, et pour le pauvre des servantes accablées de travail et d'humiliation.

Comme les Kabyles, les Arabes se divisent en tribus; chez les premiers, qui sont sédentaires, l'élément de la tribu est le village ou la petite ville; chez les derniers, qui sont nomades sans être errants, car leurs mouvements ne dépassent pas certaines limites, on habite, comme nous l'avons dit, sous la tente. Chaque chef de famille est propriétaire d'un douar; le douar est formé d'une agglomération de tentes disposées en cercle, et au milieu desquelles se gardent les troupeaux. Le maître du douar réunit autour de son pavillon celui de ses enfants, de ses parents, de ses alliés, de ses fermiers, a autorité sur tous, et représente leurs intérêts dans le conseil de la tribu.

Les Arabes comptent dans leur sein trois catégories de nobles généralement respectés et influents. La noblesse d'origine se compose de ceux qui prétendent descendre de la fille ou de l'oncle de Mahomet. La noblesse militaire comprend les familles anciennement connues dans le pays et celles qui remontent à la tribu dont faisait partie le fondateur de l'islamisme. Les marabouts ou prêtres musulmans, voués à la prière et à l'étude du Coran, forment la noblesse religieuse, qui est souvent consultée pour le règlement des intérêts privés et la solution des questions politiques.

Après l'aristocratie viennent les propriétaires, puis les fermiers et les manœuvres. Le signe caractéristique du costume arabe est le manteau appelé *burnous*.

Les Maures de notre temps ne sont pas, comme leur nom semblerait l'indiquer, les descendants des anciens habitants de la Mauritanie; ils sont issus du mélange des diverses nations qui ont successivement habité le nord de l'Afrique. Peu nombreux, ils ne se rencontrent guère que dans les villes du littoral, s'adonnent à la petite industrie et au commerce de détail. Insouciants, inactifs et doux, ils portent une sorte de costume turc, un turban, une veste, deux gilets brodés, une large culotte descendant jusqu'aux genoux et maintenue par une ceinture de laine rouge.

Les femmes mauresques croient ajouter à leurs agréments naturels en usant de fard, en se teignant les sourcils, les mains, les pieds, et en se couvrant la tête, le cou et les bras de colliers, de bracelets et de bijoux. Leur riche costume se compose d'une chemise blanche, d'une veste brodée en or, d'un pantalon qui s'arrête au milieu de la jambe, et d'un châle de soie. Quand elles sortent de leur maison, elles se couvrent de nombreux vêtements et d'un grand manteau de laine blanche.

Les trente mille Koulouglis qui existent en Afrique sont les enfants de Turcs et de femmes indigènes. Maltraités par les deys, qui les avaient privés des priviléges dont leurs pères avaient joui, et attaqués par les Arabes au moment de la chute des tyrans algériens, ils se prononcèrent pour la France immédiatement après la conquête. Beaucoup d'entre eux ont pris du service dans notre infanterie, où on les désigne sous le nom de *Turcos*.

Les juifs sont bien plus nombreux; mais les nègres forment

à peine quelques milliers d'individus. Les premiers sont surtout colporteurs et fabricants de bijoux; les seconds travaillent à la campagne comme aides agricoles, et à la ville comme manœuvres, domestiques, ouvriers, industriels, etc.

« Les juifs, dit M. le capitaine Carette, n'ont paru se faire remarquer que par la blancheur générale de leur teint; malgré l'influence du climat, on rencontre parmi eux très-peu de peaux brunes; aussi forment-ils avec les nègres un double contraste. Tandis que l'israélite porte sur sa peau blanche un vêtement de couleur sombre, monument de son ancien ilotisme, le nègre, cet autre ilote, montre une prédilection marquée pour les couleurs claires. Il porte presque invariablement le turban et le séroual blancs, et presque toujours aussi une veste blanche. Jusque dans les industries qui le font vivre, il semble rechercher des oppositions à la couleur de jais luisant dont la nature l'a couvert. Il se fait marchand de chaux, et sa compagne marchande de farine. Dans presque toutes les villes il exerce la profession de badigeonneur. On le voit promener son pinceau à long manche sur la coupole des minarets, sur les façades et les terrasses de tous les édifices. C'est à ces mains noires qu'Alger doit le voile blanc qui l'enveloppe, et qui dessine de loin sa forme triangulaire, encadrée dans la verdure de ses coteaux et de ses campagnes. »

Les Arabes n'ayant aucune répugnance pour la couleur des nègres, les deux races forment entre elles de nombreuses alliances, et leurs enfants sont mulâtres.

On trouve encore dans les villes une classe d'individus appelés *Berranis* ou *gens du dehors*. Ce sont des habitants de la campagne, appartenant en général aux diverses races dont nous venons de parler, attirés dans les cités par l'espoir d'y gagner davantage en y exerçant leurs professions, et de retourner ensuite dans leur pays pour y jouir de leurs économies. Ils sont organisés en corporations, et placés sous la surveillance de syndics nommés par le gouvernement.

Les principales villes de l'Algérie sont : Alger, Constantine, Oran, Tlemcen, Bone et Philippeville. On peut aussi mentionner la ville forte de Mostaganem; Blidah, fortifiée par la France; Bougie, qui développe avec succès son commerce d'instruments aratoires, d'huiles, etc., et qui a donné son nom aux chandelles de cire appelées *bougies,* dont elle fabrique une grande quantité; et enfin Mazagran, bourg de la province d'Oran, célèbre par la valeur avec laquelle, en 1840, cent vingt-trois Français s'y défendirent contre douze mille Arabes.

Capitale des possessions de la France dans l'Afrique septentrionale, siége d'un archevêché et d'une cour d'appel, chef-lieu d'une académie universitaire, Alger, située sur la Méditerranée, est le centre des administrations militaires, civiles, maritimes et financières du pays. Le gouverneur général réside dans cette ville, dont l'importance tend sans cesse à s'accroître : préfecture, tribunaux de première instance et de commerce, lycée, collége arabe-français, école de médecine et de pharmacie, musée, bibliothèque, observatoire, banque, bourse, chambre de commerce et d'agriculture, société historique et archéologique, caisse d'épargne, mont-de-piété, bureau de bienfaisance, hôpitaux, Alger possède les institutions et les établissements fondés dans nos grandes cités. Sa configuration est à peu près celle d'un triangle dont la base s'étend le long de la mer, et dont le sommet est dominé par une citadelle nommée Casbah ou Casaubah, qui s'élève à cent dix-huit mètres au-dessus du niveau de la mer. Sa surface actuelle est triple de celle qu'elle occupait autrefois. Les rues, les places, les édifices créés par la France l'ont assainie, embellie, et lui donnent dans plusieurs quartiers un aspect analogue à celui des cités européennes. On peut la diviser en deux parties distinctes.

La ville vieille se reconnaît à ses rues étroites, tortueuses, escarpées, à ses maisons carrées d'un seul étage, blanchies à la chaux, dépourvues de fenêtres extérieures, surmontées de terrasses. Les rues, fraîches en été, sont préservées de la pluie en hiver, parce que souvent les bâtiments dont elles sont bordées de chaque côté s'avancent les uns vers les autres en forme de voûte.

La partie de la ville située près de la mer a été démolie et reconstruite à la moderne; mais on y a conservé quelques-uns des monuments mauresques les plus curieux. Là se trouve avec ses belles rangées de platanes la vaste place du Gouvernement, centre auquel aboutissent les rues principales, et où se sont groupés des édifices remarquables. La place du Palais réunit l'hôtel du gouverneur, le palais de l'archevêque et la cathédrale, construite dans un style mauro-byzantin. Le jardin Marengo est une promenade agréable, ornée de kiosques et de fontaines de marbre.

Quant à la ville neuve, elle est bâtie au sud de la vieille, possède de beaux monuments et renferme la place d'Isly, décorée de la statue du maréchal Bugeaud.

La plupart des églises, telles que celles de Notre-Dame-des-Victoires et de Sainte-Croix, sont d'anciennes mosquées.

Alger, éclairé au gaz, compte un certain nombre de magasins où le luxe trouve à se satisfaire comme en France.

Le port a été transformé et notablement agrandi, grâce à une jetée artificielle, formée d'immenses blocs de béton solidifié. Un vaste système de fortifications a pour but de la mettre à l'abri de toute attaque par terre ou par mer.

Cette ancienne capitale de la piraterie a traversé des siècles d'oppression et d'iniquités. La France, en lui apportant le christianisme, lui a ouvert une ère de réparation et de paix.

Les autres villes ont une importance secondaire.

Constantine renferme beaucoup de ruines et de monuments romains très-précieux; son nom rappelle le souvenir de Constantin, qui l'a rebâtie : c'est une place forte de 40,000 âmes, le chef-lieu de la province et le siége d'un évêché.

Oran possède aussi un évêché. Construite autrefois par les Maures chassés d'Espagne, elle renferme un fort et plusieurs édifices remarquables. Sa population est d'environ 15,000 âmes.

Tlemcen, moins considérable, fut longtemps la capitale d'un État arabe, et semble se souvenir encore de son antique splendeur.

Bone, ville à la fois commerçante et industrielle, a été bâtie près des ruines d'Hippone, et rappelle saint Augustin. On y voit un château fortifié et deux ports fréquentés pour la pêche du corail.

Philippeville (à l'embouchure de l'Oued-el-Kébir), ainsi nommée en l'honneur du roi Louis-Philippe, a été construite en 1839 par les Français, sur les ruines de l'ancienne Rusicada, et compte plus de 6,000 âmes.

La haute administration de la colonie est confiée à un gouverneur général, suppléé en son absence par un sous-gouverneur. Il commande les forces de terre et de mer, surveille tous les services, et nomme à un grand nombre de fonctions. Un directeur, placé sous ses ordres, centralise les affaires civiles, propose les mesures favorables à l'agriculture et à la colonisation.

Le gouverneur préside deux conseils qui le secondent dans sa difficile mission : l'un, appelé *consultatif*, donne son avis sur toutes les questions qui intéressent le domaine de l'État, la création des nouvelles communes, les concessions de forêts, de mines, etc. ; l'autre, nommé *conseil supérieur*, examine le budget préparé par le gouverneur, et la répartition des crédits entre les différents services.

Au point de vue administratif, l'Algérie compte trois provinces qui partagent le pays en longues fractions perpendiculaires au rivage de la mer : ce sont celles d'Alger, de Constantine et d'Oran. Chaque province se subdivise en territoires civils et militaires. Le territoire civil commence au bord de la mer, et s'avance dans l'intérieur de l'Afrique jusqu'aux dernières possessions des colons européens. Cette surface forme le département, qui se fractionne en arrondissements, districts ou grands cantons et communes. Comme en France, on trouve à la tête du département un préfet, assisté d'un conseil de préfecture et un conseil général; dans l'arrondissement, un sous-préfet; dans le district, un commissaire civil, souvent juge de paix ; dans la commune, un maire et un conseil municipal. Sous la direction du préfet un bureau arabe départemental, sous celle du sous-préfet un bureau arabe d'arrondissement règlent les questions de justice, d'école, de police, de perception d'impôt, qui intéressent les indigènes établis dans la circonscription.

Quant aux territoires militaires, ils sont exclusivement occupés par les indigènes, ou, du moins, l'élément européen ne s'y trouve qu'en faible minorité. Tels sont le Sahara algérien, les plateaux et la plus grande partie du Tell. L'administration de ces contrées et de leurs habitants, centralisée à Alger, compte autant de divisions que de provinces. Les trois chefs-lieux sont : Blidah, Constantine et Oran. La division se fractionne en subdivisions et en cercles. A sa tête est placé un général assisté d'un bureau arabe divisionnaire; il a, dans sa circonscription, les attributions d'un préfet. Un bureau arabe militaire fonctionne aussi dans la subdivision et dans le cercle. Il est l'intermédiaire légal entre l'autorité française et les tribus; il se compose d'un capitaine, assisté d'un ou deux adjoints.

Les tribus soumises à notre domination sont au nombre de plus de douze cents. Leur ancienne organisation a été respectée; cependant une grave modification a été introduite dans le choix de leurs chefs, attribué au général de division ou au gouverneur lui-même. Le directeur d'une seule tribu s'appelle *kaïd*. Si plusieurs tribus sont groupées sous un même directeur, leurs chefs, suivant l'importance du groupe, se nomment *agha* ou *kaïd-el-kiad*, *bach-agha* ou *kalifa*. Ces différents dignitaires, assistés des personnages les plus notables de leur nation, administrent, recueillent l'impôt, jugent les différends, peuvent imposer des amendes, et reçoivent de la France des traitements proportionnés à l'étendue de leurs fonctions.

Le bureau arabe surveille l'administration des indigènes, dirige les agents des tribus, maintient les kaïds dans la fidélité aux lois, veille à la police des routes et des marchés, prévient les vols, réprime les délits, prépare les travaux publics, protége les colons, appelle et commande en temps de guerre les contingents arabes et kabyles, etc.

La justice civile et criminelle est rendue aux Européens par une magistrature amovible qui applique le droit français. Quarante justices de paix, six tribunaux de première instance, trois tribunaux de commerce, une cour d'appel, des cours d'assises qui se prononcent sans l'assistance des jurés, constituent les rouages judiciaires.

La justice musulmane puise dans le Coran les motifs de ses décisions. Ses tribunaux civils se composent d'un juge ou *kadi* et d'assesseurs appelés *adels*, tous nommés par le gouverneur général. Ces kadis marient et prononcent les divorces; ils rédigent les conventions, partagent les héritages, et remplissent, à beaucoup d'égards, les fonctions de notaires.

Dans les trois jours qui suivent leur jugement, la partie qui se croit lésée peut demander la révision de la sentence à un conseil consultatif, qui donne son avis au kadi sans que celui-ci soit tenu de le suivre. Elle a le droit d'appel devant le tribunal français de première instance ou la cour, suivant l'importance de la cause. Pour statuer sur ces appels, les magistrats s'adjoignent des assesseurs musulmans, avec voix consultative.

En matière criminelle, les indigènes sont justiciables des cours d'assises lorsqu'ils habitent les circonscriptions civiles. S'ils se trouvent dans les territoires militaires, ils sont envoyés devant les conseils de guerre s'il s'agit de crimes; devant des commissions mixtes, composées de magistrats et d'officiers, quand ils sont prévenus de délits.

Les charges publiques sont bien moins lourdes en Algérie qu'en France pour les Européens. Ils n'ont à payer ni l'impôt foncier, ni ceux des portes et fenêtres et du tabac, ni les droits de succession, ni ceux de consommation sur les vins et alcools, à l'exception de ceux que doivent acquitter les débitants de boissons.

Les indigènes paient en argent la dîme de la récolte, d'après une évaluation proportionnée à l'importance de la moisson, et une contribution sur les bestiaux qui se fixe aussi chaque année.

S'ils exploitent des domaines de l'État, ils sont assujettis à une redevance moyenne de vingt francs par charrue, c'est-à-dire pour une étendue qui varie de dix à vingt hectares, suivant la fertilité des terres.

Ils paient en outre, annuellement, la contribution extraordinaire, fixée pour chaque tribu au moment de sa soumission.

L'ensemble des impôts algériens suffit à couvrir les charges civiles, générales et particulières de la contrée. Quant aux frais d'entretien de l'armée, qui dépassent soixante millions, ils restent à la charge de la France. Mais il convient de rappeler ici que les avantages matériels procurés à la métropole par un établissement colonial ne s'estiment pas seulement par les trésors qu'elle en retire; les débouchés ménagés au commerce, le mouvement des importations et des exportations occupent une place importante dans cette évaluation.

Au point de vue que nous signalons, l'Algérie progresse et obtient des résultats chaque année plus satisfaisants. Ses productions agricoles se développent et prendraient plus d'extension, si de nouvelles routes se créaient, si les anciennes s'amélioraient, si les colons européens arrivaient en plus grand nombre, et si les indigènes se décidaient à adopter les méthodes et les instruments agricoles importés par les Français.

A part quelques usines métallurgiques, l'industrie possède en Algérie peu d'établissements qui méritent d'être cités; mais les opérations commerciales y prennent un développement considérable. Avant la conquête, elles ne dépassaient pas cinq à six millions; de nos jours, leur importance peut s'évaluer à cent cinquante millions. L'Algérie reçoit de la France : café, sucre, vin, eau-de-vie, farineux, savons, peaux préparées, fer, fonte, acier, faïence, porcelaine, verrerie, etc. Elle expédie sur notre continent : blé, laine, huile d'olives, coton, tabac, peaux brutes, soie, liége, plomb, corail, crin végétal, légumes, fruits, essences, bois de thuya, etc.

Avant la conquête, la propriété du sol algérien, réglée par le Coran, se divisait en quatre catégories. On distinguait : 1° les biens libres, privés, qui se transmettaient sans difficulté, et se justifiaient par des titres réguliers; 2° les possessions de mainmorte, appartenant à des corporations qui ne pouvaient pas les aliéner; 3° le domaine de l'État, dont la jouissance était laissée au dey; 4° les biens possédés collectivement par les tribus.

Après la conquête, la France a respecté les propriétés privées, s'est emparée du domaine de l'État et de celui dont les corporations étaient usufruitières, en s'engageant à acquitter les charges dont il était grevé. Quant aux terres possédées par les tribus, elles ont donné lieu à de nombreuses controverses. Le sénatus-consulte de 1863 reconnaît à ces tribus la propriété des terrains dont elles ont la jouissance traditionnelle; il ordonne leur délimitation, leur répartition entre les divers douars ou villages, et autant que possible le partage de ces biens entre les habitants des douars, afin d'arriver avec le temps à transformer les droits collectifs en propriétés individuelles, accessibles à tous, devenant le stimulant et la récompense de l'activité, du travail et de l'économie.

D'après le décret impérial du 25 juillet 1860, les terres dont le domaine public peut disposer s'acquièrent par la triple voie des enchères publiques, des ventes à prix fixe et des concessions gratuites.

Les transactions et transmissions de propriétés sont régies par le Code civil, quand les Européens traitent entre eux ou avec les musulmans; entre musulmans, elles sont réglées par le Coran.

CHAPITRE X

Institutions chrétiennes. — M⁹ʳ Dupuch. — Cathédrale d'Alger, palais épiscopal. — Sœurs de Charité. — Trappistes à Staouëli. — Faux calculs de l'administration civile. — M⁹ʳ Pavy. — Orphelinat dirigé par le R. P. Brunault. — Église de Notre-Dame d'Afrique. — Après la mort de M⁹ʳ Pavy (1866), trois évêchés : Alger, Constantine, Oran. — Œuvres développées ou fondées par M⁹ʳ Lavigerie. — Lettres du R. P. Olivier et du R. P. Charmetant sur les habitants du désert. — Discours de M⁹ʳ Lavigerie après la consécration des missionnaires africains. — Œuvre des orphelins. — La civilisation de l'Afrique sera la conséquence de sa conversion au catholicisme.

L'avenir d'une colonie dépend de la conduite des colons et des principes religieux qui se reflètent dans leur vie. Il est donc intéressant de connaître les institutions chrétiennes établies depuis la conquête dans l'Afrique septentrionale. En les étudiant nous resterons fidèle au titre de cet ouvrage; car nous rencontrerons parmi les fondateurs de nouvelles illustrations d'Afrique.

Reconnaissons-le tout d'abord avec un profond regret, les premiers émigrants furent, pour la plupart, dépourvus des qualités nécessaires à la colonisation. Ivrognes, débauchés, indifférents ou hostiles à l'égard du christianisme, ils excitaient le mépris des vaincus, et les Arabes, essentiellement religieux, s'indignaient à la pensée qu'un peuple impie voulût lui imposer sa domination. Pour réussir à consolider notre conquête, nous avions besoin de gagner leur estime; et pour remporter cette seconde victoire, il eût fallu rendre évidente à tous les regards la supériorité de notre valeur morale; car si la force matérielle est une des bases de l'autorité, la puissance, pour être durable, doit surtout s'appuyer sur la justice et la vertu.

Ces principes élémentaires restèrent inappliqués dans les premiers temps, et notre influence s'en ressentit. Comme le gouvernement méconnaissait l'importance de la foi, et qu'il redoutait les critiques des hommes qui la persécutaient, il négligea de donner satisfaction aux besoins religieux des colons. C'est ainsi qu'il attendit huit ans avant de créer l'évêché qui eut pour premier titulaire Mgr Dupuch.

Destiné par sa famille à la carrière de la magistrature, M. Dupuch avait fait son droit à Paris, s'y était lié avec des amis chrétiens, et avait consacré comme eux à la charité ses loisirs et sa généreuse activité. Les pauvres petits Savoyards, séparés si jeunes de leurs familles, excitaient spécialement sa compassion. Il les savait livrés à des maîtres sévères, qui les traitaient durement et abusaient trop souvent de leurs forces naissantes; aussi, quand il s'agissait de les soulager ou de les recueillir, les sacrifices ne lui coûtaient rien, et il suivait l'élan de son cœur sans consulter toujours les règles de la prudence.

Sa vocation, longtemps incertaine à ses yeux, se dégagea tout à coup des nuages dont elle semblait enveloppée, et lui apparut évidente le jour où, entrant dans une église, il entendit un prédicateur célèbre s'écrier : « Lorsque les saints arriveront au ciel, ils pousseront un cri d'étonnement, d'admiration, d'ivresse, et ce sera toujours ainsi ! » Ces paroles furent pour son âme comme des traits de lumière qui lui montraient sa voie, en lui révélant l'incomparable beauté du paradis, et en lui inspirant le courage de renoncer à tout pour être plus sûr d'y entrer. Elles firent cesser toutes ses hésitations, et, quarante-huit heures après les avoir recueillies, il entrait au séminaire (1822), heureux d'y retrouver des amis de l'école de droit, parmi lesquels on distinguait le révérend père de Ravignan.

Après de fortes études il fut ordonné, embrassa la carrière des missions, et fut un prêtre d'élite. Ses vertus, son amour des pauvres, sa chaleureuse éloquence avaient acquis une renommée qui s'étendait au loin; quand il s'agit de la difficile organisation du nouveau diocèse africain, il fut jugé capable d'entreprendre cette grande œuvre.

L'évêque d'Alger reçut pour cathédrale un monument de forme élégante qui rappelle celle de l'église de l'Assomption de Paris; c'était l'ancienne mosquée des femmes. Le dôme principal, entouré de dix-neuf coupoles plus petites, repose sur seize colonnes de marbre blanc d'un seul bloc. Il s'y trouvait de nombreuses inscriptions du Coran, autour desquelles Mgr Dupuch fit inscrire en lettres d'or les paroles suivantes de saint Paul :

JESUS CHRISTUS HERI, HODIE ET IN SÆCULA.

JÉSUS-CHRIST ÉTAIT DANS LE PASSÉ, IL EST DANS LE PRÉSENT,
IL SERA TOUJOURS.

Les mosquées renferment une grande niche, où chaque vendredi le prêtre musulman chante les prières solennelles. Dans la nouvelle cathédrale, on se servit de cette niche pour y placer l'autel de la sainte Vierge. Autour de sa statue, le prélat eut l'heureuse pensée d'ordonner la reproduction du verset qu'on va lire, et qui est tiré du Coran :

« Dieu envoya un ange à Marie, pour lui annoncer qu'elle
« serait la mère de Jésus.

« Marie lui répondit :

« — Comment cela se fera-t-il ? »

« L'ange reprit :

« — Par la toute-puissance de Dieu. »

Une maison, où descendaient les beys de Constantine quand ils se rendaient à Alger pour payer le tribut, devint le palais épiscopal. Ce monument se distingue à l'intérieur par la richesse de ses marbres. Sa principale pièce, ornée des sculptures les plus gracieuses, a été transformée en une charmante chapelle gothique. Mgr Dupuch en a fait la description suivante :

« Tout est en marbre ou dentelle de pierre. Sept portes, de différentes grandeurs, y sont sculptées d'une manière admirable; vingt colonnes torses en marbre blanc, ornées de chapiteaux d'une délicatesse infinie, soutiennent la voûte et la partagent en douze niches, dédiées à la mémoire de douze des plus illustres de nos saints prédécesseurs. Un ange de forme antique y repose sur un monument de marbre blanc de Carrare, tiré des ruines sacrées d'Hippone; l'inscription, admirablement conservée, rappelle qu'il fut élevé à la mémoire d'un enfant, couché à ses pieds à la fin de son premier printemps. Au milieu du sanctuaire et sous la harpe de bronze, une grande rosace en mosaïques arrachées aux mêmes ruines, représente, par ses deux anneaux entrelacés, l'union des deux Églises. Dans l'autel a été déposé le corps entier de saint Modestin, jeune martyr de douze ans, dont nous apportâmes les reliques insignes des lointaines catacombes de Rome. Au-dessus est un beau tableau de l'Assomption, donné par la reine Marie-Amélie; aux deux côtés deux anges adorateurs, les mêmes que ceux du maître-autel de Saint-Sulpice à Paris. A droite, dans un enfoncement, le confessionnal, au-dessus duquel sont écrites en lettres d'or ces paroles plus précieuses que l'or le plus pur :

VENITE AD ME, OMNES QUI LABORATIS ET ONERATI ESTIS,
ET EGO REFICIAM VOS[1].

---

[1] Venez à moi, vous tous qui êtes fatigués, qui êtes accablés, et je vous soulagerai.

« En face est appendue une madone de grand prix; capturée au temps des pirates par un corsaire algérien, elle est retombée providentiellement entre nos mains; enfin, en forme de table de communion, deux magnifiques rampes en balustre de marbre blanc, incrustées de fleurs de marbre antique du plus précieux travail, restes de la chaire de Mahomet. L'autel est surmonté d'une coupole par où descend un jour religieux; à la porte et dans son turban, creusé à cet effet, le tombeau d'un dey garde l'eau bénite. Sanctuaire béni mille fois! mille fois plus précieux par le trésor des grâces qu'il renferme déjà, par ceux qui s'y multiplient tous les jours, que par le marbre et l'airain, par les prodiges de la toile et du ciseau! »

Bien des grâces furent accordées dans cette charmante chapelle aux prières et aux vertus de Mgr Dupuch. Dès 1840, il y reçoit cent trente abjurations de protestants, sans compter celles des juifs et des musulmans. Les années suivantes, d'autres retours très-nombreux sont la récompense d'un apostolat fécondé par une immense charité. La bienfaisance de l'évêque est, pour ainsi dire, sans bornes; car, suivant une parole presque proverbiale chez les indigènes, *le morceau même qu'il a dans la bouche n'est pas à lui*. Aussi se plaisent-ils à lui donner des témoignages d'amour et de respect. A Constantine, les mahométans transportent dans l'église catholique la chaire de leur mosquée. Partout les marabouts, Abd-el-Kader lui-même, expriment leur vénération pour le prélat.

Il appelle les ordres religieux à le seconder dans son auguste ministère. A sa demande, des sœurs viennent de France pour instruire les enfants, pour soigner les malades. En admirant leurs œuvres, les Kabyles et les Arabes les comparent à des anges descendus sur la terre pour y répandre des bienfaits. Les femmes, d'abord étonnées de voir les religieuses sortir de leurs maisons, sont touchées et ravies quand elles apprennent que ces Françaises ont voulu renoncer aux joies de la famille et aux douceurs d'une vie facile pour se vouer au service de malheureux qu'elles ne connaissent pas.

En 1843, l'évêque obtient des trappistes [1], grâce au concours du comte de Corcelles, qui suggère au maréchal Bugeaud la pensée de les attirer en Afrique. Ces vaillants cultivateurs sont appelés à Staouëli, près d'Alger, là même où l'armée française avait campé quand elle était venue pour conquérir l'Algérie; sous l'habile direction du révérend père Régis, leur supérieur, ils ouvrent un monastère important, où les indigènes apprennent à la fois l'agriculture perfectionnée et le chemin du ciel. L'exploitation est vaste, car il s'agit d'une superficie de mille hectares. Le pays est si peu salubre qu'avant l'arrivée des religieux les troupes y étaient décimées, et ils commencent eux-mêmes par payer un large tribut à la mort. Mais l'ordre ne se décourage pas, et son héroïque persévérance est couronnée. Plus de cent trappistes donnent dans cet établissement l'exemple du travail qui fertilise la terre, et de la mortification qui attire la divine miséricorde. Charronnage, menuiserie, forges, serrurerie, ils exercent les divers états utiles aux besoins de la culture. Leurs drainages bien organisés irriguent des cultures industrielles. Leur bétail est remarquable; ils vendent les produits aux colons pour remplacer les animaux très-inférieurs du pays. Ils emploient bon nombre d'ouvriers, qui demeurent dans leur maison.

D'ailleurs, « tous ceux qui manquent d'ouvrage, dit M. Louis de Baudicour dans son *Histoire de la colonisation*, les convalescents des hôpitaux, les infirmiers, les indigents sont sûrs d'y trouver un emploi, un abri et du pain. La porte n'est fermée pour personne. Les bons religieux savent à la fois relever les courages abattus et consoler les cœurs affligés. Leur seule ambition est de

---

[1] Les trappistes, célèbres par la sévérité de leur règle, existent depuis plus de sept cents ans, et ont été fondés par saint Bernard. Vêtus d'une robe de bure, ils observent un silence absolu, se nourrissent de pain et de légumes cuits à l'eau; ils partagent leur temps entre la prière et le travail manuel, et doivent très-souvent méditer sur les fins dernières de l'homme.

mourir victimes de leur dévouement... Faisons des vœux pour que de pareils établissements se multiplient en Afrique, et soient implantés, comme l'eût désiré M. le maréchal Bugeaud, au sein même des populations arabes. Ils n'y seraient pas seulement un exemple de vertu, mais aussi de travail agricole. Après les résultats obtenus à Staouëli, rien n'est plus impossible en Algérie; toutes les difficultés ont été vaincues dans ce premier essai : celle du climat, puisque la position était à l'origine des plus malsaines; celle du sol, puisqu'on avait choisi le plus déshérité; celle de l'isolement, puisque aucune route n'avait été préalablement tracée. »

Malgré les bénédictions de son épiscopat, Mgr Dupuch avait souvent à déplorer les entraves imposées à son zèle. Souvent il était gêné, tracassé par l'administration civile, quelquefois même par l'autorité militaire, qui redoutaient sa bienfaisante influence. Elles ne comprenaient pas que l'action du christianisme est la seule capable d'éclairer, de civiliser et d'attacher sérieusement les indigènes à la France. Elles avaient peur de les blesser par des manifestations religieuses, tandis que ce qui les choquait, c'était notre indifférence apparente en matière de religion. « Quand ils nous virent construire la première église catholique, dit M. A. Nettement, loin de se formaliser, ils témoignèrent leur approbation... Plus d'une fois il arriva à nos officiers de se rappeler avec quelque honte, en voyant prier les Arabes, qu'eux aussi avaient appris, étant enfants, des formules de prières oubliées depuis longtemps; et, pour ne pas scandaliser leurs hôtes, ces chrétiens, ramenés au signe de la croix par la piété des sectateurs du Croissant, élevèrent leurs cœurs vers le Dieu qui leur a donné la religion à laquelle nous devons la supériorité de notre civilisation, l'équité de nos lois, la douceur de nos mœurs. »

Pendant des années l'évêque supporta sans se plaindre les difficultés de sa situation; mais elles s'aggravèrent avec le temps.

Comme il ne savait pas refuser, il donnait toujours sans compter, et sa générosité lui fit contracter de lourds engagements, jusqu'à ce que, vaincu par la tribulation, il résolut de se démettre de son siége. C'était au commencement de 1846. « Quand Mgr Dupuch se retira, dit M. A. Nettement, il laissa derrière lui quatre-vingt-onze prêtres, soixante églises ou oratoires pourvus des objets les plus indispensables au culte, seize établissements religieux, cent quarante sœurs de différents ordres, des trappistes, des jésuites, des lazaristes, des frères, un séminaire, d'excellentes maisons d'éducation, des œuvres pour les orphelins, pour les orphelines, pour les pauvres, des refuges, de saintes associations, des sociétés de charité, notamment celles de Saint-Vincent-de-Paul et de Saint-François-Régis. »

Mgr Pavy, second évêque d'Alger, continua les œuvres de son vénéré prédécesseur, dans la mesure que la prudence et l'exiguïté de ses ressources imposaient à son amour des âmes.

Il soutint et encouragea très-efficacement l'orphelinat fondé par le révérend père Brunault, de la compagnie de Jésus. Cet asile, construit à Ben-Aknoun, entre Alger et Dely-Ibrahim, parvint à recueillir un personnel d'environ cinq cents enfants ; mais l'administration civile, fidèle à son système d'hostilité contre la religion, au lieu d'applaudir au résultat, voulut tracasser le fondateur, l'empêcher de diriger l'éducation de ses pupilles et de les amener au catholicisme par la persuasion. Il dut en appeler au gouverneur général, et le maréchal Bugeaud eut le bon esprit de répondre : « Le père Brunault est la providence de ces pauvres abandonnés ; il a sauvé leur vie matérielle : nous ne devons pas mettre obstacle au bien qu'il veut faire à leur âme ! »

Parmi les œuvres de son laborieux épiscopat, Mgr Pavy eut la consolation de compter l'érection, près d'Alger, de l'église Notre-Dame d'Afrique. Quand Sa Grandeur ordonna la construction du sanctuaire, il trouva un pèlerinage déjà fondé sur le penchant de la colline où s'élève maintenant le remarquable monument.

Une pieuse fille, nommée Agarithe, avait été la première promotrice de cette dévotion. Obéissant à une inspiration céleste, elle avait placé la statue de la sainte Vierge près d'une source vive abritée par les branches d'oliviers séculaires, et bientôt de nombreuses faveurs, obtenues aux pieds de celle qu'on appelait Notre-Dame-du-Ravin, confirmèrent les espérances de la fervente enfant de Marie. Le concours des fidèles fut si considérable, que l'évêque ne tarda pas à décider la fondation d'une chapelle provisoire (1858), et la reconnaissance des pèlerins la garnit bien vite d'*ex-voto*. Une mère a obtenu la guérison de son enfant; une famille a conservé des parents chéris; des ouvriers, menacés d'être ensevelis sous les débris de leurs travaux écroulés, ont été merveilleusement préservés; des marins ont échappé aux fureurs de la tempête; de nombreux malades ont obtenu le soulagement ou la guérison; chacun proclame la puissante, la miséricordieuse intercession de la sainte Vierge; chacun veut déposer dans ce lieu béni un témoignage de reconnaissance.

Bientôt cette chapelle devint insuffisante; ce fut alors que Mgr Pavy, se faisant mendiant pour la gloire de la sainte Vierge, commença la construction de l'église, vint en France pour solliciter des secours, et ne recula devant aucun sacrifice pour mener presque à terme son importante entreprise. Il dit, dans son chaleureux appel de 1863 :

« ... Ce que la piété des peuples obtient partout ailleurs dans ses pèlerinages fameux, nous l'obtiendrons aussi; le nôtre deviendra célèbre, à son tour, par les faveurs célestes dont il sera le théâtre. Phare de lumière, il resplendira sur nos esprits de tous les feux de la vérité; arche d'alliance, il s'enrichira pour nos cœurs de tous les dons de la grâce; tour de David, il sera la mystique citadelle au pied de laquelle viendront s'émousser tous les traits de l'ennemi; port de refuge, il ouvrira ses abris à tous les naufragés du corps, de l'esprit et du cœur : chaque voix suppliante y trouvera son écho dans les cieux.

« Nous ne disons pas ces choses sans un secret frémissement de joie, tant nous voyons l'avenir de l'Algérie s'illuminer de magnifiques espérances! Il en est une surtout que nous n'hésitons pas à vous faire connaître, c'est la pensée que du haut de la coupole de Marie partira, béni par le succès, un libre et pacifique mouvement de retour parmi les indigènes. Notre siècle, dans sa tolérance, a beau proclamer que tous les cultes sont également agréables à Dieu, c'est-à-dire que le oui et le non, le bien et le mal, sont, en mérite, égaux devant lui. Les insensés ont beau dire : c'est une honte de changer de religion; c'est-à-dire qu'il vaut mieux rester dans une erreur, même immorale et impie, que d'embrasser la vérité, quand elle se montre à nos yeux. L'Évangile proclame une tout autre doctrine. Non, il n'y a qu'une foi et qu'un véritable culte, parce qu'il n'y a qu'un Dieu, qu'une seule humanité, qu'une seule et même révélation de Dieu, faite en divers temps à l'humanité. Il y a donc, en principe, pour toutes les âmes, une impérieuse obligation d'être chrétiennes et catholiques; abjurer une fausse théorie de doctrine, c'est donc entrer dans la religion, ce n'est pas en changer!...

« ... La conversion des indigènes est, dans toute la chrétienté, l'objet des plus ardentes prières; personne, même parmi les politiques et les mondains, qui ne dise : « Quand donc les Arabes se feront-ils chrétiens?... » Les supplications dont nous remplirons constamment la sainte chapelle de Marie ne resteront pas toujours sans résultats... Viendra bientôt un jour où celle que les musulmans vénèrent comme la mère d'un grand prophète leur ouvrira les yeux sur la divinité de son fils... C'est la seule vengeance que nous réclamons de tant d'or extorqué, de tant de terreurs sur la terre et sur les flots, de tant d'opprobres, de tant de persécutions, de tant de siècles d'esclavage et de tant de sang versé en haine du nom chrétien. Nous sommes assurés que nos confesseurs des bagnes, que nos nombreux martyrs africains ne désavoueront pas ces évangéliques représailles, et que Marie, leur consolatrice dans la douleur, y applaudira comme une reine qui tend les bras au repentir et demande grâce pour lui. »

Les espérances de Mgr Pavy commencent à se réaliser. A sa mort, survenue en 1866, les territoires français de l'Afrique septentrionale furent divisés en trois circonscriptions ecclésiastiques; deux évêchés furent créés, à Constantine et à Oran; le siége d'Alger, érigé en archevêché, fut attribué à Mgr Lavigerie, nommé bientôt après délégué apostolique pour les missions du Sahara et du Soudan.

Le nouvel archevêque se hâta d'achever le sanctuaire de Notre-Dame d'Afrique, qui fut consacré en 1872. Des reliques de sainte Monique et de saint Augustin y ont été solennellement déposées; une pieuse association, enrichie d'indulgences, y a été fondée pour développer la foi catholique par la prière, l'aumône, et spécialement l'éducation des enfants; enfin, l'église elle-même a été confiée en 1873 aux missionnaires qui se dévouent à la conversion des infidèles.

Les religieux et les religieuses, attirés en Afrique par le mystérieux aimant de l'amour des âmes, se sont multipliés dans les trois diocèses de l'Algérie. Ils instruisent les enfants, soignent les malades, dirigent les asiles, les orphelinats, les colonies agricoles, et même les établissements d'instruction secondaire, comme les pères jésuites qui sont chargés du collége d'Oran.

Les institutions du diocèse d'Alger appellent plus spécialement notre attention.

La ville archiépiscopale possède une conférence de Saint-Vincent, l'association des Dames de Charité, les œuvres de la Propagation de la foi, des Tabernacles, de Saint-François-Régis, de Saint-François-de-Sales, des Écoles d'Orient. Les filles de la Charité visitent les pauvres à domicile, abritent les orphelins européens jusqu'à douze ans, et les orphelines, patronnent les jeunes ouvrières, tandis que les petites Sœurs des Pauvres recueillent les vieillards.

Depuis que Mgr Lavigerie est à la tête du diocèse, le clergé a vu doubler le nombre de ses membres; trois congrégations nouvelles d'hommes (les prémontrés, les basiliens, les pères espagnols de l'Immaculée Conception) s'y sont établies; deux autres y ont pris naissance. Ce sont : les pères de la Mission d'Afrique et les frères de la Mission du vénérable Geronimo. Cinq congrégations de femmes se sont jointes à celles qui se consacraient déjà dans ce pays aux œuvres d'éducation et de miséricorde, en sorte que vingt et une communautés religieuses des deux sexes, se subdivisant en un nombre bien plus considérable d'établissements, travaillent de concert, avec plus de deux cents prêtres, à répandre les bienfaits du christianisme sur ce sol africain plongé depuis tant de siècles dans les ténèbres de l'ignorance et de l'erreur.

Une lettre écrite il y a deux ans, par le révérend père Olivier, de la compagnie de Jésus, nous initie aux œuvres entreprises pour propager la vérité chez les habitants du désert, et aux espérances qu'il est permis de concevoir.

« ... Après avoir fait connaissance avec les Arabes de l'oasis, mon premier soin fut de me mettre en relation avec les Beni-Mzab, dans le but de sonder leurs dispositions et de voir si je ne pourrais pas être reçu chez eux. Un jour, deux d'entre eux, après avoir pris quelques remèdes à notre petite pharmacie, voulurent visiter une école. Après les saluts d'usage, je les fis asseoir, et je continuai à instruire mes petits Arabes. Les Mozabites suivirent avec la plus grande attention les exercices de la classe; leur satisfaction se reflétait sur leur visage. En sortant, l'un d'eux me dit : « Marabout, il faut venir t'établir chez nous; tu ouvriras une école, et nous y enverrons nos enfants. Pour moi, j'en ai deux, ils iront chez toi; nos marabouts ne sont bons que pour nous demander de l'argent. Je vais passer quelques mois au Mzab, ajouta-t-il, et si tu ne peux pas y venir, quand je reviendrai je t'amènerai ici mes deux enfants pour l'école. »

« Ce qu'il avait dit, il le fit. Dernièrement, il revenait du Mzab avec une caravane de quatre-vingts Mozabites, et le soir même il me présentait ses deux fils. Il n'est cependant pas dans les usages des Mozabites d'emmener avec eux leurs jeunes enfants, quand ils sortent de leur pays pour aller chercher fortune ailleurs. Ce fait est donc bien significatif.

« Du reste, il est reconnu que les Mozabites sont de mœurs plus sévères que les Arabes, et que la polygamie est très-rare chez eux. Ils sont laborieux, ont une grande horreur pour le mensonge, et l'on remarque dans leurs pratiques religieuses plusieurs indices de christianisme, entre autres une espèce de confession publique que font certains coupables dans leurs mosquées, et qui ressemble beaucoup à celle qui avait lieu dans la primitive Église.

« De plus, comme mon désir était de pénétrer, s'il était possible, jusque chez les Thouaregs et même au Soudan, je n'ai négligé aucune occasion de prendre, auprès des Thouaregs et des nègres que j'ai rencontrés, les plus amples renseignements sur leurs pays. De tous les peuples du désert, ce sont peut-être les Thouaregs qui offrent le plus d'espoir à l'Évangile. Ils ne sont musulmans que de nom, et par conséquent peu fanatiques. Ils n'observent ni le jeûne du rhamadan, ni le pèlerinage à la Mecque, ni la prière prescrite par le Coran, et précédée d'ablutions. Ils n'ont pas d'iman, pas de mufti, pas de mosquées; quelques rares marabouts, dispersés çà et là dans les tribus, ne sont guère parmi eux que pour servir d'enseignes à l'islamisme. Tout, au contraire, dans leurs croyances et dans leurs mœurs, rappelle le christianisme. Ils croient en un seul Dieu, admettent le ciel pour récompenser les bons, l'enfer pour punir les méchants. Ils croient aux anges, qu'ils appellent *andjelous* (c'est le mot *Angelus*), et à l'existence du démon, *iblis*, qui règne dans les enfers.

« Chez eux, la croix se rencontre partout : dans leur alphabet, sur leurs armes, sur leurs boucliers, dans les ornements de leurs vêtements. Le seul tatouage qu'ils portent sur leur front est une croix; sur le revers de la main, ils ont une croix. Le pommeau de leurs selles, les poignées de leurs sabres, de leurs poignards, sont une croix. Les selles de leurs chameaux sont garnies de clochettes, quoique partout l'islamisme repousse la cloche comme un signe de christianisme.

« Dans leurs mœurs, les traces de christianisme ne sont pas moins évidentes : la polygamie n'existe pas chez eux; et, contrairement aux usages arabes, la femme est entourée du plus grand respect. Elle n'est point, comme la femme arabe, vendue au plus offrant, à l'instar d'un vil bétail; mais elle est libre de disposer de son sort. Le Targui (singulier de Thouareg) n'a qu'une femme; elle est en toutes choses l'égale de son mari. Dans son enfance, on lui fait donner de l'instruction; et plus tard, dans la famille, elle fait elle-même l'éducation de ses enfants. Elle a son bien à part, et son mari ne peut y toucher sans son consentement. Elle est même quelquefois admise à donner sa voix dans les délibérations du conseil de la tribu.

« Voilà bien des traits qui indiquent que ce peuple a dû être autrefois chrétien, et qu'il ne serait peut-être pas éloigné de le redevenir. Un jour, je demandai à un Targui venu des frontières du Soudan si l'on me recevrait bien, supposé qu'un jour j'allasse m'établir dans son pays. Son visage s'épanouit à cette question. « Oh! marabout, me dit-il, si l'on te recevrait! mais tu serais chez moi comme le sultan. »

« ... Il y a quelque temps, un personnage renommé du Soudan, de la grande nation des Foullanes, parcourant le nord de l'Afrique, vint à passer à Laghouat, et nous fut amené par un nègre de nos amis. Il nous énuméra longuement les richesses de son pays, qui est, à ce qu'il paraît, d'une étonnante fertilité. Il nous vanta la valeur des Foullanes et la puissance de leur roi avec une éloquence que je n'aurais pas soupçonnée dans un nègre. « Puisqu'il en est ainsi, lui avons-nous dit, puisque ton pays est si beau, ne pourrions-nous pas aller le voir? Et si nous nous présentions pour soigner les malades, instruire les enfants, enseigner aux Foullanes les sciences et les arts de l'Europe, quel accueil nous ferait ton prince?

« — Le roi qui règne à Sokotou, nous répondit-il, a extrêmement à cœur le bonheur de ses sujets, et il favorise de tout son pouvoir l'étranger qui peut être utile à son peuple. Mais pour vous autres marabouts, si vous veniez pour faire ce que vous dites là, le roi vous bâtirait un palais à côté du sien; il vous porterait sur ses épaules, et ne ferait rien sans vous consulter, pas même sa prière! Je vais m'en retourner, ajouta-t-il, par le sud du Maroc, le Touat et Tombouctu; venez avec moi, je me ferai un honneur de vous présenter à lui! »

« Vous le voyez, voilà de magnifiques espérances... Mais, pour arriver plus sûrement au but, il ne faudrait pas que le missionnaire se présentât tout d'abord, comme dans certaines missions, la croix d'une main et l'Évangile de l'autre... C'est par la charité qu'il faut commencer, et en particulier par le soin des malades. J'ai pu voir par moi-même combien ce moyen, si souvent recommandé par Notre-Seigneur à ses apôtres, *curate infirmos* (prenez soin des malades), est efficace auprès de ces peuples. Le musulman, si sensuel et si charnel, est rempli d'estime pour celui qui peut soulager son corps malade; il lui donne toute sa confiance. Et cette confiance une fois acquise, c'est le moment d'ouvrir les écoles et de donner le plus d'extension possible à ce puissant moyen de régénération.

« ... C'est par les soins donnés aux malades que nous nous sommes mis promptement en relations avec une foule d'Arabes, de nègres, de Mozabites, et que nous avons acquis la confiance de tous. Les plus riches comme les plus pauvres viennent à nous pour se faire soigner lorsqu'ils sont malades. Chaque année, environ quinze cents malades ont reçu de nous des remèdes ou des soins. Et c'est à l'aide de la popularité acquise par ce moyen que l'école a prospéré. Parmi les enfants qui la fréquentent, plusieurs manifestent des dispositions pour la piété; ils demandent souvent à assister aux offices de l'église, et le respect avec lequel ils s'y comportent indique qu'ils en sont très-heureusement impressionnés. »

Le père Charmetant, missionnaire d'Afrique, raconte des faits et en tire des conclusions qui s'harmonisent avec le récit du père Olivier.

« ... Il avait raison, cet indigène du Maroc, qui, d'après l'abbé Godard, disait à un officier français : « Vos canons prendront le pays, mais ne vous donneront jamais les habitants. Croyez-moi, vos marabouts désormais feraient plus de choses ici que tous vos bataillons. » C'est, en effet, le seul moyen d'opérer un rapprochement sérieux, et d'assurer pour toujours l'influence française dans le sud.

« ... Que de fois je l'ai constaté avec amertume! l'Arabe de nos possessions aime et vénère le prêtre; mais en voyant le peu de respect des chrétiens qui l'entourent pour leur religion et leurs pratiques, il s'imagine que tous ressemblent à ceux-là; son esprit, si profondément religieux, n'a plus dès lors, à l'endroit des Français, que mépris et dégoût...

« Il importe donc de s'établir tout d'abord au sein des tribus isolées de tout contact avec les Européens. Le missionnaire sent là que sa présence est non-seulement sympathique, mais qu'elle est désirée. La voix du prêtre, surtout sa charité, son désintéressement et ses exemples exerceront sur ces rudes natures la plus salutaire influence. J'ai pu le remarquer, surtout aux nombreuses questions que nous ont adressées les Chambas, dès le premier jour que nous avons passé chez eux. Une partie de la nuit n'a pas suffi à satisfaire leur curiosité.

« Le lendemain matin, ils revinrent pendant que je récitais

mon office. Comprenant que j'étais en prière, pas un seul ne m'adressa la parole, de crainte de me déranger; ils se contentèrent de me faire un signe avec la main, qu'ils placèrent sur le cœur. Ils ne tardèrent pas à engager conversation avec le guide qui nous avait accompagnés au Mzab. C'est un jeune indigène très-intelligent, dont le fils est élevé à notre école de Laghouat, et qui est parfaitement au courant de ce qui nous concerne.

« Ils cherchèrent tout d'abord à se faire renseigner par lui sur notre compte. Ils lui demandèrent, entre autres choses, si les remèdes que nous donnions ainsi gratuitement nous étaient fournis par le *beylik* (gouvernement).

« — Non, ils les achètent de leur argent.

« — Ne demandent-ils pas le *marauf* (présent de reconnaissance) à ceux à qui ils font du bien?

« — Ils refusent tout paiement, toute compensation, et ne veulent, disent-ils, d'autre gain que le ciel.

« — Est-il vrai qu'ils se sont faits les pères des enfants arabes devenus orphelins pendant la famine?

« — Oui; ils les élèvent eux-mêmes, les marient quand ils sont grands, et leur donnent alors un patrimoine à cultiver. »

« En même temps, il leur raconta ce que nous faisions à Laghouat en faveur des malades qui venaient nous trouver et des enfants qui nous étaient confiés.

« — Et tout cela ne vient pas du beylik?

« — Non, d'eux-mêmes et des aumônes que leur envoient les chrétiens de France.

« — Que Dieu allonge leur vie! s'écrièrent-ils tous ensemble. Ce ne sont pas des hommes, ce sont des sultans; c'est pour eux que le Ciel est fait.

« — Ce ne sont pas des rois, ce sont des anges! dit l'un d'eux; car je sais qu'ils vivent comme des esprits; ils ne se marient pas! »

« L'effet de cette parole fut saisissant pour l'assemblée. Tous à la fois me regardèrent avec surprise. Ils remarquèrent que j'avais fini mon bréviaire et que je suivais la conversation.

« — Est-il vrai, marabout, dirent-ils, que vous ne vous mariez pas? »

« Je l'affirmai en donnant les motifs du célibat ecclésiastique, en faisant ressortir l'immense facilité d'action que le prêtre possède pour le bien en demeurant vierge.

« — Dieu a fait les chrétiens autrement que les Arabes; à nous il serait impossible de vivre dans cet état.

« — Et à nous aussi, répondis-je, si nous n'avions pas la prière; » et je leur montrai mon bréviaire, en leur expliquant que nos devoirs étaient de le réciter à différentes heures du jour, après avoir célébré le saint sacrifice. « C'est Dieu, ajoutai-je, qui, à notre prière et par les mérites de Jésus-Christ, nous donne la force et la vertu; sans quoi nous serions comme les autres hommes. »

« L'impression qu'ils ressentirent de ces entretiens fut beaucoup plus profonde que je ne l'avais supposé. Quelque temps après mon retour à Laghouat, Sliman, l'homme le plus influent des Chambas..., est venu me visiter au presbytère de Laghouat. Il m'amenait de Coléah un de ses parents malades. Je lui donnai tous les soins que réclamait son état. Quand j'eus terminé, il me prit la main et m'y glissa de l'argent en me disant : « Ce n'est pas le prix du plaisir que tu me fais ni du service que tu nous rends, mais seulement de la peine que je te donne. »

« Je retournai la main ouverte du côté du sol, en laissant tomber ce qu'il y avait mis. Des pièces d'or roulèrent à terre.

« — Pourquoi me fais-tu cette injure? me dit Sliman.

« — Pourquoi me fais-tu cette peine, répliquai-je, toi qui sais que nous ne voulons pas d'autre salaire que Dieu? Si tu nous paies ici-bas, nous n'avons plus d'autre récompense à attendre dans le ciel, et notre peine est perdue. »

« Je vis bien alors qu'en agissant ainsi il n'avait eu d'autre but que de mettre mon désintéressement à l'épreuve ; car il ajouta aussitôt en me serrant les mains : « Marabout, viens avec moi à Mettili, une grande partie de l'oasis m'appartient ; tu choisiras dans toutes mes propriétés le lieu qui te plaira davantage, et tu t'y établiras, mais à la condition que tu nous gouverneras. Je te promets que tous t'obéiront, t'aimeront et seront pour toi comme des enfants devant leur père.

« — Loin de là, Sliman, lui répondis-je ; quand j'irai auprès de vous, ce ne sera que pour vous faire du bien, et nullement pour me mêler de vos affaires. Je consentirai bien à devenir votre père, votre ami, mais jamais à être votre chef. Aussi, je ne veux pas vos propriétés, mais seulement un coin de terre, afin d'y dresser la tente sous laquelle j'habiterai.

« — Dans ce cas, pars avec nous, et en arrivant je m'engage à te céder un jardin où je ferai creuser un puits et bâtir une maison. Tu habiteras parmi nous pour instruire nos enfants, soigner nos malades et prier Dieu, puisque c'est là toute votre vie !

« — ... Je ne peux pas partir sans l'agrément du grand marabout d'Alger ; je lui en parlerai, je sais qu'il vous aime, et j'ai l'espérance qu'il accèdera à ta demande.

« — Peut-être ne croira-t-il pas à ma parole. Pour lui montrer que je ne veux pas te tromper, je vais te donner, par écrit, l'engagement que je prends de vous établir sur un terrain m'appartenant et dans une maison que je te bâtirai. Tu lui enverras cet écrit, et j'espère qu'alors il te laissera venir ; je désire beaucoup vivre auprès de toi ; car, vois-tu, depuis le jour où tu m'as dit qu'ils ne se mariaient pas, que jusqu'à leur mort ils vivaient complètement séparés des femmes, que tout ce qu'ils faisaient c'était non pour de l'argent, mais pour Dieu ; depuis ce jour, dis-je, toi et tes frères, vous êtes devenus aussi doux à mon cœur que le sucre l'est à la bouche. »

« Ces paroles, il me les a dites avec un accent inexprimable, devant sept ou huit de ses Chambas et en présence de mes confrères de Laghouat. Ce qui précède suffit pour faire comprendre que de la part des Arabes il sera toujours facile aux missionnaires de s'installer dans les tribus du Sahara, d'y ouvrir des dispensaires pour les malades et des écoles pour les enfants. Il leur suffira d'avoir assez de ressources pour faire face à toutes les dépenses que nécessite une installation si lointaine et si difficile. Le soin des malades et l'éducation des enfants, c'est, en effet, le double moyen que prescrivent nos règles pour arriver au cœur des indigènes, et c'est là une disposition pleine de sagesse; car, avec les musulmans, il ne faut pas aborder de front les difficultés. Il faut être charitable et patient. Pour eux la charité est un langage plein de persuasion... »

Dans les diverses stations du Sahara et du Soudan, les missionnaires parlent la langue des Arabes, portent leur costume, et les mêmes œuvres excitent la même reconnaissance, mêlée de respect et d'étonnement. C'est ainsi que le père Pascal, attaché à la station de Géryville, instruit les enfants, soigne les malades, panse les plaies les plus rebutantes, refuse obstinément tous les cadeaux, donne lui-même, malgré sa pauvreté, au lieu de recevoir le plus petit présent, répète que lui et ses frères font le bien uniquement pour Dieu, qui a créé l'homme à son image, et qui leur donnera une récompense bien supérieure à toutes celles d'ici-bas; il touche tellement les indigènes, que presque toujours ils lui répondent : « O marabout, tu as raison; la vérité est sur tes lèvres, comme le bien est dans ton cœur! »

Après un séjour au milieu des tribus arabes du Sahara, le père Charmetant écrivait encore : « On ne saurait croire l'ascendant que pourrait prendre parmi ces peuplades un homme à l'esprit droit, ferme et juste.

« Bien souvent je les ai entendus apprécier les officiers français avec lesquels ils ont eu des rapports. Je citerai surtout le général de Sonis; ils ne parlent jamais de lui qu'avec vénération.

« — C'est un *soldat marabout*, disent-ils, et c'est le seul que nous ayons connu parmi les Français. » Faisant allusion à son équité, à son inflexible justice, ils ajoutent : « Il ne craignait que Dieu seul ; mais lui, tous le redoutaient. Il ne préférait personne, si ce n'est Dieu ; mais chaque fils d'Adam était son frère. Le droit seul avec la loi lui commandaient. »

« Si un tel homme séjournait longtemps parmi ces populations, son influence sur tout le centre de l'Afrique aurait des résultats immenses pour la France et pour la cause de la civilisation. »

Indépendamment du clergé diocésain, le désert et la Kabylie comptent déjà seize établissements divers, c'est-à-dire seize foyers de lumière et de charité qui abritent environ cinquante religieuses et plus de cent missionnaires novices ou scolastiques.

Leur principale demeure s'appelle la *maison carrée*. C'est de là que partiront les apôtres appelés à pénétrer dans les contrées inconnues du centre de l'Afrique. C'est à leur société, fondée par Sa Grandeur, que Mgr Lavigerie confiait naguère (novembre 1874) la direction de ses orphelinats. Après la consécration de leur église, l'éminent prélat prononçait le discours suivant :

« Mes fils bien-aimés,

« Je viens de remettre entre vos mains le sort de mes œuvres les plus chères, et de les couronner, pour ainsi dire, par la consécration que mes mains, unies à celles de deux vénérables pontifes [1] dont vous avez reçu tant de témoignages de sympathie, viennent de donner à l'église de votre maison mère.

« Ce jour, je l'ai appelé depuis longtemps de tous mes vœux, mais je l'ai désiré plus encore depuis que, courbé sous les atteintes

---

[1] Mgr l'Évêque de Constantine et Mgr Soubiranne.

d'une maladie grave, je me demandais avec angoisse si je ne serais pas arrêté tout d'un coup au milieu du dur sillon que je traçais sur la terre africaine; si les enfants que j'avais recueillis n'allaient pas, une seconde fois, devenir orphelins; si les œuvres diverses que j'avais vues naître n'allaient pas finir avec moi.

« C'était là, en effet, une responsabilité redoutable, non-seulement vis-à-vis de moi-même, mais encore vis-à-vis du monde catholique tout entier, qui avait le droit de me demander compte du résultat de ses sympathies et de ses aumônes; vis-à-vis de vous, mes chers fils, qui vous êtes généreusement associés à mon œuvre; vis-à-vis de la France elle-même, dont les représentants vous avaient, dans ces dernières années, accordé directement leur concours.

« Comment, me disais-je à moi-même, continuer d'attacher à la vie d'un seul homme, dont la santé se détruit chaque jour, tant d'intérêts divers? et quels justes reproches ne pourra-t-on pas adresser à ma mémoire, si je succombe avant d'avoir assuré l'avenir?

« C'est sous l'empire de ces pensées que je suis revenu, le mois dernier, au milieu de vous. Quelques-uns m'accusaient bien d'imprudence, et pensaient que je venais trop tôt affronter un climat qui m'avait si cruellement éprouvé; mais j'étais pressé par la voix de ma conscience, et, comme je vous l'ai répété souvent, mes chers fils, il vaut mieux avoir des regrets que des remords.

« Grâces à Dieu, les regrets n'ont pas été de longue durée, et aujourd'hui ma conscience est en repos. Mes œuvres, en effet, sont assurées de vivre. Elles ne m'appartiennent plus. Vous les avez reçues de mes mains, et, au lieu de reposer sur ma tête, qui penche déjà vers la tombe, elles reposent sur votre jeune société.

« Et à qui les aurais-je confiées, ces œuvres, si ce n'est à vous qui avez les premiers répondu à mon appel, alors que je me trouvais seul en présence de ma lourde tâche? N'est-ce pas vous qui avez été, en réalité, les pères adoptifs de nos pauvres enfants? N'est-ce pas vous qui les avez soignés de vos mains et arrachés une seconde fois à la tombe, alors que la peste de la faim rendait leur approche mortelle? N'est-ce pas vous qui avez fidèlement partagé toutes mes sollicitudes? N'avez-vous pas eu aussi votre part de ces outrages et de ces calomnies, auxquels nous n'avons jamais voulu opposer que le pardon et le silence, laissant au temps, au résultat de nos travaux, à l'opinion des gens de bien, à ce jour même où ils nous entourent en si grand nombre, le soin de nous justifier, et trouvant d'ailleurs dans nos consciences la force nécessaire pour subir jusqu'au bout, s'il le fallait, l'injustice des hommes, en attendant le juste jugement de Dieu?

« Mais, pour vous confier utilement nos œuvres dans les conditions où la loi canonique et la loi civile nous permettaient d'assurer leur durée, il fallait tout d'abord vous organiser définitivement vous-mêmes.

« C'est ce que vous venez de faire ces jours derniers. A peine revenu à Alger, je vous ai convoqués en chapitre général, et, après avoir approuvé les constitutions et les règles que je vous avais données, et que vous observiez depuis trois ans sous la conduite de maîtres vénérables et illustres, je vous ai érigés en congrégation diocésaine et appelés à élire vous-mêmes, selon le droit, ceux qui doivent vous gouverner.

« Désormais vous avez un chef spécial librement choisi par vous, un chef dont le *nom* [1] *et le sang, en vous rappelant un des plus illustres martyrs* que le clergé de France ait donnés, en ces dernières et tristes années, à la religion, à la patrie, à la société également menacées par des hordes impies, suffiraient seuls à vous rappeler vos engagements envers Dieu. A côté de lui vous avez placé des conseillers pleins de sagesse. Vous-mêmes vous l'entourez de vos dévouements déjà nombreux; car, ayant com-

---

[1] Le R. P. Deguerry, petit-neveu du curé de la Madeleine, auquel il doit son éducation cléricale.

mencé deux ou trois seulement, il y a six ans à peine, dans la pauvre maison d'El-Biar, où a été votre berceau, vous atteignez, pères ou frères, le nombre de cent six, et je vois devant moi, aujourd'hui dans vos rangs, près de cinquante prêtres.

« Quand je considère ce sanctuaire, cette maison qui est votre maison mère, les établissements qui l'entourent, et que je me dis qu'il y a cinq ans, à pareil jour, il n'y avait ici ni un arbre ni une pierre, et que c'est vous qui avez fait tout cela, dans un pays et dans un temps où la religion et l'Église trouvent de si furieux adversaires, je ne puis, mes chers enfants, ne pas reconnaître la protection de Dieu, et ne pas le glorifier seul avec vous!

« Grâces lui soient donc rendues par vous, puisque c'est à lui que vous devez d'être vivants et constitués d'une manière définitive. Mais je ne lui dois pas, moi-même, une moindre gratitude pour m'avoir permis ainsi de placer dans vos mains le poids qui accablait mes mains affaiblies.

« Il y a trois jours, j'ai pu remettre au conseil de vos nouveaux supérieurs constitués en société civile, non-seulement la propriété légale, mais encore l'administration définitive et absolue de tous les biens achetés par moi, depuis cinq ans, pour fonder et doter nos œuvres. Ces biens, j'ai été assez heureux pour les leur remettre complétement libres de toutes charges et de toutes dettes, et j'y ai ajouté tout ce qui me restait des fonds que la charité a confiés, pour le même but, à l'archevêché d'Alger. En retour, vous avez accepté de continuer, de développer, de multiplier même, s'il se peut, les œuvres commencées.

« Je puis donc maintenant mourir en paix.

« Je suis certain que mes enfants ne seront pas abandonnés; que les pauvres que nous avons adoptés ne seront pas délaissés; que les âmes qui m'appelaient à elles ne resteront pas sans secours. Et ce qui me console surtout, c'est que ce sont mes fils qui deviennent, comme il convenait, les héritiers de mes travaux.

« Que me reste-t-il davantage, après avoir disposé de ce que j'avais de plus cher, que d'élever sur vos têtes mes mains tremblantes pour demander à Dieu de vous bénir? Cette bénédiction paternelle, la bénédiction qu'Isaac donnait à Jacob, je vous la donne avec confiance, malgré ma faiblesse, et cette confiance me vient surtout des sentiments qui animent vos cœurs.

« Les œuvres algériennes que je vous confie sont loin d'être, en effet, la seule ambition de vos âmes.

« C'est à l'Afrique tout entière que vous réservez votre apostolat, selon que le saint-siége, entre les mains duquel je vous ai placés dès votre origine, et dont vous avez pris pour règle les moindres désirs, en a déjà décidé ou en décidera dans la suite.

« Et ce qui vous a séduits dans cette mission, ce sont les périls mêmes qu'elle présente plus qu'aucune autre mission de la terre.

« L'Afrique, dans ses profondeurs encore mal connues, est, on le sait néanmoins, le dernier asile des barbaries sans nom, de l'abrutissement en apparence incurable, de l'anthropophagie, du plus infâme esclavage !

« Et cependant vous êtes venus, vous vous êtes engagés par serment à vivre de cette vie et à mourir de cette mort; et vous attendez tous avec impatience le moment d'aborder le champ de bataille où vos frères vous ont précédés : ce champ de bataille de la charité, où vos armes seront vos bienfaits de chaque jour; vos défenses, la douceur et la patience; votre prédication, la force de votre exemple; votre triomphe enfin, l'héroïque sacrifice de votre vie.

« Je vous regarde, mes chers enfants; je vois sur vos fronts tout l'éclat de la vigueur et de la jeunesse.

« Je songe à tout ce que vous avez abandonné : famille, patrie, espérances de la terre; à tout ce qui vous attend en retour : outrages, souffrances, mort cruelle... Je vous regarde, et, en pensant que c'est de la France catholique que vous êtes les enfants, je ne puis m'empêcher de faire un retour sur notre patrie et d'avoir confiance pour elle, puisque Dieu y garde tant de cœurs qu'un dévouement héroïque et pur peut encore enflammer.

« Il y a quelques mois, une grande et noble nation, que nous voyons avec joie se rapprocher de nous chaque jour, et dont je suis heureux de trouver aujourd'hui le représentant au milieu de nous pour le remercier, malgré ce qui nous sépare, de ses constantes et ouvertes sympathies; il y a quelques mois, dis-je, une grande et noble nation, l'Angleterre, faisait des funérailles presque royales à un homme intrépide [1] qui a donné sa vie pour soulever un coin du voile de ténèbres qui couvre le monde africain, et y préparer l'abolition de coutumes barbares.

« L'Angleterre, dans son instinct des grandes choses, avait raison d'honorer ainsi chez un de ses fils le dévouement et le courage.

« Pour vous, mes chers enfants, vous ne désirez rien de semblable; aucune pensée d'intérêt ou de gloire ne vous pousse. Vous manquerez souvent de pain, d'abri; vous mourrez ignorés du monde. C'est la seule promesse que je vous ai faite. Mais vous savez, et cela suffit, que vous servez un Maître qui peut proportionner la récompense au mérite de ses serviteurs.

« Marchez donc au nom et avec l'aide de Dieu! Allez relever les petits, soulager ceux qui souffrent, consoler ceux qui pleurent, guérir ceux qui sont malades. Ce sera l'honneur de l'Église de vous voir révéler, de proche en proche, jusqu'au centre de cet immense continent, les œuvres de la charité; ce sera l'honneur de la France de vous voir achever son œuvre en portant la civilisation chrétienne bien au delà de ses conquêtes, dans ce monde inconnu dont la vaillance de ses capitaines a ouvert glorieusement les portes.

« Que si vous trouvez des hostilités dans ce pays même, par

---

[1] Le célèbre Livingstone.

suite des passions irréligieuses qui entraînent si tristement une portion de la colonie, vous aurez toujours, n'en doutez pas, si vous continuez d'allier comme vous l'avez fait jusqu'à ce jour le dévouement à la sagesse, des protecteurs dans les hommes éminents dont les hautes qualités et l'impartiale justice honorent à un si haut degré le gouvernement, l'armée, la magistrature, l'administration algérienne.

« C'est en leur amour désintéressé du bien que j'ose placer ma confiance pour le moment où bientôt peut-être ma voix ne pourra plus vous défendre. Pour moi, mes chers enfants, je ne cesserai, soit que Dieu me rappelle bientôt à lui, soit qu'il me laisse encore quelque temps dans ce monde, de le remercier de m'avoir fait le père de vos âmes. Je ne cesserai surtout de le prier d'entretenir en elles la flamme pure que ses mains y ont allumée. »

Les admirables entreprises de Mgr Lavigerie semblent destinées à exercer une influence considérable sur l'avenir de la civilisation des Arabes et sur la prospérité de nos possessions africaines. L'une des œuvres les plus importantes de son épiscopat est celle des orphelinats fondés en faveur des indigènes, après la désastreuse famine de 1867.

Sur les deux mille enfants mourant de faim auxquels Sa Grandeur a ouvert ses bras et son cœur, huit cents environ succombèrent d'épuisement et des atteintes du typhus. Les douze cents qui survécurent furent élevés dans deux orphelinats distincts. Aucune contrainte ne leur a été imposée; ils sont restés libres de suivre la religion de leurs pères, et, parvenus à l'âge adulte, deux cents ont demandé à rentrer dans leurs tribus; ils sont alors sortis des asiles où ils aiment à revenir pour témoigner à leurs bienfaiteurs la reconnaissance qu'ils leur ont vouée.

Les mille autres, touchés du tendre dévouement dont ils avaient été les objets et des vertus qu'ils avaient vu pratiquer autour d'eux, ont voulu étudier la religion à laquelle ils étaient redevables de tant de bienfaits, et ils l'ont embrassée avec amour, parce qu'ils ont reconnu sa céleste origine. Reproduisons ici des passages d'une lettre que Monseigneur d'Alger leur consacrait au commencement de l'année 1874.

« ... Nos orphelins ont grandi sous notre tutelle; les jeunes filles de Kouba nous consolent par leur piété. Plusieurs des aînées demandent à entrer dans la vie religieuse; elles deviendront sœurs de la mission d'Afrique. Leurs frères, les orphelins de Saint-Eugène, ne font pas de moins rapides progrès dans la vertu. Quinze, parmi les plus avancés en âge, portent déjà l'habit de novices missionnaires. Tout annonce qu'ils seront, comme catéchistes, de vrais apôtres, après la préparation longue et sérieuse que nous leur ferons subir.

« Mais la vocation religieuse ou apostolique est naturellement l'exception parmi eux; la vocation commune est le mariage, et c'est au mariage chrétien, en effet, que nous les préparons. Les mariages sont même déjà commencés, et c'est surtout à vous parler de cette œuvre nouvelle que ma lettre sera consacrée.

« Dans l'une des vallées de l'Algérie, entre deux chaînes de montagnes, dont les unes, s'étendant vers la mer, forment la Kabylie de Cherchell, et les autres, montant en amphithéâtre, portent les hauts plateaux du Tell et du Sahara, on aperçoit, depuis quelques mois, du chemin de fer d'Oran à Alger, un village posé sur les contre-forts de collines inhabitées. Un fleuve, le Chéliff, coule à ses pieds. Une petite rivière le borne à sa droite. Là existait autrefois une colonie romaine, chrétienne très-certainement, car, en fouillant ses ruines, on y a retrouvé le chapiteau d'une de ses églises. Il semble même que le christianisme se soit établi dans cette région plus tôt que dans le reste de l'Afrique; car à six lieues de là se trouvent encore, sur l'*oppidum Tingitii*, les restes parfaitement conservés de l'église catholique la plus ancienne, authentiquement datée, qui soit dans le monde. Elle porte, en effet, inscrite sur la mosaïque qui lui servait de pavé, la date de sa construction : c'est la 285ᵉ de la province mauritanienne, ou la 323ᵉ de l'ère chrétienne, quelques années à peine après que Constantin eut rendu la paix à l'Église; et, chose intéressante à plus d'un titre, elle était dédiée aux apôtres saint Pierre et saint Paul.

« Mais, depuis, la barbarie a passé, et elle a fait dans cette vallée, aussi peuplée en ce temps-là que le sont aujourd'hui les plus riches vallées de la France, ce qu'elle fait partout, la stérilité et la mort. La première fois que je l'ai traversée, il y a sept ans, le chemin de fer n'existait pas encore; je fus frappé du silence profond de ces solitudes. Pas un bruit humain ne venait à nos oreilles. La nuit seulement, on entendait, dans les broussailles qui s'étendaient au loin comme une mer sans rivages, le cri aigu du chacal ou celui de l'hyène.

« Aujourd'hui, le village dont je parle forme comme une oasis au milieu de ce désert.

« Les maisons, séparées les unes des autres, et disposées en rues régulières, sont modestes; mais elles brillent par leur propreté, ce signe aimable de la civilisation. De jeunes plantations d'eucalyptus montrent déjà leur verdure entre les blanches murailles. Une église, humble et blanche comme les demeures qu'elle domine, élève vers le ciel, en signe de conquête pacifique, la croix qui vient rendre la vie à ces contrées depuis plus de dix siècles sous le joug de la mort. Cette croix a la forme d'une croix primatiale, en souvenir de saint Cyprien, le primat martyr de Carthage, auquel l'église est dédiée. Devant le village, un vaste jardin, divisé en lots correspondant au nombre des familles, avec ses cultures fécondées par deux norias creusées dans le sol. Derrière, un vaste parc entouré de murs en terre, où l'on enferme le soir les bœufs destinés au labour, les vaches et les chèvres qui fournissent le lait. Tout alentour, les buissons stériles, les durs palmiers nains, disparaissent pour faire place aux champs de blé. Partout le spectacle du travail, de l'activité, de la vie.

« Si vous demandiez à un Européen le nom de ce nouveau village, il vous dirait : C'est Saint-Cyprien-du-Tighzel (le Tighzel est la petite rivière qui le borde). Mais si vous alliez dans quelqu'une des tribus arabes ou kabyles campées sur la cime des montagnes voisines, et si vous le leur montriez de loin dans la plaine, en leur faisant la même question, ils vous répondraient : « C'est le village des Fils du Marabout (les Ouled-M'rabout). »

« Le marabout, c'est moi-même. Ils donnent ce nom, dans leur langue, aussi bien aux prêtres catholiques qu'aux ministres de leurs superstitions. Les fils du marabout, ce sont nos orphelins. Les Arabes me regardent comme le père de ces enfants que j'ai sauvés de la mort, et c'est leur usage de donner à leurs tribus le nom de ceux qui les ont fondées.

« Dans ce village, bâti par nous, nous avons commencé, en effet, l'établissement de ceux de nos enfants qui sont parvenus à l'âge d'homme. Nous n'avons pas trouvé de moyen plus efficace de tenir nos promesses vis-à-vis d'eux, et d'assurer leur avenir, que de les établir ainsi à part, en les soustrayant également aux dangers du séjour des villes et à celui du contact des Arabes.

« J'ai présidé, au mois d'octobre, à l'installation des douze derniers ménages. Ce que nous avons fait pour eux, nous l'avions fait pour ceux qui les avaient précédés.

« La supérieure de nos sœurs de Kouba, celle qui dirige l'orphelinat des filles, et sous l'autorité et les conseils de laquelle les fiançailles se concluent, s'était chargée d'amener elle-même d'Alger, éloignée de près de cinquante lieues, les nouveaux époux. Les jeunes ménages déjà installés s'étaient préparés pour les recevoir. Ils venaient à leur rencontre, et dès qu'ils les aperçurent, ils les saluèrent des décharges de leurs fusils de chasse.

On sait l'amour de l'Arabe pour la poudre, et je suis témoin que le baptême ne l'efface pas En même temps que la poudre parlait, les cloches faisaient entendre leurs volées argentines; les pères, les frères, les sœurs déjà fixés à Saint Cyprien, se portaient à l'entrée du village, et tous ensemble nous nous rendions au village, orné comme pour les jours de fête. Là, après avoir recommandé aux nouveaux venus l'obéissance, l'amour de Dieu, qui les a miraculeusement arrachés à la mort, l'amour du travail, la paix, la reconnaissance envers ceux dont la charité leur était si secourable, je faisais tirer au sort, à chacun des jeunes couples, la maison, les champs, les bœufs, tout le matériel agricole, qui devenaient sa propriété. Et enfin, nous mettant en procession à travers le village, je m'arrêtais devant chaque maison pour en faire prendre possession, selon que le sort en avait décidé, à son propriétaire.

« Le soir venu, des feux de joie s'allumaient dans le village; la poudre parlait encore; trois moutons pris dans le troupeau faisaient, avec le couscous, les frais du festin de noces, et tous ensemble, de nouveau, nous allions remercier Dieu.

« Quelques Arabes, des tribus de la montagne, étaient venus assister à ce spectacle et prendre leur part du festin. L'un d'eux, âgé déjà, restait pensif et silencieux après la cérémonie.

« — A quoi penses-tu, Ben-Kheira? lui demanda un de nos pères.

« — Je pense, dit-il avec son langage arabe, que depuis que le monde existe, on n'a jamais vu que Dieu et ce marabout chrétien donner ainsi pour rien, à des enfants abandonnés, les terres, les maisons et les bœufs. El Hadj-Abd-el-Kader, ajouta-t-il après une pause, en branlant la tête, avait bien voulu recueillir les orphelins des Arabes morts près de lui, durant la guerre avec les Français; mais il n'a pas pu : il est parti, et les enfants se sont dispersés... C'était la volonté de Dieu. »

« Tel est, en général, le sentiment des Arabes des tribus voisines. Ils savent, il est vrai, que ces jeunes gens ont abandonné l'islamisme pour embrasser la foi chrétienne; mais ils savent aussi que nous les avons laissés entièrement libres; que ceux qui l'ont voulu nous ont quittés; et ils ne parlent point en mal de la création de notre village.

« — C'est le droit du marabout de leur enseigner sa loi, disent-ils pour la plupart; leur vie est à lui, puisque c'est lui qui la leur a conservée!

« — C'était écrit ! » se contentent de répondre les autres.

« Mais ce bienfait matériel, qui frappe même les yeux prévenus, n'est pas le côté le plus considérable de notre œuvre. Un village de plus ou de moins est, au fond, peu de chose. Ce que nous tentons est surtout un grand exemple. Nous voulons, en créant un village arabe et en le rendant heureux à l'ombre de la croix, montrer ce qu'il est possible d'espérer de cette race africaine si profondément déchue.

« Qu'on ne s'y trompe pas, c'est, comme je l'ai déjà dit souvent, une question de religion qui se dresse devant nous, dans la conquête définitive de l'Algérie. Il est prouvé aujourd'hui, par les faits, que la colonisation européenne y sera très-lente. Après quarante ans de conquête, on n'y compte encore, à l'heure présente, que 140,000 colons venus d'Europe, soit environ 3,500 en moyenne par année. Les indigènes sont donc l'élément nécessaire de la colonisation française; mais la haine aveugle du nom chrétien et l'insouciance de leur fatalisme en font jusqu'ici d'irréconciliables adversaires toujours prêts à la révolte, ou d'inutiles auxiliaires plongés dans la routine et dans la paresse.

« La foi chrétienne, qui a été celle de la grande majorité de leurs ancêtres, la foi chrétienne, qui ne leur a été autrefois ravie que par les plus effroyables violences, doit nous les rattacher, en faire un seul peuple avec nous, et rendre à ce pays l'antique fécondité qu'il tirait du travail de ses habitants. Là est, je le répète, la solution sûre et simple du grand problème algérien, parce qu'elle mettra à notre disposition définitive, pour les travaux de la paix, ces milliers de bras prêts aujourd'hui à s'armer contre nous...

« Je pense que le rapprochement doit s'opérer peu à peu et librement, par l'exemple, par les bienfaits, par la charité, par le temps enfin, l'artisan nécessaire de toutes les choses durables.

« Voilà pourquoi nous avons fait ce premier village. C'est une prédication qui sort de l'ordinaire, sans doute; mais elle émane, telle que je la comprends, des œuvres plus encore que des paroles. Cela est plus pénible, plus difficile, mais aussi plus efficace et plus assuré.

« Notre village n'a point de gendarmes ni de prison, ni même de maire, et néanmoins on n'y voit ni troubles ni discordes. Le travail et la paix y règnent, sous l'autorité de deux missionnaires, à la fois pères et pasteurs de ce petit peuple naissant. La seule loi, c'est l'Évangile, loi d'ordre et de charité tout ensemble; le seul avertissement, la cloche de l'église, qui annonce la prière, le travail, le repos.

« C'est un touchant spectacle de vo'r, à son appel, le matin, au lever du jour, ou le soir, au moment où la nuit commence, les hommes et les femmes se diriger par groupes vers l'église. Là, sous la présidence d'un père, ils prient ensemble à haute voix, avec l'accent de la foi et du respect. Ils n'oublient jamais leurs bienfaiteurs de France. Ils prient aussi tous les jours pour leurs frères musulmans, et d'eux-mêmes ils ont changé la formule de la prière pour l'évêque diocésain. Ils ne disent pas comme partout : « Prions pour notre archevêque; » mais : « pour notre père! »

« La première fois que je les ai entendus (les mères qui me lisent me comprendront), je me suis senti payé de toutes mes peines!

« La prière faite, le matin, les hommes attellent, dans cette saison, qui est celle des labours, les bœufs à leurs charrues. Ces charrues sont fixes et perfectionnées ; car nous avons tenu à donner au travail de nos enfants toutes les chances de succès, en vue de l'avenir. Nous avons payé un peu plus, il est vrai, que pour faire médiocrement, mais le résultat des cultures émerveille déjà les Arabes qui visitent le village.

« Chez eux, ces pauvres gens travaillent, ou plutôt grattent la terre avec un instrument qui doit être le premier de ceux dont se servait le genre humain. C'est une sorte de gros clou attaché au bout d'une longue pièce de bois, tenue en l'air par un support. Quand ils ont une paire de bœufs, ce sont eux qui le traînent ; quand ils n'en ont pas, c'est une vache, un cheval, un âne, quelquefois tout cela ensemble ; mais le labour n'en est pas mieux fait. Leurs moissons, dans un climat comme le nôtre, où les plantes ont besoin d'un abri profond sous le sol, contre les ardeurs du soleil, sont à peu près nulles. Dans les bonnes années, quatre ou cinq pour un, et c'est tout. Dans les années de sécheresse, rien, pas même la paille. Le blé, à peine sorti, n'ayant point de racines, est brûlé par le soleil ; alors c'est la famine.

« Mais lorsque, l'été dernier, ils ont vu leurs moissons perdues, tandis que celles de notre village, où nos premiers ménages se trouvaient installés, étaient encore abondantes, ils réfléchissaient et disaient : « C'est un meilleur travail que le nôtre ! » Il est vrai que si on les poussait et si on ajoutait : « Pourquoi n'achètes-tu pas, toi aussi, une charrue ? » ils répondaient invariablement : « Ce n'est pas l'usage chez nous ; » ou bien : « Nous sommes pauvres, nous ne pouvons pas acheter de charrues comme les vôtres. »

« Mais ces premières résistances de la routine ne doivent pas décourager. La semence, pour germer plus tard dans les sols arides, n'en finit pas moins par porter ses fruits, si la pluie du ciel la féconde.

« Ces pauvres gens compensent leur ignorance par leur sobriété. Un peu de galette d'orge, cuite sous la cendre, à midi ;

un peu de couscous le soir; dans la saison, le lait de leurs chèvres, — s'ils en ont, — leur suffisent. Ils ne mangent que rarement de la viande. Les légumes leur sont inconnus.

« Ce n'est pas là le régime de notre village. Le pain de farine de blé est fait à l'européenne par les femmes, et il est cuit dans un four que nous avons fait construire. Le troupeau leur donne du lait, le jardin des légumes en abondance.

« Ce sont les femmes qui le cultivent; car toutes ont appris à l'orphelinat à cultiver la terre. L'eau des norias permet de faire venir toutes les plantes potagères de France, et nous allons profiter de l'hiver pour border les allées de grenadiers, d'orangers, de bananiers, de figuiers, et des autres arbres fruitiers de l'Afrique. Les sœurs de la Mission dirigent ces travaux, pendant que les hommes se répandent dans les champs pour suivre les leurs. Avec leur costume blanc, le voile blanc qui couvre leurs têtes, comme celui des femmes arabes, leur grande croix rouge sur la poitrine, courbées sur la terre qu'elles cultivent en priant, elles semblent l'apparition d'un autre âge, et font penser aux vierges qui peuplaient, il y a quatorze siècles, les solitudes africaines.

« Mais bientôt les soins du ménage réclament les femmes. Il faut que le mari trouve prêt, à son retour, son repas frugal. Elles rentrent dans leurs demeures, où l'ordre et la propreté tiennent lieu d'ornements. Des soins plus doux et plus graves attendent presque toutes celles qui sont mariées depuis une année; elles vont être mères. Ce sera déjà une seconde génération qui profitera des bienfaits de la charité et apprendra à la bénir. Celle-là n'aura jamais été que chrétienne et française. L'œuvre alors sera complète, et marchera seule sous le regard de Dieu.

« Pendant que tous les habitants du village travaillent au dehors, les deux pères missionnaires soignent les malades, qui arrivent de toutes parts. C'est là, en effet, auprès des indigènes leur principal ministère.

« Une des maisons du village, placée en dehors des autres, est destinée à recevoir ces pauvres infirmes. Une pharmacie y est installée. La bonté simple, patiente surtout des missionnaires, disons-le aussi, la gratuité des remèdes, y attirent des Arabes des montagnes environnantes. On en porte même de fort loin en croupe sur des mulets ou sur des chevaux. Ils entrent, et on les soigne. A certains jours où ils sont plus nombreux, les pères les rangent en ordre au dehors, et, s'agenouillant devant eux, ils pansent leurs plaies.

« C'est vraiment un touchant spectacle, celui que présentent ainsi, dans toutes les stations où ils résident, nos jeunes missionnaires. Les indigènes eux-mêmes les admirent, sans les comprendre encore, il est vrai.

« — Pourquoi font-ils cela? disent-ils entre eux ; nos pères et nos mères ne le feraient point ! »

« Un officier français, d'un rare mérite, mort prématurément depuis, me disait un jour : « Vraiment, en voyant ces pères avec leur costume oriental, entourés de ces pauvres indigènes, on croirait assister à une scène de l'Évangile. C'est ainsi que les malades devaient entourer Jésus-Christ et les apôtres dans la Judée!

« — N'est-ce pas, d'ailleurs, du Sauveur des hommes qu'il est écrit : « Il a été envoyé aux pauvres...; il a guéri les ma-
« lades; » et encore : « Il guérissait toutes les maladies et toutes les
« infirmités du peuple? »

« Notre-Seigneur faisait, il est vrai, des miracles de puissance; mais renoncer à tout, à son pays, à ceux que l'on aime, à un avenir brillant peut-être, pour venir ici vivre pauvre, outragé souvent par les mauvais chrétiens qui abondent dans la colonie, se faire les serviteurs de pauvres barbares, soigner leurs plaies les plus rebutantes, n'est-ce pas un miracle de charité?

« Les Arabes l'entrevoient ; ils ne se contentent pas des remèdes des missionnaires; ils demandent le secours de leurs prières et leur disent quelquefois : « Les chrétiens seront damnés; mais vous autres vous ne le serez pas. Vous êtes croyants au fond de votre cœur, vous connaissez Dieu, et vous faites plus de bien que nous! »

« Tel est l'ensemble de ce que j'appellerai volontiers l'œuvre du village de nos Arabes chrétiens. C'est une œuvre à tous les points de vue : une œuvre d'exemple, une œuvre de charité, de foi, de civilisation. Et qui pourrait dire quels seraient ses fruits si on multipliait les villages?

« C'est là ce que nous voudrions faire aujourd'hui; car nous avons des orphelins qui attendent et qui demandent le même bienfait...

« Nos plans sont déjà prêts pour la création immédiate d'un second village, le jour où les fonds nécessaires nous seront assurés.

« Dans la même plaine de Chéliff, à environ dix kilomètres de Saint-Cyprien, nous possédons une certaine quantité de terres achetées dans cette intention. Elles ne sont pas suffisantes; mais à la suite de notre propriété, la Société algérienne en possède qu'elle consentirait, je l'espère, à nous vendre au prix où elle vend toutes ses terres en Algérie... La terre achetée, il faudra bâtir; une fois cela fait, nous avons là, à toujours, un centre de travail, de lumière, de vie, en un mot...

« Nous demandons, au nom d'hommes qui ont tout sacrifié, leur repos, leur santé, pour venir ici faire un peu de bien; et ce bien, ils ne peuvent le faire sans le concours des chrétiens de France. Ils donnent tous les jours leur vie; leur refusera-t-on l'aumône qui seule peut rendre leurs sacrifices fructueux?... »

De telles œuvres n'ont pas besoin d'être louées; il suffit de les citer pour faire apprécier leur mérite, ainsi que l'excellence de la charité qui a présidé à leur fondation. Si le dévouement chrétien parvient à les développer et à les multiplier, elles aideront puissamment à civiliser les indigènes, et à consolider en Afrique l'autorité française.

La civilisation du pays sera la conséquence de sa conversion au christianisme. Nous avons le ferme espoir que la liberté de l'apostolat, enfin accordée à l'église, sera féconde pour la propagation de la vérité.

Quant à l'avenir de notre domination en Algérie, nous devons nous rappeler que, si la force matérielle remporte des victoires, elle n'agit pas sur les cœurs, et que, si elle n'appelle pas à son secours les vertus qui inspirent la confiance et méritent l'attachement, elle ne réussit qu'à subjuguer des populations ennemies, toujours disposées à s'insurger.

En étudiant les diverses illustrations africaines qui viennent, pour ainsi dire, de passer rapidement sous nos yeux, nous avons pu constater que toutes celles qui furent vraiment bienfaisantes puisèrent dans la foi catholique, dans le travail, la justice, l'abnégation dans la charité, les éléments de leur grandeur et le secret de leur influence. Ainsi l'histoire des individus comme celle des sociétés rend hommage à la vérité révélée ; elle prouve que l'Évangile est la source de la supériorité morale comme de la prospérité des nations.

LETTRE DE MONSEIGNEUR L'ARCHEVÊQUE D'ALGER

Juillet 1875.

Ce volume était déjà sous presse quand les missionnaires d'Afrique furent chargés de desservir le sanctuaire, élevé dans la Tunisie sur les ruines de Carthage, là où le roi saint Louis est mort. Cette chapelle, depuis longtemps abandonnée, est insuffisante et délabrée. Les intérêts de la religion appellent en ce lieu la construction d'une église convenable et, comme annexe naturelle, la création d'un établissement charitable.

Mgr l'archevêque d'Alger approuve et recommande cette œuvre par une lettre que nos lecteurs aimeront à connaître, et dont nous reproduisons les principaux passages :

Mes très-chers Pères,

« Je vois avec joie que les missionnaires de mon diocèse viennent d'être chargés par la France et par le saint-siége de veiller sur le tombeau de saint Louis. Au milieu des tristesses de la patrie et de l'Église, je pense qu'il est bon de conserver en honneur cette grande mémoire également chère à l'une et à l'autre. Nulle part la prière de cœurs français comme les vôtres ne sera plus puissante auprès de

Dieu, pour le salut de la France, qu'en ces lieux sanctifiés par les vertus héroïques et par la mort d'un prince qui sacrifia sa vie à la conscience et au devoir!

« Pure, aimable et grande figure, qui nous apparaît à travers les âges comme le type achevé de la bonté, de la justice, de la simplicité, du mâle courage, restée populaire malgré les révolutions politiques qui ont pu faire cesser autour d'elle les hommages officiels, mais qui n'ont pu ni interrompre le culte sacré que lui rend l'Église, ni arracher de la mémoire des peuples le souvenir d'un si bon prince, ni faire méconnaître au cœur de la France le plus Français de ses rois, Français par le cœur, par le courage, par l'esprit même dont les saillies se retrouvent à chaque page dans les récits de nos vieux chroniqueurs, Français par le vif sentiment de l'égalité et de la justice, Français par « l'amour qu'il avait pour son peuple », par l'intelligence de ses aspirations, de ses destinées qu'il prépara plus que nul autre, Français par sa générosité chevaleresque. La sainteté, en élevant, en purifiant, en perfectionnant en lui la nature, n'en avait pas changé les traits. Elle les a placés seulement dans une immortelle lumière, embaumant, si j'ose le dire, de son divin arome ce lis royal qui garde si bien le parfum de la patrie.

« Aussi n'est-il même pas nécessaire d'aimer la royauté pour aimer saint Louis; il suffit d'aimer la France.

« Il y a de longues années déjà que j'ai admiré cette étroite ressemblance de l'âme de saint Louis et de celle de la France chrétienne. Les circonstances mêmes où cette impression naquit en moi l'ont plus profondément gravée dans mon cœur. Ceux qui ont vécu loin de la patrie ne s'en étonneront pas; ils savent combien son image y devient plus vive et plus chère. Or, c'est dans les contrées lointaines de l'Orient, en Égypte, en Palestine, en Syrie, que, dans ma jeunesse, j'ai étudié la vie du saint roi. J'y lisais nos vieilles histoires, ces vieilles histoires quelquefois si nécessaires pour nous consoler du présent, presque toujours si efficaces pour nous faire aimer la France, et j'y sentais mon âme doucement émue des grands exemples de bravoure, de patience, de foi, de charité qu'un roi de France avait donnés à ces peuples barbares.

« Près du Nil, le bon Joinville me faisait assister au débarquement de Louis : « Quand le bon roy ouït dire que l'enseigne Saint-Denis « (l'oriflamme royale) estoit à terre, il s'en alla à grand pas sur son « vaisseau, ni oncques la voulut abandonner, et sauta en la mer dont « il fust dans l'eau jusqu'aux aisselles. Et alla l'escu au col et le « heaume en teste, et le glaive en main jusqu'à ses gens qui estoient « sur la rive de la mer. Quand il vint à terre, et qu'il vist les Sarra- « sins (rangés en bataille pour s'opposer au débarquement), il mist « la lance sous son aisselle et l'escu devant lui, et il eust couru sus « aux Sarrasins si ses prud'hommes qui estoient avec lui l'eussent « souffert [1]. »

« A Jaffa, je voyais les murs auxquels il avait travaillé de ses mains, pour donner du courage aux ouvriers de son armée : « Maintes « fois, y vis-je le roy porter la hotte aux fossés [2], » dit Joinville. A Saïda, il avait fait plus encore : « Le roy faisoit enterrer les chres- « tiens que les Sarrasins avoient occis, et lui-mesme portoit leurs « corps décomposés et tout puants pour les mettre en terre, sans qu'il « se bouchast le nez, » ajoute naïvement le bon chroniqueur, « et les « autres se le bouchoient [3]. » C'est là aussi, après une absence de plusieurs années, qu'il avait appris la mort de Blanche de Castille, la digne mère d'un tel fils : « A Saïda arriva au roy la nouvelle que sa « mère estoit morte. Il en monstra si grand deuil que, de deux « jours, on ne pust jamais lui parler. Après cela, il m'envoya quérir « par un valet de chambre, et quand je vins devant lui en sa chambre « là où il estoit seul et qu'il me vist, il étendit les bras et il me dist : « Ah ! sénéchal, j'ai perdu ma mère [4] ! »

« Mais ce n'était pas seulement la mère qui était admirable dans Blanche de Castille, c'était la souveraine, et elle ne contribua pas moins, durant ses longues années de régence, par son énergie, par sa grandeur d'âme, par sa haute intelligence, à former le roi qu'elle

---

[1] *Histoire de saint Louis*, par Jean sire de Joinville. Édition de Wailly, Paris, 1874, p. 88-89.
[2] *Ibid.*, p. 284.
[3] *Ibid.*, p. 319.
[4] *Ibid.*, p. 331.

n'avait formé le chrétien. Aussi fut-il à la hauteur de tous ses devoirs.

« On s'est trompé quelquefois en le jugeant par les seuls récits de sa vie privée, où les exercices de la piété, de la pénitence, de la charité chrétiennes tiennent une si large place, qu'il semble qu'il n'en dût plus rester pour l'accomplissement de sa mission royale; mais c'est le contraire qui est vrai, et ce règne, l'un des plus longs de la monarchie, puisqu'il dura quarante-quatre ans, fut en même temps l'un des plus glorieux, des plus nobles, des plus féconds surtout pour l'avenir de la France.

« Il réalisait à la lettre, ce grand prince, la parole de l'Esprit-Saint : « La piété a les promesses de la vie présente aussi bien que de la vie « à venir. » Les victoires que tant d'autres durent exclusivement à leurs armes, lui les dut surtout à ses vertus. . . . .

« C'est sous le règne de ce prince juste et pacifique que s'éleva le plus haut, dans la société violente du moyen âge, l'ascendant moral de la France; c'est sous ce règne que le roi et les barons de l'Angleterre vinrent à Amiens soumettre leurs différends au jugement de Louis; que Charles d'Anjou, son frère, monta sur le trône de Sicile; que deux Français, ses anciens conseillers, Urbain IV et Clément IV, furent successivement appelés au trône de saint Pierre; que les plus puissants rois recherchèrent notre alliance; que les princes de contrées barbares et lointaines lui envoyèrent des ambassadeurs; que Henri III, roi d'Angleterre, vint faire hommage de vassal au roi de France; que la Normandie, le Poitou, la Guyenne, le Languedoc, la Provence furent réunis à la couronne ou reconnurent son autorité.

« Quand vit-on une gloire plus grande et plus pure? . . . .

« Mais je ne vous parle que de sa vie, et c'est sa tombe que vous êtes chargés d'entourer d'honneur et de prières. Ne regrettez pas néanmoins ce que je viens de dire. Une tombe n'est vénérable que par les vertus de celui dont elle garde les restes, et la mort n'est grande que si elle est le couronnement d'une grande vie.

« Tout se réunit pour rendre celle de saint Louis digne d'admiration : le sentiment qui l'entraîne à ce sacrifice suprême, l'héroïsme de sa foi, les ardeurs de son amour, les dernières paroles de ses lèvres mourantes, le généreux élan de cette chevalerie française qui l'entoure, et jusqu'à ce théâtre, unique au monde, que la Providence semblait avoir préparé pour ces scènes sublimes.

« Il semble, en effet, qu'en le menant, pour y mourir, sur cette colline où fut le centre de Carthage, Dieu ait voulu placer sa tombe au milieu de toutes les splendeurs de la nature, et des plus grands souvenirs de l'histoire des hommes, comme pour l'entourer d'un éclat sans rival.

« N'en avez-vous pas déjà eu la pensée au soir d'une de ces journées d'Afrique, si belles quand elles sont belles, lorsque du haut de son sanctuaire vous promeniez autour de vous votre regard charmé? Ce soleil, qui va lui aussi rentrer dans l'ombre, dorant de ses derniers feux les sommets de l'Atlas; cette mer immense et paisible d'où s'élèvent en amphithéâtre, le long du rivage, les collines et les montagnes; ce ciel diaphane qui semble ouvrir aux regards comme à la pensée les espaces infinis, ces lacs bleus, ces blanches murailles de la Goulette et de Tunis; cette terre aux feuillages sombres couverte déjà dans les bas-fonds des ombres transparentes de la nuit; cette rade magnifique, ces ruines éparses, ce grand silence des solitudes avec son incomparable majesté, y a-t-il au monde tableau plus admirable!

« Et si, au milieu de ce silence, votre mémoire évoque les morts, quels noms et quels souvenirs se groupent autour du souvenir de saint Louis!

« A la place même où s'élève son autel, la Fable a placé le bûcher de Didon; c'est là aussi que cinq siècles avant notre ère régnaient les maîtres de l'Afrique, de la Sicile, de la Sardaigne, des îles de la Méditerranée, de l'Espagne : Magon le Grand, Amilcar; c'est de là que partaient avec Hannon ces expéditions audacieuses qui découvraient les côtes de l'Océan, les îles Britanniques, l'Islande, l'Amérique, que le monde ancien devait perdre et que Colomb devait retrouver un jour. C'est là que Régulus devient, selon la belle parole de Bossuet, plus illustre par sa prison que par ses victoires. C'est de là que part Annibal pour balancer un moment la fortune de Rome et revenir assister à la ruine de sa patrie; c'est là qu'apparaissent, tour à tour, en vainqueurs ou en fugitifs, les deux Scipions, Marius, César, Caton, plus tard Genséric avec ses Vandales, Bélisaire, et enfin les farouches kalifes, qui étendent pour des siècles sur tant de ruines le voile sanglant de l'oubli. Et au milieu de ces sombres figures, les douces images de Cyprien, de Félicité, de Perpétue, d'Augustin, de Monique, cette autre mère d'un autre roi qui ne monta pas, il est vrai, sur un trône, mais qui n'en règne pas moins, depuis tant de siècles, sur les esprits et sur les cœurs. Moins heureuse que Blanche de Castille, elle ne put préserver son fils des atteintes du mal; mais elle le sauva par ses larmes, ces larmes maternelles si abondamment répandues par elle en ce lieu même, dans la petite chapelle, bâtie près de la mer, au pied de la colline, où elle passa la nuit cruelle qui suivit la fuite de son fils.

« Voilà la scène illustre où saint Louis va quitter la terre, où il va donner au monde le spectacle d'une mort sanctifiée par l'amour, par les plus sublimes espérances, par ces leçons d'un roi mourant, éternellement dignes des méditations des princes et de la reconnaissance des peuples chrétiens.

« Il était parti de France, déjà brisé par la maladie, fruit de ses longs travaux, de ses combats, de sa pénitence. « Grant péché firent, « dit Joinville, ceux qui lui approuvèrent ce voyage dans la grant foi-« blesse où son corps estoit; car il ne pouvoit supporter ni d'aller en « char ni de chevaucher. Sa foiblesse estoit si grande qu'il souffrist « que je le portasse de l'hôtel du comte d'Auxerre, là où je pris congé « de lui, jusques aux Cordeliers [1]. » Lui-même ne se faisait pas d'illusions sur sa fin prochaine, mais il croyait sa conscience encore engagée par le vœu fait dans sa jeunesse, et la grande pensée politique des croisades ne l'avait jamais abandonné.

« On a tout dit pour justifier cette politique, et ce n'est pas le lieu de le redire ici. Vous vivez d'ailleurs, comme moi, au milieu des populations musulmanes, et ce n'est pas à nous qu'il faut apprendre sous quel joug de mort l'Europe eût été courbée, si le moyen âge n'eût brisé l'élan de leur conquête; de quels maux l'Orient, l'Afrique

[1] Joinville, p. 401.

du Nord eussent été préservés si la croix eût dès lors renversé ce croissant, dont l'ombre seule a suffi pour stériliser depuis des siècles des contrées qui furent les nourricières du genre humain!

« Les croisés n'achevèrent pas leur tâche! Qui peut leur en faire un crime alors que les obstacles dépassaient la puissance humaine, si leur but était juste, leur intention pure, leur bravoure achevée, si, enfin, comme saint Louis, ils sacrifièrent leur vie à leur foi?

« Quels sentiments plus admirables que ceux du saint roi, alors qu'il se préparait à partir pour cette seconde croisade! Il n'exprime que les pensées de la plus généreuse charité pour ceux mêmes qu'il allait combattre : « Dites au roi de Tunis que je désire si ardemment
« le salut de son âme, que je consentirois à rester tous les jours de
« ma vie en prison chez les Sarrasins, sans plus voir jamais la clarté
« du jour, si à ceste condition lui et sa nation recevoient le baptesme
« de bon cœur[1]. » C'étaient les espérances qui l'occupaient en approchant des côtes d'Afrique : « Le bon roy Loys, dit son chroniqueur,
« désiroit moult ardemment que la foi chrétienne qui avoit esté semée
« et avoit porté grand fruit en cette terre d'Afrique, au temps de saint
« Augustin, et surtout à Carthage, reflorist à son temps[2]. »

« Ces espérances, entretenues par les démarches artificieuses du bey de Tunis, ne tardèrent pas à se dissiper. On s'aperçut, dès l'abord, que les promesses faites par ce prince n'étaient qu'une feinte, et qu'il se préparait au combat :

« Le roi guerrier reparait aussitôt : « Je vous dis le ban de Notre-
« Seigneur Jésus-Christ et de Louis, roi de France, son sergent! »
mande-t-il aux infidèles; et il prend ses mesures pour joindre, sans délai, l'acte à la parole.

« Comment l'armée prit terre, et s'empara du « chastel » bâti près du port, à l'extrémité de la presqu'île, et par quels combats s'illustra la valeur des chevaliers français, vous le lisez dans nos histoires. Louis s'y montra ce que l'avaient vu les musulmans de l'Égypte, le premier et le plus ferme au péril. . . . .

---

[1] Guillaume de Nangis, dans le *Recueil des Historiens de France*, t. XX, p. 448.
[2] *Id., ibid.*

« C'est donc entre la colline de Byrsa où était « le chastel de Carthage » et le lac où le port de Tunis que l'armée s'établit. Ce qu'ajoute Guillaume de Nangis sur les dispositions suivies pour la prise de ce « chastel » le prouve d'ailleurs avec évidence.

« Après ce, dit Guillaume de Nangis, le roi et les barons sortirent
« de leur camp en batailles ordonnés contre les Sarrasins qui venoient
« à eux (de Tunis), et se mirent en telle manière que les Sarrasins
« ne pussent secourir ceux du chastel, et pendant ce temps les mari-
« niers montèrent sur les murs avec leurs échelles et prirent le chas-
« tel, et plantèrent leur bannière au-dessus des murs... Quand le roy
« et les barons virent ce, ils coururent aussitôt là et occirent tout ce
« qu'ils trouvèrent de Sarrasins. Quand le chastel de Carthage fust
« ainsi pris, le roi Louis y envoya pour le garder chevaliers et arbalé-
« triers et gens à pied en grand nombre, et commanda que le chastel
« fust nettoyé de cadavres, si que on y pust recevoir LES FEMMES, LES
« MALADES ET CEUX QUI SEROIENT BLESSÉS EN BATAILLE[1]. »

« C'est donc là que fut établie l'infirmerie de l'armée; c'est là que le bon roi soigna de ses mains les premiers pestiférés; c'est là que lui-même dut être emporté lorsqu'il tomba malade à son tour, et c'est aussi là que la tradition constante a placé le lieu de sa mort; lieu sacré dont vous êtes devenus les gardiens!

« Il y était, étendu sur son lit de souffrances, moins d'un mois après être descendu sur la terre d'Afrique. L'élite de son armée venait peu à peu l'y rejoindre, frappée comme lui d'un mal incurable. .

. . . .

« L'âme du saint roi planait déjà au-dessus des choses qui passent, portée sur les ailes de l'espérance et de l'amour divin. Pendant que tous étaient en larmes autour de lui, plongés dans un sombre désespoir, Louis, dit Guillaume de Nangis, au lieu de se plaindre « rendoit
« souvent grâces à Dieu de sa maladie, le louoit et le bénissoit. »
Quand il sentit les progrès du mal, « il demanda le corps de Jésus-
« Christ et l'eust et reçust plusieurs fois. Et adoncques une fois qu'on
« le lui portoit, et que celui qui le portoit entra dans sa chambre, le

---

[1] *Historiens de France*, tome XX, p. 452.

« saint roi, qui estoit déjà si malade et si foible, se jeta de son lict à
« terre, et fut là prosterné à terre en prières, avant de recevoir le
« corps de Jésus-Christ, et il le reçut après, à genoux par terre, avec
« grande dévotion, et il ne pust de lui-même rentrer dans son lit, mais
« le mirent au lit ceux qui là estoient[1]. »

« La mort venait cependant et semblait apporter à cette grande âme
une lumière et des grandeurs nouvelles. Il n'y vivait plus que deux
amours, celui de Dieu vers lequel il allait, celui de son peuple de
France qu'il laissait sur la terre. « Seigneur, gardez votre peuple et
« sanctifiez-le, disoit-il d'une voix déjà affaiblie. Et il répétoit sans
« cesse la même prière, comme pour dire, ajoute le chroniqueur, ce
« que déjà ne permettoit plus sa foiblesse : « Seigneur, c'est assez
« pour moi d'avoir jusqu'ici combattu, d'avoir gardé, avec amour et
« avec tout le soin dont j'étois capable, le peuple et le royaume que
« vous m'aviez confiés; mais maintenant, puisque vous m'allez rap-
« peler à vous et que je ne les puis plus garder, je vous en prie et
« conjure, soyez, Seigneur, le sanctificateur de leurs âmes et le protec-
« teur de leurs corps; je les recommande à votre bonté[2]. »

« Et comme il savait que c'est du cœur des rois que dépend souvent
le sort des royaumes, voulant faire un dernier acte pour le bonheur de
la France, il fit venir auprès de son lit de mort son fils Philippe, qui
allait, après lui, monter sur le trône, et, en présence des princes qui
l'entouraient, des ambassadeurs de l'empereur d'Orient, qui venaient
de débarquer à Tunis, il lui donna ces enseignements, code sublime
de la royauté chrétienne, qui sur les lèvres de saint Louis avait cette
éloquence incomparable que donnent aux paroles d'un mourant quarante ans de gloire et de vertus :

« Beau fils, la première chose que je t'enseigne, c'est que tu mettes
« ton cœur à aimer Dieu, car sans cela nul ne peut être sauvé. Garde-
« toi de faire rien qui déplaise à Dieu, c'est à savoir le péché mortel;
« au contraire, tu devrois souffrir toutes sortes de tourments plutôt que
« de faire un péché mortel.

---

[1] Le Confesseur de la reine Marguerite. *Historiens de France*, t. XX, p. 121.
[2] Guillaume de Chartres, *Historiens de France*, t. XX, p. 56-57.

« Rends souvent grâces à Dieu de tous les biens qu'il t'a faits, de
« sorte que tu sois digne d'en avoir davantage.

« Aie le cœur doux et compatissant aux pauvres, aux malheureux,
« aux affligés, et les conforte et aide selon que tu pourras.

« Pour rendre la justice et faire droit à tes sujets, sois loyal et roide,
« sans tourner à droite ni à gauche, mais toujours du côté du droit,
« et soutiens la plainte du pauvre jusques à tant que la vérité soit dé-
« clarée.

« Maintiens les bonnes coutumes de ton royaume, et abats les mau-
« vaises. NE CONVOITE PAS CONTRE TON PEUPLE, et ne le charge pas
« d'impôts ni de tailles, si ce n'est par grande nécessité.

« Si tu retiens rien d'autrui, par toi ou par tes devanciers, dès que
« la chose est certaine, rends sans tarder. Si c'est chose douteuse,
« fais faire enquête par sages hommes promptement et diligemment.

« Tu dois mettre ton attention à ce que tes gens et tes sujets vivent
« sous toi en paix et en droiture.

« Surtout garde les bonnes villes et les communes de ton royaume
« dans l'état et dans la franchise où tes devanciers les ont gardées; et
« s'il y a quelque chose à amender, amende-le et redresse-le, et tiens-
« les en faveur et en amour; car, à cause de la force et des richesses
« des grandes villes, tes sujets et les étrangers redouteront de rien
« faire contre toi, spécialement tes pairs et tes barons.

« Aime tes frères et veuille toujours leur bien et leur bon avance-
« ment, et sois-leur en lieu de père, pour les enseigner en tout lieu;
« mais garde-toi que par bonté pour eux tu ne te détournes de faire
« ton devoir.

« Garde-toi d'entreprendre la guerre, sans grande délibération,
« particulièrement contre homme chrétien.

« Prends garde que les dépenses de ton hôtel soient raisonnables.

« Et enfin, très-doux fils, fais chanter des messes pour mon âme et
« dire des oraisons par tout ton royaume; et octroie-moi une part
« spéciale et entière en tout le bien que tu feras.

« Beau cher fils, je te donne toutes les bénédictions qu'un bon père
« peut donner à un fils. Que la bénite Trinité et tous les saints
« te gardent et défendent de tous maux; que Dieu te donne la grâce

« de faire toujours sa volonté, de sorte qu'il soit honoré par toi, et que
« toi et moi nous puissions, après cette vie mortelle, être ensemble
« avec lui, et le louer sans fin. *Amen*[1].

« Près de Philippe se trouvait une des filles du saint roi, Isabelle, reine de Navarre. Il lui avait donné des leçons non moins belles pour sa condition et pour son sexe : « Je vous enseigne, lui avait-il dit,
« d'adorer Notre-Seigneur de tout votre pouvoir. La créature est bien
« dévoyée qui met ailleurs l'amour de son cœur excepté en lui ou
« sous lui. La manière dont vous devez aimer Dieu est de l'aimer
« sans mesure... Ayez le cœur débonnaire envers les gens que vous
« entendrez qui sont affligés de cœur ou de corps, et les secourez
« volontiers... Aimez les pauvres et les secourez. Obéissez humble-
« ment à votre mari et à votre père, et à votre mère dans les choses
« qui sont selon Dieu. MAIS CONTRE DIEU VOUS NE DEVEZ A NUL
« OBÉIR[2]! »

« Quelles touchantes et nobles inspirations de ce cœur de roi et de père! Quelle exquise tendresse et quelle délicatesse d'âme plus exquise encore! Quel amour de la France! Quelle intelligence des besoins du peuple, et quel soin jaloux à recommander ses libertés naissantes d'où allait sortir, peu à peu, l'unité de la monarchie! Et enfin, sur les lèvres d'un prince, devant les violences du passé, les asservissements de l'avenir, quelle lumière dans cette parole, qui proclame dans la fermeté et la dignité de la conscience chrétienne l'écueil où viennent échouer toutes les tyrannies : « CONTRE DIEU VOUS NE DEVEZ A NUL
« OBÉIR! »

« Mais déjà il ne vivait plus que pour le ciel. Plongé dans la prière et comme dans l'extase, il tenait ses yeux attachés sur la croix qu'il avait fait mettre « en sa chambre », au-devant de son lit. De temps en temps il les levait vers le ciel, et on l'entendait dire, comme dans un secret ravissement : « O Jérusalem! ô Jérusalem! »

« Peu d'instants avant d'expirer, il promena son regard autour de lui, sur ses serviteurs consternés : « O Dieu, dit-il, aie pitié de ce

---

[1] *Historiens de France*, t. XX, p. 84. Joinville, etc.
[2] Confesseur de la reine Marguerite. *Historiens de France*, t. XX, p. 82-83.

« peuple que je laisse ici et le ramène en son pays, afin qu'il ne
« tombe pas entre les mains de tes ennemis [1]. » Puis il les tourna vers
ces rivages qu'il avait tant désiré de rendre à la foi et à la lumière.
« Oh! qui nous donnera, dit-il encore, de voir la foi chrétienne prê-
« chée à Tunis [2] ? »

« Enfin, reportant une dernière fois son cœur vers les rives de la
Seine qu'il ne devait plus revoir, il invoqua les patrons de la France,
saint Denis et sainte Geneviève [3]. Il se fit placer sur un lit de cendres,
étendit les bras en croix afin de mieux ressembler au Roi du Calvaire,
et il dit doucement les paroles du Maître : « Mon Père, je remets mon
« âme entre vos mains [4] ! »

« Son âme chrétienne et royale était remontée dans le sein de Dieu.
C'était le lundi 25 août 1270. Il était trois heures de l'après-midi,
l'heure même où Jésus-Christ était mort pour le salut du monde!

« Tels sont les souvenirs, à jamais sacrés pour l'Église et pour la
France, que vous devez garder et environner d'honneur. C'est plus
que jamais le moment de les recueillir et de les relever.

« Que par vos soins s'élève donc sur le lieu de la mort de saint
Louis un sanctuaire digne de notre plus saint roi, digne de notre
France. Que les paroles sublimes, parce qu'elles sont chrétiennes
avant tout, que les enseignements de saint Louis mourant, soient gra-
vés en lettres d'or dans ce sanctuaire.

« Sur le tombeau de saint Louis, vous n'oublierez pas les petits et
les pauvres; vous placerez à côté de son temple des asiles pour tous
ceux qui souffrent, des secours pour tous ceux qui viendront les solliciter. C'est la meilleure manière de faire revivre le saint roi, « qui
« dès le temps de son enfance eust pitié des pauvres et des malades,
« et les servoit et leur donnoit des deniers de sa propre main [5]. »

---

[1] Confesseur de la reine Marguerite. *Historiens de France*, t. XX, p. 121.
[2] *Ibid.*, t. XX, p. 460.
[3] Joinville, p. 407.
[4] *Historiens de France*, t. XX, p. 121.
[5] Joinville, p. 891.

TABLE

PRÉFACE. 5

CHAPITRE I

Limites de l'Algérie. — Superficie. — Cours d'eau. — Lacs. — Climat. — Montagnes. — Forêts. — Fertilité du sol. — Ressources du règne animal. — Richesses minérales. — Les Numides et les Maures dans l'antiquité. — Envahissement du pays par les Phéniciens. — Didon fonde Carthage (860 ans avant Jésus-Christ). — Puissance et gouvernement des Carthaginois. — Cyrène rivale de Carthage. — Rivalité bien plus redoutable de Rome. — Trois guerres puniques. — Amilcar et Régulus. — Annibal et Scipion l'Africain. — Scipion l'Émilien. — Ruine de Carthage (146 ans avant Jésus-Christ). 9

CHAPITRE II

Guerre des Romains contre Jugurtha. — Les colonies placées sous la protection de Rome se multiplient en Afrique. — Le christianisme y pénètre et fait de rapides progrès. — Douze chrétiens de Scylla, premiers martyrs africains sous Septime Sévère. — Perpétue, Félicité et leurs compagnons. — Tertullien ; ses écrits. — Saint Cyprien ; sa charité, ses œuvres, détails édifiants sur ses diocésains. — Martyre de saint Cyprien (258). 25

CHAPITRE III

Sainte Monique ; son éducation, son mariage avec Patrice. — Ses trois enfants. — L'aîné est Augustin (354). — Salutaire influence de Monique sur sa nouvelle famille. — Augustin à Thagaste, à Madaure et à Carthage. — Tableau de cette ville ; tristes débuts qu'y fait Augustin. — Conversion et mort de Patrice. — Œuvres de sainte Monique dans son veuvage. — Augustin, enchaîné par une liaison coupable, se laisse séduire par les manichéens, étudie leur doctrine et en découvre la fausseté. — Il enseigne les belles-lettres à Thagaste, et devient successivement maître d'éloquence à Carthage, à Rome et à Milan. — Ses relations avec saint Ambroise ; les prières de sa mère ; sa conversion à trente-deux ans 41

CHAPITRE IV

Mort de sainte Monique. — Séjour d'Augustin à Ostie et à Rome. — Retour à Thagaste, puis à Hippone. — Ordination, premier monastère, prédications, consécration épiscopale. — Mission de saint Augustin comme docteur de l'Église. — Onze cent trente traités ; passages divers de ces œuvres ; leur immense influence sur les âmes. — Grande charité. — Vertu de pauvreté, etc. — Invasion des barbares. — Siège d'Hippone. — Mort de saint Augustin (430). — Nouvel évêché à Bone. — Monument érigé en 1842, sur les ruines d'Hippone, par l'épiscopat français 65

CHAPITRE V

Appelés par Boniface, les Vandales envahissent l'Afrique (428) et persécutent les catholiques. — Lois qui régissent le sort des nations ; témoignage de Salvien. — Saint Eugène, évêque de Carthage. — Hunéric et ses successeurs. — Nombreux martyrs. — Sainte Denise. — Justinien envoie Bélisaire en Afrique, et délivre des Vandales le pays, qui devient une province de l'empire d'Orient (534). — Courte période d'apaisement. — Mahomet et sa religion. — Invasion des Arabes (686). — Leur domination couvre l'Afrique de crimes et de ruines. — Révolutions, guerres incessantes. — Extension du brigandage maritime. — Répression par les Espagnols, sous la direction du cardinal Ximénès (1509). — Après la mort du cardinal, les maîtres d'Alger se dérobent entièrement à la puissance de l'Espagne 89

CHAPITRE VI

Les deux frères Barberousse. — L'aîné commence en 1520 le règne des Turcs en Algérie, et meurt à quarante-quatre ans, redouté comme un fléau. — Son frère lui succède. — Après une série de succès et de revers, Barberousse II est contraint de s'éloigner d'Alger ; il y rentre, et s'empare de la citadelle du Pégnon. — Héroïque résistance de Martin de Vargas. — Exploits d'André Doria. — Le maître d'Alger devient passagèrement l'allié de François Ier, et pille la France comme un pays ennemi. — Il meurt à Constantinople (1545). — Les pachas d'Alger sont expulsés par les deys, qui secouent le joug de la puissance ottomane. — Administration du pays sous ce gouvernement. — La piraterie et le brigandage deviennent l'industrie principale de l'Algérie. — Destruction des établissements espagnols en Afrique. 105

CHAPITRE VII

Sort des chrétiens réduits en esclavage. — Rôle des consulats. — Jean de Matha (1160) et Félix de Valois. — L'ordre des Trinitaires se développe rapidement. — Neuf cent mille esclaves rendus à la liberté par ces religieux en six siècles. — Pierre de Nolasque (1189) fonde les Pères de la Merci. — Raymond Nonnat et Pierre d'Armengol. — Un jeune mousse de Saint-Tropez. — Deux enfants esclaves. — Martyre de Geronimo, d'un marabout converti et de Martin Forniel. — Jeunes héroïnes et héros chrétiens. — Michel Cervantes. — Saint Vincent de Paul. — Les Lazaristes en Afrique 117

CHAPITRE VIII

Établissements français sur les côtes d'Afrique. — Expéditions de Duquesne et du maréchal d'Estrées. — Causes de la rupture de la France avec le dey d'Alger. — Prise d'Alger par le comte de Bourmont (1830). 143

CHAPITRE IX

Population européenne et indigène de l'Afrique septentrionale. — Kabyles, Arabes, Maures, Koulouglis, juifs, nègres. — Villes principales. — Gouvernement. — Impôts. — Agriculture, commerce, industrie. — Administration de la justice. — — Lois sur la propriété. — Sénatus-consulte de 1863. 169

CHAPITRE X

Institutions chrétiennes. — M⁀ Dupuch. — Cathédrale d'Alger, palais épiscopal. — Sœurs de Charité. — Trappistes à Staouëli. — Faux calculs de l'administration civile. — M⁀ Pavy. — Orphelinat dirigé par le R. P. Brumault. — Église de Notre-Dame d'Afrique. — Après la mort de M⁀ Pavy (1866), trois diocèses : Alger, Constantine, Oran. — Œuvres développées ou fondées par M⁀ Lavigerie. — Lettres du R. P. Olivier et du R. P. Charmetant sur les habitants du désert. — Discours de M⁀ Lavigerie après la consécration des missionnaires africains. — Œuvre des orphelins. — La civilisation de l'Afrique sera la conséquence de sa conversion au catholicisme. 185

Lettre de Monseigneur l'archevêque d'Alger. 223

COLLECTION FORMAT GRAND IN-8°. — 2ᵉ SÉRIE

CHAQUE VOLUME EST ORNÉ DE DEUX GRAVURES

AGNÈS DE LAUVENS, ou Mémoires de Sœur Saint-Louis, par L. Veuillot.

BERTRAND DU GUESCLIN (histoire de), Comte de Longueville, Connétable de France, d'après Guyard de Berville.

CHATELAINES DE ROUSSILLON (les), ou le Quercy au XVIᵉ siècle, par Mᵐᵉ la comtesse de la Rochère.

DAHOMÉ (le), Souvenirs de Voyage et de Mission, par M. l'abbé Laffitte, ancien missionnaire du Dahomé, prêtre du diocèse d'Aire. Carte de la côte des Esclaves et notice par M. Borghero, supérieur de la Mission.

ÉTATS-UNIS ET LE CANADA (les), par M. Xavier Marmier, de l'Académie française.

ILLUSTRATIONS D'AFRIQUE, par M. le comte de Lambel.

IMPRESSIONS ET SOUVENIRS D'UN VOYAGEUR CHRÉTIEN, par M. Xavier Marmier, de l'Académie française.

NAUFRAGÉS AU SPITZBERG (les), ou les salutaires effets de la confiance en Dieu, par L. F.

ORPHELINE DE MOSCOU (l'), ou la jeune institutrice, par Mᵐᵉ Woillez.

PAÏENS ET CHRÉTIENS, Récits des premiers temps du christianisme, par le comte Anatole de Ségur.

PAYS DES NÈGRES (le) et la côte des Esclaves, par M. l'abbé Laffitte, prêtre du diocèse d'Aire, auteur du *Dahomé*.

PROMENADES ET ESCALADES DANS LES PYRÉNÉES : Lourdes, — Luz, — Barèges, — Pic du Midi, — Cirque de Gavarnie, — Cauterets, — Lac de Gaube, — Mont Perdu, — Mont Canigou, par M. Jules Leclercq.

SAINTE MAISON DE LORETTE (la), par M. l'abbé A. Grillot.

SANCTUAIRES DES PYRÉNÉES (les), Pèlerinages d'un catholique irlandais, traduit de l'anglais de Lawlor, esq., par Mᵐᵉ la Cᵗᵉˢˢᵉ L. de L'Écuyer.

VIE DES BOIS ET DU DÉSERT (la), Récits de chasse et de pêche, par Bénédict-Henry Révoil, avec deux histoires inédites, par Alexandre Dumas père.

VOYAGE AU PAYS DES KANGAROUS, adapté de l'anglais, par Bénédict-Henry Révoil.